潦里村志

《潦里村志》编纂委员会 编

杨维忠 主编

苏州大学出版社

图书在版编目(CIP)数据

潦里村志/《潦里村志》编纂委员会编；杨维忠主编. --苏州：苏州大学出版社，2022.12
ISBN 978-7-5672-4208-1

Ⅰ.①潦… Ⅱ.①潦… ②杨… Ⅲ.①村史-苏州 Ⅳ.①K295.35

中国版本图书馆 CIP 数据核字(2022)第 248851 号

Liǎolǐ Cūnzhì

潦里村志

编　　者：	《潦里村志》编纂委员会
主　　编：	杨维忠
责任编辑：	倪浩文
出版发行：	苏州大学出版社
	(苏州市十梓街1号　215006)
印　　刷：	苏州市深广印刷有限公司
开　　本：	787 mm×1 092 mm　1/16
印　　张：	19.25
字　　数：	411 千字
版　　次：	2022 年 12 月第 1 版
印　　次：	2022 年 12 月第 1 次印刷
书　　号：	ISBN 978-7-5672-4208-1
定　　价：	300.00 元

凡购本社图书发现印装错误，请与本社联系调换。
苏州大学出版社营销部　电话：0512-67481020
苏州大学出版社网址　http://www.sudapress.com
苏州大学出版社邮箱　sdcbs@suda.edu.cn

《潦里村志》编纂委员会

主　　任　　施洪林

副主任　　顾建福　施建荣

委　　员　　李文华　顾子云　朱尧祺　朱伏琪

《潦里村志》编纂委员会办公室

主　　任　　施洪林

副 主 任　　顾建福　施建荣

主　　编　　杨维忠

副 主 编　　李文华

编　　委　　陈伯林　朱尧祺　朱春燕　严家伟　张才生　许阿四

特邀顾问　　王雪峰　陈　旻　张　炜　郭晓清　金惠华

特邀审稿　　翁建明　陈　萍　吴晴艳

封面题字　　宋祖惠

摄　　影　　金其传　计龙根　倪浩文　杨维忠

《潦里村志》审定单位

苏州市吴中区地方志办公室　　　　中共苏州市吴中区东山镇委员会

苏州市吴中区东山镇人民政府　　　苏州市吴中区东山镇地方志办公室

中共东山镇潦里村委员会　　　　　东山镇潦里村村民委员会

锦绣潦里（2021）

漵里方位图（2022）

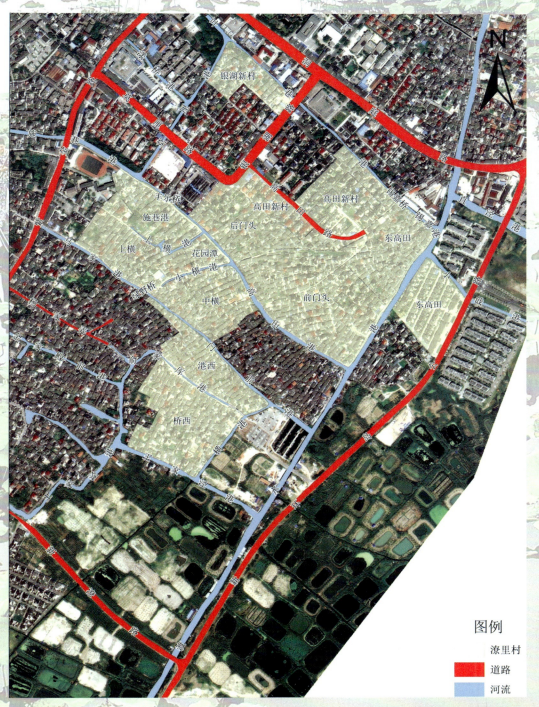

潦里村域图（2022）

潦里风光

潦里村貌（2019）

潦里蟹塘（2018）

潦里之晨（2018）

潦里晚归（2019）

夏荷（2019）

白鹭（2020）

【潦里古迹】

高田券门（2012）

牌坊残柱（2020）

施巷港古榆（2019）

高田古银杏（2019）

分水墩（2020）

绿野桥（2020）

丰乐桥（2019）

绿野井（2019）

阀阅墩（2019）

井盘头古井台（2021）

永平储龙所（2020）

东高田猛将堂（2020）

前门头猛将堂（2021）

港西猛将堂（2020）

后门头猛将堂（2020）

港西蚕室（2021）

红星二队蚕室（2021）

顾宅（2021）

唐宅（2021）

垛头墨绘（2021）

风水磨盘（2021）

潦里物产

太湖银鱼（2018）

太湖白虾（2018）

太湖白鱼（2018）

太湖蟹（2017）

龙虾（2019）

黑鱼（2019）

青鱼（2018）

草鱼（2018）

鳊鱼（2018）

花鲢（2018）

莼菜（2016）

突眼莲蓬（2019）

藕（2019）

太湖元宝菱（2019）

芋艿（2019）

鸡头米（2019）

茭白（2019）

慈姑（2019）

白玉枇杷（2018）

梨（2018）

银杏（2018）

桃（2018）

柰子（2018）

洞庭蜜橘（2021）

漺里新农村建设

村委会办公楼（2019）

东高田新村（2020）

高田港畔（2020）

施巷港仿古道（2020）

港西船坞（2020）

潦里停车场（2020）

东高田新农村小游园（2019）

港西法治墙（2019）

潦里村新时代文明实践站（2020）

潦里村党委与村委成员合影（2021）

潦里村党委与村委成员在学习（2021）

潦里先锋队（2020）

潦里环山徒步队（2020）

【潦里益农信息社】

服务大厅（2016）

惠农小额取款（2016）　　　　　免费给村民测水质（2016）

水产专家现场咨询指导（2015）

潦里荣誉

2017 年全国百佳益农社

2012 年江苏省卫生村

2017 年省级创业型社区（村）

2016—2018 年度江苏省科普惠农服务站

2011 年苏州市民主法治村

2012 年苏州市生态村

2015 年苏州市科普示范村

2015—2017 年度苏州市文明村

吴中区2009—2010年度爱国卫生 **先进集体** 吴中区爱国卫生运动委员会 吴中区人力资源和社会保障局 二〇一一年一月	二〇一二年度 **土地管理先进村** 苏州市国土资源局吴中分局 二〇一二年十二月
2009—2010年度吴中区爱国卫生先进集体	2012年度吴中区土地管理先进村
2014-2016年度 **文明村镇** 中共苏州市吴中区委员会 苏州市吴中区人民政府 二〇一七年十二月	2017年度 **先进民兵营** 中共苏州市吴中区委员会 苏州市吴中区人民政府 苏州市吴中区人民武装部 二〇一八年二月
2014—2016年度吴中区文明村镇	2017年度吴中区先进民兵营
2017-2019年度 **吴中区文明村** 苏州市吴中区精神文明建设指导委员会 二〇二〇年十二月	**爱国卫生先进集体** 吴中区爱国卫生与健康促进委员会 二〇一九年十二月
2017—2019年度吴中区文明村	2019年吴中区爱国卫生先进集体
2020年度 **先进民兵营** 中共苏州市吴中区委员会 苏州市吴中区人民政府 苏州市吴中区人民武装部 二〇二一年三月	2019年度 **东山镇先进集体** 中共吴中区东山镇委员会 吴中区东山镇人民政府 二〇二〇年一月
2020年度吴中区先进民兵营	2019年度东山镇先进集体

潦里民俗风情

猛将会（2018）

荷花节（2018）

荡河船（2018）

男子舞龙队（2015）

出"潦反"（2015）

猜拳（2018）

挖藕（2015）

摘莼菜（2015）

采莲蓬（2015）

内塘喂鱼（2015）

捞鱼草（2016）

称鱼（2015）

潦里人物

俞云林（1928—1979）

张祖林（1939—2014）

郑根大（1940—　）

许福兴（1946—　）

许阿武（1947—　）

邱惠清（1948—　）

张伟兴（1958—　）

姜利荣（1960—　）

张伟宏（1963—　）

潦里村在党五十周年党员合影（2021）
左起：江泉方、宋根官、陈积财、顾连兴、俞六宝、张才生、朱福兴、郑和兴、郑惠林、郑如珍、柳阿多、徐生男、朱兰生、宋本官、顾泉法、朱益林、金勤荣、张有根

潦里村新生儿合影（2021，成人姓名略）
左起：周雨涵、张婧雯、沈朱亭昱、席成弈、柳奕宸、俞安澜、郑星卓、金景睿、朱翊航、朱芊雅、朱珺雅

高田村88周岁以上老人合影（2021）
左起：前门头张阿多（91岁）、东高田吴小新（91岁）、前门头郑福仙（90岁）、东高田刘玉林（88岁）、东高田王玉仙（96岁）、银湖新村张府英（90岁）、东高田朱阿三（88岁）、东高田陈明珍（92岁）、东高田俞凤珠（95岁）、前门头吴荣珍（89岁）、银湖新村高补根（90岁）、东高田万喜生（92岁）、东高田俞召英（89岁）、东高田陈志兴（90岁）、前门头施志福（95岁）、银湖新村张夫英（92岁）、前门头金凤宝（91岁）

潦里村90周岁以上老人合影（2021）
左起：桥西朱桂仙（91岁）、港西苏云南（93岁）、桥西朱阿财（92岁）、上横孙凤英（91岁）、施巷港顾秋宝（95岁）、中横严云仙（92岁）、中横施阿会（96岁）、桥西陈洪男（91岁）、桥西顾补根（91岁）、港西朱根林（93岁）、中横顾壮狗（91岁）、桥西顾龙裕（94岁）

【潦里文艺】

许起长篇小说《飘云下的绿色流水》（2004）

张萍画《故乡的桥》（2020）

唐胜根书法《临寒食帖》（2021）

许阿四书法《菱田八咏诗二首》（2021）

《潦里村志》编纂

《潦里村志》编委会合影（2021）
左起：朱春燕、朱尧祺、杨维忠、陈伯林、施洪林、施建荣、顾建福、张才生、李文华

《潦里村志》资料组人员合影（2021）左起：张才生、许阿四、杨维忠

《潦里村志》终审会合影（2022）
左起：吴晴艳、陈萍、金惠华、顾建福、翁建明、施建荣、施洪林、陈文香、杨维忠、李文华

目 录

概述 ··· 1

大事记 ··· 3

第一章　地理建置 ··· 13
　第一节　自然环境 ··· 15
　第二节　建置沿革 ··· 19
　第三节　自然村 ·· 20

第二章　人　口 ·· 55
　第一节　人口总量 ··· 57
　第二节　人口构成 ··· 61
　第三节　人口生育 ··· 63

第三章　古　迹 ·· 65
　第一节　古道　古桥 ··· 67
　第二节　古井　古木 ··· 69
　第三节　猛将堂 ·· 71
　第四节　古遗址 ·· 73

第四章　经　济 ·· 75
　第一节　土地改革 ··· 77
　第二节　农业合作社 ··· 78
　第三节　人民公社 ··· 78

第四节　家庭联产承包责任制 87
　　第五节　经济合作社 90

第五章　农副业 93
　　第一节　粮油生产 95
　　第二节　蚕桑生产 96
　　第三节　副业生产 99
　　第四节　生产管理 106

第六章　水产养殖 111
　　第一节　内塘养殖 113
　　第二节　围网养殖 121
　　第三节　渔船　渔具 124
　　第四节　退养调整 126

第七章　工商业 129
　　第一节　村（队）办工业 131
　　第二节　商　业 134
　　第三节　益农信息社 135

第八章　基层组织 141
　　第一节　村党组织 143
　　第二节　村行政或建制组织 147
　　第三节　村群团组织 150
　　第四节　村民兵组织 154

第九章　新农村建设 157
　　第一节　住房建设 159
　　第二节　道路　桥梁 163
　　第三节　供电　供水　通信 165
　　第四节　公共设施 166
　　第五节　美丽乡村建设 169
　　第六节　环境保护 174
　　第七节　文明新风 178

第十章　社　会 …… 183
第一节　教育文体 …… 185
第二节　医疗卫生 …… 193
第三节　村民生活 …… 197
第四节　社会保障 …… 202
第五节　传统习俗 …… 204
第六节　方言　谚语 …… 212

第十一章　人　物 …… 215
第一节　人物传略 …… 217
第二节　人物简介 …… 220
第三节　人物名录 …… 222
第四节　人物荣誉 …… 227

第十二章　著述　诗文 …… 231
第一节　著　述 …… 233
第二节　诗　文 …… 233
第三节　家　训 …… 244

第十三章　丛　录 …… 251
第一节　掌故杂记 …… 253
第二节　民间轶闻 …… 259

编纂始末 …… 265

序

《潦里村志》即将付梓，令人甚感欣慰！这既是潦里村历史进程中的一件大事，也是潦里人民建设家乡，实现社会主义物质文明、精神文明和政治文明建设的丰硕成果。此书记录了乡村社会的发展与变迁，凝聚了潦里村民的文化思想精髓，在"根植吴文化，建设新吴中"的征程中，《潦里村志》的出版对传承东山民风民俗，提升地方文化软实力有积极而深远的意义，值得庆贺。

潦里村位于东山的南大门，其历史可追溯到明代中期。明嘉靖、万历年间，东山葖田村许志问、许志闻兄弟为著名富商，明代宰相王鏊说："东山言富者，必首推翁许。""翁"为翁巷翁少山，"许"即葖田许志问。明代中后期，许氏兄弟在西葖田筑高阳古里，庄园面积达100多亩，园内高阳驿站建筑面积2 000多平方米，为东山境内最早的古驿站之一。明崇祯年间，吴县在潦里绿野桥设太湖总练新署，是东山古代重要的军事设置。还有东山最早的抗日烈士，在中日甲午海战中殉国的徐梁、徐景颜叔侄就是西葖田人。

潦里村地处水网地区，是东山乃至苏州重要的水产基地。新中国成立前后，潦里所产鲜鱼大多用活水船摇到苏州、上海等城市，供应节日市场。域内内塘养殖的四大家鱼产量高、质量好，在东山鲜鱼产量中占重要比例。养殖的特种水产青虾、甲鱼、湖蟹等在东山名列前茅，种植的莼菜、茭白、芋头等传统蔬菜，质量上乘，深受市场欢迎。

潦里村原经济基础较为薄弱，20世纪70年代前，村民住房像蜂窝，村路像蚯蚓。家家门前一堆柴，三间平房屋后搭间披屋，住一家三代人的情况很普遍。夏秋季节，每日凌晨三更摇船入湖，捞草喂鱼，有"潦里人，一世人生，少困半世"之农谚。在过去的生活中，要吃肉盼过节，要穿新衣望过年，这是潦里村民生活的真实写照。当时村民最大的梦想是"楼上楼下，电灯电话，穿了皮鞋，走上走下"。

近年来，潦里村的美丽乡村建设取得了很大成绩，各项指标都名列东山前茅。现在的潦里村，住房宽敞，道路宽广，河道净洁；吃讲健康，穿讲时髦，游讲出国。村容村貌、人民生活与精神面貌都发生了翻天覆地的变化。这是靠党的好政策，靠村民勤劳致富，靠村党委的"大脑"发挥了积极作用。

欲穷千里目，更上一层楼。我们要以习近平新时代中国特色社会主义思想为指导，认真学习贯彻党的二十大精神，加强村党委和村委会两委班子建设，充分发挥基层党组织的战斗堡垒作用和党员干部的先锋模范作用。近年来，村里成立了潦里村人居环境志愿服务队，集中开展"净美家园"活动。以村容户貌环境整治为契机，鼓励村民积极参与，共同维护村里良好的环境。我们通过开展农村人居环境整治活动，带动了村里的经济发展，使村民获得幸福感。

潦里益农信息社是东山惠农服务的先行机构，多年来为村民提供农业技术咨询、生产、生活等服务，帮助群众解决生产和生活中买、卖、推、缴、代、取等实际困难，获得了广大村民的称赞。这项工作得到了中央首长和省、部级领导的表扬。

盛世修志，利在千秋。《潦里村志》是一部潦里村的百科全书，它将为人们全面了解潦里村的过去，规划潦里村的未来提供准确和科学的村情资料。同时，它为广大群众，特别是在青少年中开展热爱祖国、热爱家乡教育提供了生动的乡土教材，也为广大游客了解潦里，提供了一份咨询书。总之，《潦里村志》是一部认识潦里、熟悉潦里、建设潦里的村情书，也是给潦里村子孙后代留下的一笔宝贵的精神财富。

中共东山镇潦里村委员会书记
2022 年 6 月 30 日

凡例

一、本志以马克思列宁主义、毛泽东思想、邓小平理论、"三个代表"重要思想、科学发展观、习近平新时代中国特色社会主义思想为指导，遵循辩证唯物主义、历史唯物主义的原则，全面客观反映潦里村的自然、经济、社会等历史和现实。

二、本志为潦里村首部村志，上限溯源，下限至2020年12月底。大事记至2021年12月，部分图片延至2022年12月。

三、本志记载的地域范围，为2020年底潦里建制村辖区，包括高田、潦里及所属湖滩沼泽。历史上高田、潦里境域时有增减，亦如实记载。

四、本志采用章、节、目结构，横列门类，纵作叙述，辅以图表照片。大事记以编年体为主。根据潦里村的特色，部分内容进行升格成章。鉴于部分表格为正文内容之外的补充，故文中不再备注表序。

五、本志所载人物以潦里村及祖籍高田村、潦里村有重要业绩者为主。生不立传，健在者简述与简表录之。

六、本志纪年方法，清代以前纪年用朝代年号，括注公元年份。1912年起用公历纪年。志中所述解放前后，以1949年4月27日为界。新中国成立前后，以1949年10月1日为界。改革开放前后，以中共十一届三中全会召开为界。未注明世纪的年代，均指20世纪。

七、本志计量单位原则上采用国家法定公制。历史上用的计量单位名称，按当时记载，视情注明其换算值。社会习惯沿用的计量单位（如亩、担等）不作换算。

八、本志资料选录有关文献史料、档案，均经核实，为节省篇幅不再一一注明出处。部分史料采自口述，亦经反复核准后整理入志。

概述

　　漻里村位于东山镇南部，渡水港两岸。南临新环岛公路，北至碧螺村，东连渡桥村，西接新漻村。2003年11月，由原高田村、漻里村合并而成，有11个自然村，下设27个村民小组。村域范围东西最大距离1.1千米，南北最大距离1千米，面积0.52平方千米。2020年末，户籍人口1 359户，5 159人。集体经济总收入270万元，人均3.72万元。距东山镇区1.5千米。

　　漻里村形成于明清。明万历年间，东菱田（今高田）许志问经商致富，筑高阳古里，规模宏大，名震海内。四方贤达名流，凡到东山游览，必游菱田高阳古里。许氏富而好客，喜结交社会名流，一时远近篮舆画舫，争集其门，许志问被誉为"湖山主人"。明末，高阳古里发展成前门头、后门头、东高田自然村。明崇祯十一年（1638），吴县在漻里绿野桥设太湖总练新署，兵将百人，备快船20多只，以防太湖之盗。入清后总练新署兵员散居绿野桥附近，形成上横、中横、港东、港西、绿野井、白界堘等村落。清康熙年间，翁澍《具区志·都图》载有东菱田、西菱田、港西等村名。1934年2月，江苏省民政厅调整划分区域，东山分4镇6乡，漻里为漻田乡驻地。

　　漻里村境内港河纵横，水系密布，过去有"漻里的路水里行，进村出村一把橹"之谚。村子格局为"1横3竖"4条河港分隔而成。"1横"为渡水港，东西走向，位于村子南面，从东至西像天然屏障横卧在漻里村南面。"3竖"分别为南北走向的马家港、施巷港、叶巷港，均匀地把村落划分成几大块。此外，村中还有南北走向的高田港、门前港和东西走向的莫厘港、漾桥港、小横港等。这些纵横交织的港河把漻里村分划成11个自然村，形成独特的水村风光和自然风貌。中华人民共和国成立前，漻里地区地势低洼，十年九灾，常被水淹，故称"漻里"。1950年起，漻里区域与附近的村统称新漻片。1999年，东山镇辟建东山商城，漻里村与东山镇区已基本连成一片。

　　历史上，新漻片是东山及吴县重要的水产基地。1906年，东山杨湾朱瑛所著《东山物产考》载，东山年产鲜鱼1 000担（每担50千克），均为新漻地区所产。20世纪50—80年代，春节期间，漻里所产鲜鱼大多用活水船摇到苏州、上海等城市，供应节日市场。1958年后，境内红星、胜利大队内塘养殖发展快、产量高、质量好。1970年，村中内塘面积3 800亩，年产青、草、鲢、鳊等鱼类4 700多担，占东山鲜鱼总产的35%左右。种植的莼菜、茭白、芋头、慈姑、太湖菱名列东山前茅。1990年起，村里调整养殖结构，开发内塘养殖青虾、甲鱼、湖蟹等名优特水产。1995年开始，又利用低洼农田开发千亩湖蟹养殖区。2000年后，养蟹向外部发展，养蟹专业户涉及浙江、安徽、山东、福建、湖北等省，被誉为"新钻天洞庭"。

潦里村地处港河畔，原道路泥泞、港道拥挤、住房低矮。路旁五步一粪坑，十步一猪舍，百步一柴垛，夏日苍蝇蚊子满天飞，冬日几乎月月有火灾。2015年起，村里启动苏州市"美丽乡村建设工程"，至2018年底，境内11个自然村全部建成苏州市三星级康居村。今日潦里村，道路宽广整洁，住房整齐宽敞，红花绿树围绕村庄，健身场、文化廊、小游园遍及村中。村南宽广的停车场和宽阔的船坞，展现了潦里村独特的自然风貌。2000年以来，潦里村先后获江苏省文明村、江苏省生态村、苏州民主法制村、苏州科普示范村、苏州土地管理先进村等荣誉称号。

2015年起，潦里村注入新的规划，引领发展理念，坚持"生态文明"，制订发展总体规划，把"环保优先"放在首位。为保护太湖水质，2019年起，全村5 600亩鱼池全部退养保湖，改种莼菜、莲藕、菱、茭，或挖沟起垄，发展碧螺春、枇杷、蜜橘等名优特产品。打造潦里"一村一品"，大力发展莲蓬、藕粉、荷茶等系列产品，不断提升产品附加值，促进退养整治后农业产业结构转型，形成新的经济增长点，闯出了一条"一村一品"的发展新路。

大事记

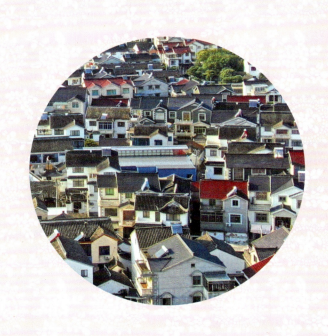

明

洪武初

宋中书侍郎许爽八世孙许富一,字益谦,从水东(今临湖镇一带)黄垆塘迁东山,入赘于西芰田张氏,卜居芰田村,遂为张姓。后许富一经商致富,还宗许姓,为芰田许姓之始。

正德十一年(1516)

西芰田许南耕始撰《许氏家谱》,东山正德朝大学士王鏊与桂林知府、岱心湾吴惠为之作序。

万历年间(1573—1620)

许南耕之子志问、志闻兄弟经商发迹,成为东山与翁氏齐名的富户,筑名园高阳古里,时有东山"言富者首推翁许"之誉。

天启七年(1627)

许明甫次子元弼,考取天启丁卯科(1627)举人,官江西饶州府通判。

崇祯十一年(1638)

江苏巡抚都御史张国维、吴县知县牛若林以东山多盗,在境域绿野桥设太湖总练新署,驻兵153名,船20只。

清

雍正二年(1724)

总督查弼纳等题奏,在境域芰田村设江南太湖营参将署,管辖江南湖防。营署购许氏故宅高阳古里改建,设头门、两庑、仪门、大堂及内屋等房83间,署外两旁建营房134间。

雍正十年(1732)

境内后门头建大操场,占地约2亩,供参将署湖防兵将军事操练。

乾隆四十九年(1784)

里人在绿野桥东侧掘绿野公井,以供附近村人汲水生活饮用。

嘉庆十三年(1808)

锡嘉港上重建花岗石平桥锡嘉桥。

光绪四年(1878)

后门头许家庵港(今高田港)重建花岗石平桥丰乐桥。

光绪二十年(1894)

8月18日,芰田村人、北洋舰队康济舰代理大副徐梁及炮手徐景颜在甲午海战中殉职。

光绪三十一年(1905)

境域大水,田圩被淹,鱼塘破堤,粮食、水产均无收,潦里人聚众至王衙门前苏州太湖厅请愿，要求官府免粮（税）。时为正月初九日，遭同知袁世显派兵镇压。后每年农历正月初九日，潦里村人举行灯会悼念遇难者，俗称"出潦反"。

民 国

1922年

西芰田旅沪棉纱商人金锡之，在施巷河畔购地筑春在楼（雕花大楼），至1925年竣工，耗资3 471两黄金。同时在宅内创办时疫医院。

1925年

吴县学委宋铭勋在西芰田创设芰田国民学校。该校由洞庭东山旅沪同乡会诸董事捐助，县教育局补助经费创办。

1935年

潦里绿野桥猛将堂创办县立潦里小学，1947年停办。

1943年

吴县设保甲制。潦田乡设8保，90甲，人口895户，3 211人，其中男1 657人、女1 554人。

1947年

东山发生瘟疫，潦田乡乡公所设立医药站，由湖沙寿亲义庄赠送药品。有长春丹、天中茶、功德水、痧药、痢药、千捶膏等6种，每周分送至各户，控制疫情较好。

中华人民共和国

1951年

2月，港西村青年俞云林参军入伍，为新中国成立后潦里村第一位参军青年。后提解放军正营级干部。服兵役23年，4次荣立三等功。1974年转业至上海无线电三厂工作。

1958年

4月，胜利高级社民兵张补男赴北京出席全国第一届民兵代表大会，被奖励半自动步枪1支。

9月，红星高级社改称红星大队，胜利高级社改称胜利大队。

9月，红星大队青年队、第6生产队，胜利大队第5、第10、第13生产队获震泽县先进生产队称号。

1959年

7月，红星大队第7、第11生产队和胜利大队第9、第13生产队获震泽县红旗生产队称号。

1964年

7月1日0时，第二次全国人口普查，胜利大队436户，1 923人；红星大队（今属潦里村）405户，1 675人。

1969年

12月，洞庭公社筑东大圩，开垦苇荡种粮食，胜利大队胜利圩被开发。

1975年

3月，红星大队改称高田大队，胜利大队改称潦里大队。

1979年

9月，洞庭公社成立落实政策办公室，对"文化大革命"中的冤假错案，复查甄别，高田村"周、孙、施冤案"得以平反。

1980年

1月，潦里大队获吴县先进单位称号。

1981年

7月，高田大队武装基干民兵排，获吴县民兵工作三落实先进单位荣誉称号。

1982年

7月1日0时，第三次全国人口普查，潦里大队668户，2 495人；高田大队535户，2 190人。

1983年

9月，政设分设，潦里大队改称潦里村，高田大队改称高田村。

1986年

1月，高田村获1984—1985年度吴县文明单位称号。

1988年

12月，高田村、潦里村获1986—1987年度吴县文明单位称号。

1990年

7月1日0时，第四次全国人口普查，潦里村826户，2 581人；高田村508户，2 323人。

10月5日，高田村张祖林获江苏省劳动模范称号。

1991年

12月，潦里村获1990—1991年度吴县文明单位称号。

1992年

2月18日，位于潦里村马家港畔的东山中心小学落成并开学启用，投资130万元。

1994年

12月，潦里村获1992—1993年度吴县文明单位称号。东山好来日用化工厂厂长、高田村郑根大获江苏省劳动模范称号。

1995年

11月，村内浇筑银湖路，全长315米。工程自1994年3月开始，历时一年多，投资90万元。

1996年

2月，潦里村获1994—1995年度吴县文明单位称号。

1997年

8月18日，境内莫厘路东山农贸市场、果品市场竣工开张。工程自1994年9月开始，历时3年，投资1 080万元。

1998年

12月，高田村通自来水。

1999年

9月28日，位于高田村境内的洞庭苑竣工并对外开放。内设小游园和带有200个座位的书场。

11月，完成境内施巷港至马家港花坛路灯工程，路灯全长270米，投资30万元。

2000年

11月1日0时，第五次全国人口普查，潦里村724户，2 559人；高田村549户，2 249人。

2003年

11月20日，潦里村与高田村合并，成立新的潦里村民委员会。

2004年

10月25日，东山镇村委会换届选举，潦里村产生新一届村委会，主任朱连兴，副主任朱小勤、施洪林。

2005年

1月10日，村委会搬至新装修的原高田村办公大楼。该办公处位于新筑的环岛公路旁。

2006年

2月17日，苏州市先进性教育活动巡回检查组至东山镇检查，实地走访潦里村党总支。

4月5日，东山前山环山公路整治拓宽工程启动，潦里村办公楼前筑滨湖公路。

9月30日，东山镇基层党组织换届选举，万本茂当选潦里村党总支书记。

10月20日，潦里村被苏州市精神文明建设委员会命名为2004—2005年度文明村。

2007年

10月23日，东山镇村委会选举，潦里村产生新一届村委会，主任朱连兴，副主任施洪林。

11月5日，东山新环岛路公路北侧，潦里村新农村建设征地工程正式启动，面积30亩，建成后安置村民40户。

2008年

1月21日，吴中区区长俞杏楠、区委组织部部长石钟琪等领导，走访慰问潦里村困难户金三男、李容庭，送上慰问品。

2009年

2月28日，潦里村获东山镇第一届"东兴杯"经济增长奖奖杯。

2010年

5月6日，村党委与村委成员对全村范围内进行巡查，登记露天粪坑，取缔露天粪坑30多个。

10月25日，东山镇村委会选举，潦里村产生新一届村委会，主任朱连兴，副主任施洪林。

2011年

1月，潦里村获苏州市民主法治村称号，以及吴中区2009—2010年度爱国卫生先进集体称号。

3月25日，吴中区委副书记孙卓率区有关部门领导，实地考察潦里村鱼塘综合整治现场。

4月15日，潦里村组织计生工作人员和社区医生5人，在全村范围内河道与沟渠查灭钉螺。

8月23日，吴中区人大常委会副主任孙卓率队慰问潦里村贫困户俞巧珍家庭，送上慰问金。

10月16日，潦里村组织12名青年志愿者参加无偿献血活动，共献血2400毫升。

2012年

1月3日，潦里村社区服务中心启动建造，东山镇唐龙生、吴金凤、贺世成等领导参加奠基仪式。

9月15日，潦里村举行"迎中秋佳节，话二十四孝"文艺联欢会，组织村民集中观看以孝文化为主题的文艺节目。

11月22日，潦里村通过苏州市生态村验收。

12月30日，潦里村获2012年度吴中区土地管理先进村称号。

是年，顾建福获2012年度吴中区人民武装部优秀民兵干部称号。

2013年

1月10日，江苏省作家协会会员、潦里村作家许起创作的长篇小说《援越青春》出版发行，共计40万字。

1月24日，东山镇镇长吴金凤一行走访潦里村周夫宝、顾阿四等6户困难家庭，送上慰问金和慰问品。

8月30日，潦里村党总支换届选举，朱连兴任书记，施洪林、俞福荣任副书记。

9月15日，上海电视台纪实频道至潦里村拍摄纪录片《自然之味》，并采访莼娘，介绍太湖莼菜的悠久历史和蕴藏在莼菜背后的故事。

11月25日，东山镇村委会选举，潦里村产生新一届村委会，主任施洪林，副主任顾建福、唐胜根。

2014年

2月15日，东山镇举行第二届"感动东山"年度人物颁奖活动，潦里村残疾青年朱建奋榜上有名。

6月10日，吴中区残联赴潦里村，为朱建奋装上假肢。朱建奋请人制作两面锦旗，分别送给区委宣传部和东山镇残联。

9月4日，东山镇举行2014年新兵欢送座谈会，潦里村民兵营长在会上作典型发言，鼓励新兵入伍后练好本领，保家卫国，为家乡人民争光。

12月30日，潦里村获吴中区第三批全民健康生活方式行动示范社区称号。民兵营获2014年度吴中区民兵工作先进单位称号。李文华获吴中区优秀团干部称号。

2015年

5月20日，潦里村农业科技服务站邀请水产养殖专家，对村内养殖户进行科技养殖专业培训。

6月23日，潦里村党总支换届选举，施洪林任书记，俞福荣、顾建福任副书记。

7月5日，潦里村被评为苏州市科普示范村和渔业科技入户示范点。

9月15日，潦里村社区服务中心大楼通过验收，占地面积2 000平方米，总投资500万元。

12月25日，潦里村民兵营获2015年度吴中区先进民兵营称号。施建荣获2015年度吴中区人民调解工作先进个人称号。

12月30日，潦里港西、桥西、前门头3个自然村完成苏州市三星级康居村建设。

2016年

8月30日，苏州市委书记周乃翔一行视察潦里村益农信息社。

9月2日，潦里村益农信息社获江苏省科普惠农服务站称号。

9月6日，国务院副总理汪洋视察潦里村益农信息社，给予赞扬。

10月25日，潦里村获吴中区2016年度现代农业发展先进单位称号。

11月19日，东山镇村委会选举，潦里村产生新一届村委会，主任俞福荣，副主任唐胜根、顾子云。

12月30日，潦里村东高田、高田新村2个自然村建成苏州市三星级康居村。

2017年

7月21日，东山地区人民医院组织医生至村老年活动室，免费为老年人进行眼科疾病检查。

11月22日，潦里村获全国"互联网+"现代农业工作会议保障工作先进单位称号。李文华、陈荣获全国"互联网+"现代农业工作会议保障工作先进个人称号。

12月12日，潦里益农信息社获全国益农信息社百佳称号。三年中累计完成电商销售200多万元。

12月25日，中横自然村完成苏州市三星级康居村建设并通过验收。

12月30日，潦里村陈荣获2017年度苏州市社区教育优秀志愿者称号。

12月，潦里村获江苏省人力资源和社会保障厅授予的省级创业型社区（村）称号。

2018年

6月25日，潦里村党总支组织党员至常熟沙家浜开展"走基地、看变化、聚力量"

主题教育实践活动，重温入党誓词。

7月5日，吴中区区长陈嵘至漊里村进行养殖池塘退养整治调研。

9月20日，漊里村完成内塘养殖池塘退养整治工作，退养池塘1 281个，面积4 987亩。

9月，漊里村获苏州市2015—2017年度文明村称号。

12月30日，上横、施巷港、后门头、花园潭、银湖新村等自然村，完成苏州市三星级康居村建设。

2019年

2月12日，吴中区副区长王卫国、农业农村局副局长宋炜赴漊里村，调研鱼池内塘整治方案。

6月28日，吴中区文化体育和旅游局局长唐峥嵘走访漊里村低保户。

12月31日，漊里村迎春队11人参加东山镇2020年元旦迎新徒步健走活动。

12月，漊里村获吴中区爱国卫生先进集体称号。

2020年

1月29日，漊里村全面展开疫情防控工作，在村中全面排摸信息，主要路口张贴防控要求，挨家挨户发放通知。对村中车站、街道等公共场所实施环境消杀。关闭老年活动室、棋牌室、猛将堂等13处公共活动场所。

2月4日，发表及落实5条村规民约：非本村人员暂时禁止进出；实行交通管制，严禁私自进出；在村人员有发烧发热情况，立即到村医疗站诊断；所有1月20日起回村人员在家自我隔离14日，进行医学观察；全村所有家禽家畜实行圈养。村里招募疫情志愿者，在漊里村5个点设卡，凡进出村人员排查登记、测量体温。

3月2日，东山镇开展"人居环境整治再发力，助力打赢抗疫阻击战"运动，漊里对全村23个不合格化粪池进行整治，全面杜绝"粪口传播"隐患。

4月8日，漊里村组织党员志愿者开展农村人居环境整治，党员志愿者、联队队长、保洁员等50多人参加活动，对村域内生活垃圾、污水、厕所进行有效治理。

7月21日，漊里村12名村干部冒着强台风投入抗台防汛工作，查看村里负责保护的1.5千米太湖防洪大堤。

9月21日，吴中区农办、水利、环保、城管、住建等单位，至漊里村验收美丽乡村建设项目。银湖新村、花园潭、后门头、施巷港、上横村通过苏州市康居村验收。

10月14日，漊里村体育代表队参加东山镇第二届农民运动会，射击赛获得冠军，乒乓球赛获季军。

11月3日，漊里村12名党团员和青年积极参加献血活动，无偿献血2 400毫升。

11月25日0时，第七次全国人口普查，漊里村1 359户、5 159人。

12月9日，漊里村被评为江苏省第三批生态文明建设示范村。

2021年

1月9日，漖里村党委换届选举，施洪林任书记，顾建福、施建荣任副书记。

1月30日，东山镇村委会换届选举，漖里村产生新一届村委会，主任施洪林，副主任施建荣、顾子云。

2月4日，东山镇党委副书记、镇长王雪锋，镇财政所所长周宗信至漖里村丁福林、顾秀凤、俞才福等10户困难家庭走访。

3月4日，漖里新时代文明实践站开展学雷锋志愿者服务活动，志愿者金芬为漖里村村民许利元老人健康义诊。

3月9日，漖里村妇联获东山镇2020年度先进妇联称号。

3月，漖里村民兵营获吴中区2020年度先进民兵营称号。

5月1—5日，漖里村12名村干部，放弃休息，组织村民至东山人民医院接种新冠疫苗，共1928人接种疫苗。

5月12日，漖里村李伟家庭被吴中区委宣传部、区精神文明建设指导委员会办公室、区妇女联合会评为吴中区2021年度"最美家庭"。

5月27日，漖里村召开第十六次妇女代表大会，到会代表41人，陈文香当选为主席，李文华、朱春燕、金芬当选为副主席。

6月19日，漖里村党委组织全体党员在村党校会议室，观看电影《烽火岁月》，庆祝中国共产党成立100周年。全体党员至吴文化博物馆、柳亚子纪念馆参观学习。

6月23日，漖里村18名"在党50周年"的老党员至村委会领取纪念章，并合影留念。18名老党员中，年龄最大的郑如珍90岁，党龄最长的金勤荣已入党64年。

7月1日，施洪林被评为吴中区优秀共产党员。

7月13日，漖里村委会在东山镇安检办、派出所的配合下，对村中出租屋进行安全检查，发现存在多处安全隐患，与4户出租屋房主签订安全责任书。

7月24—27日，第6号台风"烟花"过境，中心最强风力13级。漖里村干群全力以赴做好防台工作，16名干部排查和清除村内各种隐患30多处，其中转移危房村民2户，帮助9名独居老人移居子女家中。

9月7日，漖里村青年蒋一帆、邱鸣程光荣入伍，村两委班子欢送新兵参军。

9月9日，在东山镇召开的庆祝第37个教师节大会上，漖里村东山中心小学教师宋亮华被评为优秀教育工作者，柳东虹被评为"最美家长"代表。

10月11日，漖里村村委会举办"追忆峥嵘岁月，传承红色精神"活动，组织5名退役老兵，至东山幸福蓝海影院观看电影《长津湖》。

10月13日，漖里村组织86名60周岁以上老人至村委会免费拍照。

11月4日，漖里村12名党员青年积极参加献血活动，无偿献血2600毫升。

11月22日，中国银行东山支行至漖里村开展尊老活动，为老年村民办理尊老卡1263张。

12月10日，漖里村组织村民进行新冠疫苗接种。

第一章 地理建置

潦里村，以东山南部辽阔茂密的水网作为村名。相传他们的先祖来自北方辽阔的大草原，是辽邦的后代。他们从北方迁至太湖地区后，繁衍生息，聚族为村，遂把"辽"字改成"潦"字。新中国成立后，该地区统属新潦片，含新潦里之意。

2020年，潦里村所辖村域范围，主要包括渡水港以北、东山镇区南部（国家地理标志为东部）的银湖新村、高田新村、东高田、施巷港、花园潭、前门头、后门头、上横、中横、港西、桥西村。境内1横3竖4条主要河港，把潦里村分隔成马家港区域、门前港区域、施巷港区域、高田港区域、横港区域5大块、10个自然村（潦里共11个自然村，银湖新村位于东山商城内），像10朵水莲花盛开在渡水港畔。由原高田、潦里两个村组成了新的潦里村。潦里村距离镇中心2千米至3千米，其中高田新村、施巷港、上横村与东山镇区接壤，东高田与渡桥小镇相连。另外，自然村南部有大片鱼塘、耕地。

漼里村新貌（2018）

1950年，漼里分东高田、前门头、后门头、上横、中横、港西6个村。1980年后，人口繁衍，村庄扩大，又形成高田新村、施巷港、花园潭、银湖新村、桥西村5个村。

1958年9月，政社合一，称洞庭人民公社红星大队、胜利大队。1975年3月起改称高田大队、漼里大队。1983年9月，政社分设，农村恢复乡、村，更名高田村、漼里村。2003年11月，高田村、漼里村合并，成立新的漼里村。

2020年12月，漼里村共辖27个村民小组，村域面积0.52平方千米。

第一节　自然环境

漼里村位于东山镇南部渡水港两岸，东至洞庭路，西接王家泾，南临渡水港，北靠镇区东杨公路（东山—杨湾）。东西最大距离1.1千米，南北最大距离1千米。地理坐标为北纬31°21′，东经120°35′。

村内地貌类型属太湖冲积小平原，大多为地形较低的鱼塘、圩田。海拔一般在3米以下，大部分处在洪水侵扰范围内。边缘筑水利圩堤，境内湖荡众多，河港相通，鱼池成片。有青阳淀、海洋圩、四圩、油轩港圩、大界路港圩等小大圩连片鱼塘。村域地面高度在正常水位上下，主要为河流冲积形成。土壤以沼泽沉积黏性土为主，适宜开挖鱼池和种植水稻、油菜，堤埂宜植桑（现种茶果）。

村域属亚热带季风海洋性气候区，临近太湖，气候温和，雨水充沛，光照较足，气候条件比较优越。以内塘养鱼为主,兼营粮油和种植水生蔬菜。季节特征为冬夏长,春秋短。春季冷暖多变,夏季炎热多雨,秋季干燥少雨,冬季寒冷多冻(现较温暖)。

一、气温

年平均气温为15.9℃。最寒冷为1月份,平均气温3.3℃,称冷月。最热为7月份,平均气温28.4℃,称热月;7月下旬为最热,日平均气温为29.2℃,极端最高温超过40℃。年平均日照时数为2 177.7小时。日照季节分配,夏季最高,秋、春次之,冬季最低。

二、降雨

年平均降水天数为133天,平均降水量1 139毫米。全年有3个比较明显的多雨季节,即4—5月的春雨,6—7月的梅雨和9月的秋雨。每年6—9月为汛期,日最大降水量291.8毫米(1960年)。汛期太湖水位暴涨,对境域鱼塘、圩田造成严重威胁。

三、风向、风速

秋、冬季及初春多北风及西北风,晚春及夏季多东南风,年平均大(台)风11天,最多为21天(1972年),最少为3天(1998年)。台风最大风速为24.7米/秒(1963年9月12日)。台风影响时间跨度半年,多出现在8—9月,约占境域台风的90%。台风年均出现为2—3次,其中形成较大灾害的约占20%,为三年一遇。

四、水位

受东太湖水位制约,并与降雨季节湖水涨落一致。年变幅正常年份为1米左右,每年4月雨季来临后,水位开始上涨,5—6月跨入汛期,水位继续抬高,7—8月(或9月)水位达到高峰。此后随着湖水流量的下降,水位逐渐下降。一般至11月进入枯水期,2—3月水位出现最低值。

五、河港

境内主要有渡水港、小横港等河港,均与太湖相通。这些纵横交织的河港,为村民生活出行、生产运输的水上通道。

渡水港 古名具区港,因太湖古名具区而得名。属镇级河道,东西流向,西起长圩白浮门,东至席家湖头,流入太湖。全长1 200米,宽35—40米。途经潦里东高田、前门头,长

渡水港(2020)

约 1 000 米。原为天然港道,明代前为东山与武山的分界港,明成化年间,武山吴氏筑具区风桥月(俗称渡水桥),武山、东山连成一片,统称东山。

马家港与门前港 马家港,因北面明代马家弄而得名,村级河道。长 1 150 千米,河口宽 12 米,底宽 4 米,年平均水位高 2 米,水面 1.38 万平方米。该港道北起镇西马家弄,南至绿野桥后称门前港,更南至渡水港,流经潦里上横、中横、港西等村。两岸筑有重力式浆砌挡墙,部分港段建有栏杆。

施巷港与高田港 施巷港,因北面明代施公桥而得名,村级河道。长 1.55 千米,河口宽 16 米,底宽 5 米,年平均水位高 1.5 米,水面 2.48 万平方米。该港道北起施巷,南至丰乐桥后称高田港,更南至渡水港,流经施巷港村、后门头村、前门头村。两岸筑有重力式浆砌挡墙,村民住房分建两岸。

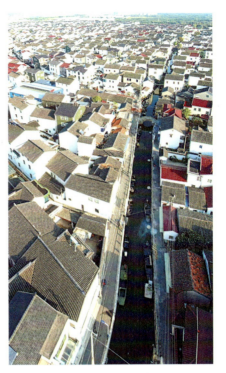

马家港(2020)

叶巷港与锡嘉港 叶巷港,因北面南宋叶巷而得名,村级河道。长 900 米,河口宽 8 米,底宽 3 米,年平均水位高 2.2 米,水面 0.72 万平方米。该港道北起叶巷,南至锡嘉桥后称锡嘉港,更南至渡水港,流经高田新村、东高田村。两岸筑有重力式浆砌挡墙,部分为混凝土挡墙岸。

莫厘港 因西端莫厘路而得名,村级河道。长 450 米,河口宽 12 米,底宽 4 米,年平均水位

施巷港(2020)

高 2.2 米,水面 0.54 万平方米。该港道东起叶巷港,西至施巷港,流经银湖新村。两岸筑有重力式浆砌挡墙,南岸为民居。

小横港 又名潦里小横港。长 300 米,河口宽 8 米,底宽 3 米,年平均水位高 2 米,水面 0.24 万平方米。该港道东起丰乐桥,西至绿野桥,流经花园潭、上横、中横。两岸筑有重力式浆砌挡墙,两岸为民居。

2015—2020 年,境域内除镇级河道渡水港外,村级管理的施巷港、马家港、叶

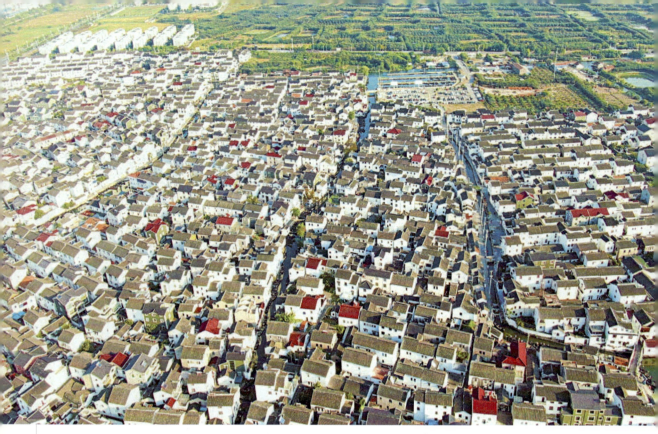

潦里主要河道（2020）

巷港、莫厘港、小横港都已两轮疏浚清淤。

　　1950年前，村内与外界交通主要靠水路，仅施巷港、马家港旁的两条小道通往镇区。道路宽不足2米，大多为泥路，雨后泥泞不堪，行走困难。1990年后，村里先后拓宽施巷港、马家港、高田港、门前港、横港等附近的村路，新筑通往东山镇区的高田新村、东高田、后门头等处的村路，村民出行开始以陆路为主。

　　潦里村东高田北原为大片农田，渡水港南岸为连片鱼池。2000年，东高田村往北发展，新建高田新村，与东山商城连成一片，成为市镇区的一部分。2010年，东高田村又向南跨过渡水港，新建东高田新村，俗称别墅区。该新村前为村委会办公区和东山新环岛公路，又与东山镇新区连成一片。

　　村民出行方便，村南627路、629路公交车来回对开，每15分钟经过一班；村东62路、621路、快10路公交车通往苏州，均经过村域。

新环岛公路（2019）

第二节　建置沿革

　　元代前，潦里村域为茭草、芦苇、野草所覆盖，地名有茭田、白界堘、绿野桥等。

　　明初，村中许氏、张氏、徐氏家族开始出山经商，人口繁衍，形成村落。村域属浙西路湖州乌程县管辖。

　　明代县以下设乡，乡以下为都、图（村）。据明王鏊《震泽编》载：弘治年间，东山设蔡仙乡，辖20个图，96个处（相当于村）。潦里境内有11图的潦里，14图的东茭田、西茭田与19图的马家泾、港西等村落。

　　清初，续明代旧制。清中期，县辖都图制进一步细化，村落也发生一些变化。乾隆年间，境内潦里、港东、港西、下田渡、西茭田、薛家桥、马家泾属29都蔡仙乡第11、13、14、19四个图。咸丰十年（1860），村域随东山隶属浙江湖州府。清咸丰十一年（1861），太平军在东山建东珊县，村域属东珊县潦里区。同治二年（1863），清廷恢复太湖厅治，境域随东山属吴县。

　　民国初期，废清制，撤太湖厅，归属吴县。东山分置东前山、东后山两个乡，潦里属东前山乡。1929年，境内设潦田乡。1934年，东山划为吴县第十二区，区以下设4镇6乡，茭田、潦里归潦田乡。1946年，东山区与横泾区合并，原东山10个乡镇合并为3乡3镇，境内设潦田乡。1948年，东山区与西山区合并，改为洞庭区，由6个乡、镇合并成1个东山镇，1个后山乡，潦里属东山镇。

　　中华人民共和国成立后，东山隶属苏南行政公署太湖行政办事处，设区政府，区以下为乡（镇），下置村、组。东山区划为1镇8乡：有东山镇，湖湾乡、渡桥乡、新潦乡、镇西乡、涧桥乡、杨湾乡、后山乡、三山乡，潦里属新潦乡。

1953年5月，苏南行政公署太湖行政办事处改为震泽县人民政府，下辖东山、西山及湖中区3个区，县政府设东山，潦里村属第一区（东山区）。1957年，撤区并乡，合并成后山、渡桥2个乡和1个东山镇，村域属东山镇。

1958年，东山前后山乡、镇合并成立两个公社，前山包括东山镇在内，建立东山人民公社；后山包括杨湾镇在内，成立洞庭人民公社。1959年初，前后山又并为一体，建立"政社合一"的洞庭人民公社，公社下辖生产大队及生产队。高田更名红星大队，潦里更名胜利大队。9月，农村公社军事化，改为营、连。洞庭公社建立30个营，231个连，胜利大队为第5营第3连，红星大队为第5营第4连。

1959年，撤震泽县建置，与吴县合并，洞庭人民公社归属吴县，红星大队与胜利大队随洞庭公社属吴县。

1961年，洞庭公社改30个营为30个生产大队，231个连改为小队（或称生产队），村域仍名红星大队与胜利大队。

1968年，公社、市镇由人武部代管，建立革命委员会（简称"革委会"），大队建立革命生产委员会，所属生产队建立革命生产领导小组。红星大队改为红星大队革委会，胜利大队改为胜利大队革委会。

1981年，撤东山公社革命委员会，成立东山公社管理委员会，大队、生产队相应撤销革委会和革命生产领导小组。

1983年，农村实行政社分设，恢复乡村行政建制，建立东山乡人民政府，乡以下设村民委员会及村民小组，取代生产大队和生产队，红星大队更名为高田村村民委员会，胜利大队更名为潦里村村民委员会。

1985年9月，撤乡建镇，成立东山镇政府，高田村、潦里村隶属东山镇政府。

1995年7月，撤吴县，建吴县市，高田村、潦里村随东山镇属吴县市。

2001年3月，吴县市撤市设区，成立吴中区、相城区。高田村、潦里村随东山镇属吴中区。

2003年11月，高田村、潦里村合并，成立新的潦里村，属东山镇。

2020年12月，潦里村隶属苏州市吴中区东山镇。

第三节　自然村

明嘉靖年间，许氏在西芰田筑高阳古里，为明代东山名园，后发展成前门头、后门头、东高田自然村。明崇祯末年，苏州府在潦里绿野桥设兵营，驻兵丁，备快船，防盗捕盗，以保东山安宁。明亡后，绿野桥兵营大批兵丁无法归家，散居附近娶妻生子，挖池养鱼谋生，后发展成白界垡、绿野井、上横头、中横头、港东、港西等村落。

一、施巷港村

因村东施巷港而得名。施巷港形成于南宋，原为天然河道，南宋建炎初年，国子监学禄施轶叔侄南渡迁居西街响水涧口，筑施巷及拓浚港道，名施巷港。

施巷港村南至丰乐桥（高田港），北连施公桥（紫金路），东靠施巷港，西接花园潭。三面环水，一面连接环山公路。距东山镇区约1 000米。2020年末，由潦里村第16、第17两个村民小组的一部分村民迁入。有村民62户，233人。村民以顾、俞、宋、朱、马、吴姓为主。环山公路沿村口北而过，苏州627公交车每15分钟经过一班，村民出行方便。

该地原属田野与桑地。1983年后，潦里村和高田村一部分村民在施巷港西岸建房居住，形成施巷港自然村。村中道路主要有南北走向主道1条、东西走向巷弄4条。主道南起丰乐桥，北至紫金路，右侧紧靠施巷港，长220米，宽3.5米。原为砖石道，破损严重。2015年，恢复青砖石板古道。4条东西走向的巷弄，均东起施巷港村路，西至潦里村，长80—100米，宽1—1.5米，浇筑沥青路面。村南端有古石桥一座，名丰乐桥，清光绪六年（1880）重建。丰乐桥北端50米处，港边有古榆树两株，1株树龄100年以上，1株树龄80年左右。

施巷港区域原属潦里村，历史上以内塘养殖青、草、鲤、鲢、鲫各类家鱼与种桑养蚕为主，兼种植莼菜、茭白、莲藕等水生植物。20世纪90年代初，东山镇村二级开始发展乡镇企业，村民进厂务工人员较多。1990年以后，东山传统的太湖蟹、莼菜价格成倍提高，村民大量发展内塘养蟹和莼菜种植，收入增加。2000年以后，苏州城乡各类工业企业发展较快，村中年轻人高校毕业后大多进工厂务工或自主创业，村民收入倍增，生活较为富足。

施巷港村（2020）

第一章 地理建置

花园潭村

本章自然村内或有户主移出该村之情形，但仍酌标人名于图内。本章的自然村图仅供补充文字之不足，不作为房屋产权证明等其他之用。

图例
□ 建筑物

店铺	店铺	店铺	店铺			工商分局	店铺		
		东山中心小学							
									郑洪根 1
许秋生 11	俞福才 10	俞妹珍 9	施洪元 8	马菊洪 7	朱培林 6	蒋本大 5	许阿四 4	金兴发 3	金新良 2
郑秋福 22	顾励生 21	马仙云 20	顾根荣 19	俞玉堂 18	张雪峰 17	朱洪兴 16	许培根 15	施祖根 14	宋根娣 13	江方荣 12
张雪刚 29			吴洪建 28	张传兴 27	马宝元 26	朱永芬 25	顾玉娣 24	贺志康 23	
	江福林 37	吴永泉 36	江兴林 35	江福中 34	许福兴 33	张阿二 32	顾进法 31	顾建福 30	店铺
			朱坤林 42	朱新龙 41	姚永林 40	朱兴根 39	郑惠根 38	店铺	
			顾夫生 50	俞兴福 49	俞林法 48	沈如根 47	朱毛生 46	顾干兴 45	金荣 44	杨建福 43
		金补林 60	郑兴福 59	宋长林 58	俞福根 57	朱留生 56	朱伟钢 55	朱甫荣 54	金夫宝 53	朱阿二 52	朱才生 51
				郑如根 66	张和林 65	顾子荣 64	钱洪方 63	张玲娟 62	顾补根 61
			郑新志 72	陈进福 71	宋坚力 70	许培峰 69	宋荣 68	俞荣根 67	

潦里施巷港村村民居住分布图（西区）（2022）

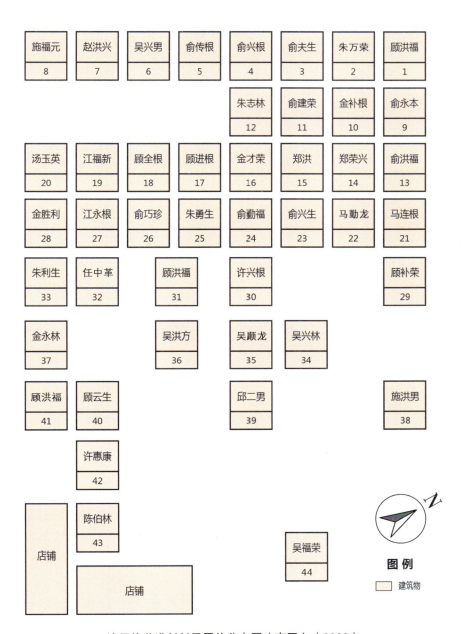

潦里施巷港村村民居住分布图（南区）（2022）

二、花园潭村

因村中施家花园而名。位于施巷港西侧,南至潦里小横港,北至施巷港,东接丰乐桥,西连上横。距东山镇区约1 000米。2020年末,设潦里第17村民小组,有村民21户,76人。姓氏以施、金、宋姓为主。

花园潭村(2020)

该地原为上横与施巷港之间的一处农田与隙地,20世纪30年代,施巷港河畔施惠钧赴沪经商获得成功,在上海创办造纸厂,盈利后在老宅旁购地约6亩,建施家花园。内筑花厅、洋房,置假山及规模较大的荷花潭,俗称花园潭。1958年施惠钧去世后,因施家长期居住上海,房屋年久失修坍塌严重。1980年,其子施纪南将全部房地售予红星大队第一生产队(现属施巷港),生产队安排农户建造住宅,形成一处新村。村中有东路与南路主道2条:东路为南北走向,南起丰乐桥,北至小横港,长60多米,宽2.5—3米。南路为东西走向,东起高田港,西接上横村,长约100米,宽2米,均为沥青路面。村内保存施家花园花厅,建筑面积约120平方米,较破旧。

花园潭为20世纪80年代后形成的新村,村民为原西高田和潦里上横村的部分农户。村民生活靠内塘养殖各类家鱼,以及种植莼菜、茭白、莲藕为主。2000年后,年轻人大多进厂务工和经营服务业。

花园潭村因住宅多为新村,故不单独绘制村民居住分布图。

三、前门头村

地处明代许氏宅第前门头而名。菱田许家为明代嘉靖年间东山大富之一，房屋规模宏大，占地数亩之广。清初许家败落后，宅地繁衍成两个村落，称前门头村、后门头村。前门头南至渡水港，北连后门头，东靠东高田，西接中横村。距东山镇区1 500米。2020年末，设潦里村第20、第21、第22、第23四个村民小组，有村民273户，976人。村民姓氏以顾、施、郑、金、朱姓为主。

该地原处许氏前门头，约清中期起原许家的佣人、挑水者、佃户在此居住，加上一部分外来人口，繁衍成村落。村中有主道2条：高田港路，南北走向，南起渡水港，北至后门头，长207米，宽2.5米，原为碎石路面，破损严重，2015年浇筑沥青路面。前门头路，东西走向，东起大操场，西至高田港，长230米，宽6米，原为泥石路，2015年浇筑沥青路面。另外，村中有南北走向次道4条，长80—120米，均浇筑沥青路面。村民住房主要分布在主道与次道两侧。古迹有前门头猛将堂、牌坊残柱、徐氏古墓等。徐氏后裔徐梁、徐景颜为清末北洋水师海军，在甲午海战中殉国。

前门头明清时属西菱田。明代西菱田（今高田）属吴县29都蔡仙乡。清《太湖备考·都图》载，乾隆十二年（1747），西菱田属29都蔡仙乡14图。民国年间，该地先后为吴县第17区渡桥镇、第12区潦田乡所属保甲。新中国成立初，高田属新潦乡。1956年，属东山红星农业高级合作社。1958年，属洞庭人民公社第5营第4连。后更名为红星大队第5、第6、第7三个生产队。1968年，改为红星大队革命委员会第5、第6、第7三个革命生产领导小组。1981年，更名为高田大队第5、第6、第7三个生产队。1983年，更名为高田村村民委员会第5、第6、第7三个村民小组。2003年11月，隶属于潦里村村民委员会。

村中许氏、施氏、金氏等人是明清"钻天洞庭"商人集团的骨干。村民生活靠内塘养殖各类家鱼、种桑养蚕为主。20世纪90年代初，东山镇开始发展乡镇企业，村民中进厂务工人员较多。1990年以后，东山传统的太湖蟹、莼菜价格提高，村民大量发展内塘养蟹、种植莼菜。2000年后，苏州城乡各类工企业发展较快，村中年轻人大多进工厂务工或自主创业。村里大多以50岁以上老年人在家守业。

前门头村（2021）

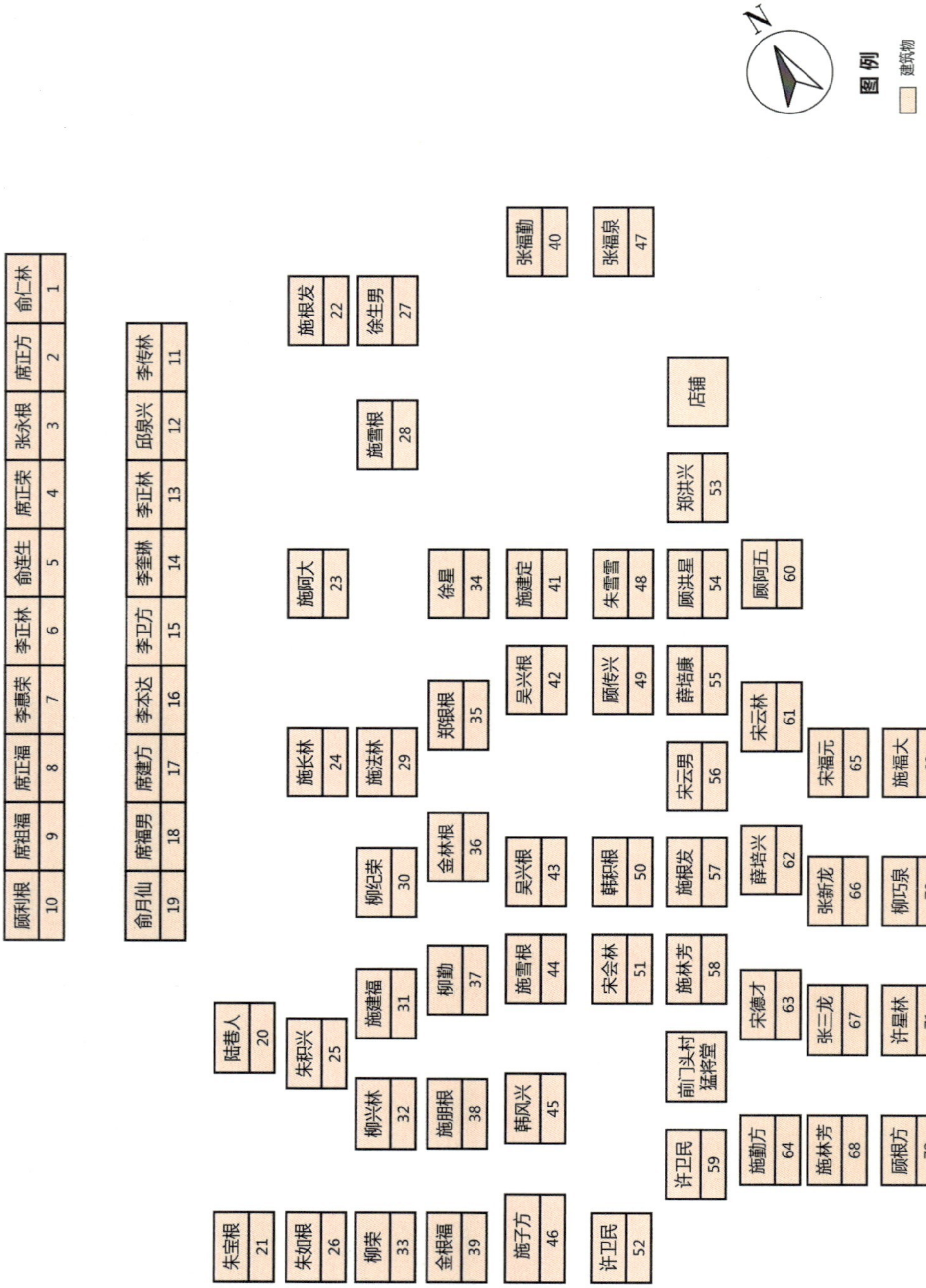

潦里前门头村村民居住分布图（东区）（2022）

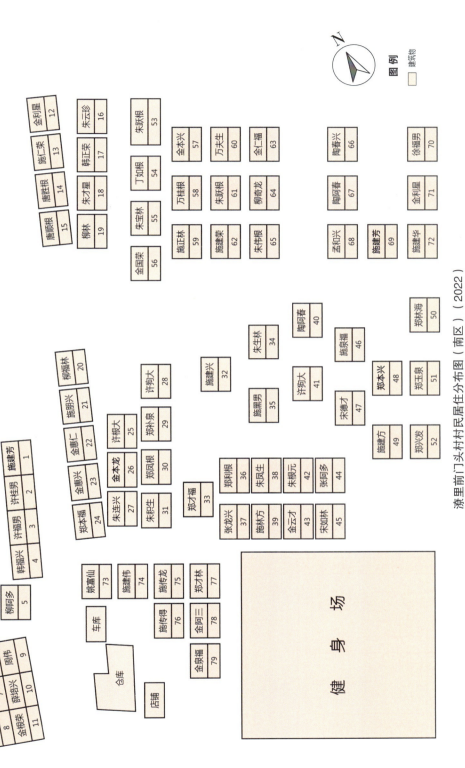

潦里前门头村村民居住分布图（南区）（2022）

金惠仁	金补兴	朱积根	金利泉	金白男	张福根	郑才兴	韩积才
8	7	6	5	4	3	2	1

韩积兴
9

郑兴娣	郑洪男	顾传宝	朱本大
13	12	11	10

顾才林	施勤生	宋凤林	张福泉	徐才英	朱根元	朱本方	顾本林	施建方
22	21	20	19	18	17	16	15	14

顾传生					宋仙元
24					23

金本福	顾传生	顾根方	许培林	叶惠琴	施福大	叶坚伟	顾来兴	施福泉
33	32	31	30	29	28	27	26	25

许星林	金本福	施林生	施洪生	顾洪兴	顾阿六	郑小林	施洪根
41	40	39	38	37	36	35	34

汤小毛	金才兴	施才发	施福安	施仲方
46	45	44	43	42

陈福龙	汤阿六	宋仙凤
49	48	47

顾阿五	施如根	顾阿三	糜蟾玉	郑福荣	许阿方	葛金凤	顾福根
57	56	55	54	53	52	51	50

陈阿才	宋仙凤	汤阿五	施泉方	郑阿二	顾正方	顾仁方	朱根元
65	64	63	62	61	60	59	58

施洪金	郑和兴			陈阿男	施泉洪	施泉洪
70	69			68	67	66

顾根福	徐惠男			刘秋娣	施传龙
74	73			72	71

顾四毛	许小方	施兴方		施雪林	郑小兴	许洪方
80	79	78		77	76	75

图例
☐ 建筑物

潦里前门头村村民居住分布图（西区）（2022）

四、后门头村

因地处许氏后门头而得名。后门头南至前门头，北连银湖路，东靠东高田，西接高田港。距东山镇区约1 500米。2020年末，设漾里村第17、第18两个村民小组，有村民106户，415人。村民姓氏以高、刘、俞、郑、邱、周为主。

村中有北弄、南弄2条主道，均为东西走向。北弄东起东高田，西至丰乐桥，长200米，宽4米，原为砖石道与泥路，2016年浇筑沥青路面。南弄长150米，宽3米，沥青路面。村民住房都分布在北弄与南弄东西两侧。北弄与南弄中间，原为菱塘港。该港道东起叶巷港，西至茭田港，原是前门头村、后门头村的水上运输河道。1950年起，陆地公路逐渐取代水路交通，加上村中人口发展建宅所需，菱塘港被填平后扩展成两条村道。村中古迹有后门头猛将堂等。

后门头村明代称西茭田，属吴县29都蔡仙乡。清乾隆十二年（1747），茭田属29都蔡仙乡14图。民国年间，茭田先后为吴县第17区渡桥镇、第12区漾田乡所属保甲。新中国成立初，高田始属新漾乡。1956年，属东山红星农业高级社。1958年，属洞庭人民公社第5营第4连。后更名为红星大队第1、第2、第3、第4四个生产队。1968年，改为红星大队革命委员会第1、第2、第3、第4四个革命生产领导小组。1981年，更名为高田大队第1、第2、第3、第4四个生产队。1983年，更名为高田村村民委员会第1、第2、第3、第4四个村民小组。2003年11月，隶属漾里村村民委员会。

历史上村民亦农亦商，农忙务农，农闲外出经商。清末上海辟为商埠后，村中郑、周、邱等家族青壮年赴沪业金融人员较多。村民以内塘养殖各类家鱼和种桑养蚕为主，兼种养莼菜、茭白、莲藕等蔬菜。20世纪90年代初，东山镇开始发展乡镇企业，村民进厂务工人数较多。1990年后，大量发展内塘养蟹、种植莼菜，村民收入增加。2000年后，苏州城乡各类工企业发展较快，大多数年轻人进工厂务工，中老年人留在家中经营传统养殖业。

后门头村（2021）

潦里村志

第一章 地理建置

图例：建筑物

编号	户主
1	丁连根
2	李巾林
3	周巧林
4	俞郑兴
5	于福才
6	李勇
7	周发兴
8	庾云福
9	李永福
—	俞根林
10	于仁荣
11	—
12	俞惠兴
13	席正根
14	周巧根
15	张夫根
16	周斌
17	李本福
18	庾朴传
19	郑和根
20	于朴仙
21	俞夫林
22	张文男
23	俞富荣
24	刘子林
25	席正福
26	席正林
27	俞根林
28	邱福兴
29	叶心爱
30	顾传福
31	顾福林
32	顾连根
33	顾子宝
34	顾万荣
35	席本大
36	万伏仙
37	俞永林
38	顾振伟
39	朱金林
40	俞秀宝
41	高妙珍
42	朱宝根
43	庾巧林
44	郑祖根
45	郑甫根
46	顾惠林
47	李万红
48	金建荣
49	周福林
50	叶仁荣
51	庾甫兴
52	顾彩林
53	周妙发
54	席正福
55	施法娣
56	俞珠宝
57	俞惠兴
58	郑惠林
59	顾建林
60	郑凤林
61	郑惠林
62	张建林
63	庾云男
64	叶心娣
65	席永林

潦里后门头村村民居住分布图（北区）（2022）

潦里后门头村村民居住分布图（南区）（2022）

东山农贸市场

俞永根 2	吴白妹 1									
俞巧林 4	高小林 3									
俞洪男 5		俞华蛟 12	高根男 11	刘雪林 10	陈永林 9		店铺			
俞才兴 6								店铺		
高建方 7		郑永福 16	高小本 15	高兴方 14	韩毛男 13		俞才荣 32	许绍荣 31	店铺	
高巧荣 8		高巧英 18	高阿三 17				高勤方 35	朱顺德 34	许建福 33	

			俞玉根 42	俞洪 41	高夫兴 40	施建林 39	邱纪林 38	周丁荣 37	俞才林 36
韩根荣 21	邹建平 20	韩会荣 19	叶阿凤 49	刘夫生 48	高本方 47	张宪布 46	顾菊根 45	李士群 44	朱洪林 43
韩会根 24	刘伟洪 23	高才生 22	金龙兴 56	张明建 55	高惠方 54	高本方 53	朱洪兴 52	徐冬生 51	洪伟 50
韩如英 27	周正男 26	高本大 25	施福荣 61	施福勤 60	俞祖根 59	许阿方 58	刘风宝 57		
高云男 30	刘雪林 29	刘玉林 28							

				朱秋林 63	俞云嫌 62		俞才福 76	徐阿呆 75
							邱卫生 78	俞彩云 77
刘仁洪 67	邱巧泉 66	刘玉林 65	金如兴 64					
郑根寿 70	顾秋娣 69	黄正 68					邱正福 81	俞美凤 80	邱荣林 79
周新男 72	金自有 71				金夫林 86	金夫兴 85	金夫裕 84	周龙兴 83	邱卫根 82
俞二宝 87	邱正福 74	金夫荣 73						

图例：建筑物

潦里后门头村村民居住分布图（西区）（2022）

五、东高田村

东高田村（2020）

原名东芰田，后更为东高田。位于西高田东面而得名。东高田村东至锡嘉港，西连前门头，南临渡水港，北靠高田新村。距东山镇区约1000米。2020年12月，设潦里村第24、第25、第26、第27四个村民小组。有村民198户，762人。村中姓氏以金、朱、顾、张、许姓为主。

该村地处具区港北，明初芰草茂密而名芰田。明代中期，许氏兄弟经商发迹，建高阳古里，后发展成东芰田村、西芰田村。村东端有清代石桥一座，名锡嘉桥。村中主道有东高田村路、机耕路、高田港村路3条。东高田村路，东西走向，东起锡嘉桥，西至大操场，长280米，宽6米。机耕路，东西走向，长248米，宽4米。高田港村路，南北走向，南起渡水港，北至前门头，长166米，宽2.5米。三条主道原为砖石或泥路，2015年浇筑沥青路面。

东高田村，明代属吴县29都蔡仙乡。清乾隆十二年（1747），芰田已分东、西两村，东芰田属29都蔡仙乡14图。民国年间，东芰田先后为吴县第17区渡桥镇、第12区潦田乡所属保甲。新中国成立后，属新潦乡。1956年，属东山红星农业高级社。1958年，属洞庭人民公社第5营第4连。后更名为红星大队第8、第9、第10、第11四个生产队。1968年，更名为红星大队革命委员会第8、第9、第10、第11四个革命生产领导小组。1981年，更名为高田大队第8、第9、第10、第11四个生产队。1983年，更名为高田村村民委员会第8、第9、第10、第11四个村民小组。2003年11月，隶属于潦里村村民委员会。

历史上村民农商兼之。男性青壮年外出经商，其他人靠内塘养殖和蚕桑为务。20世纪90年代初，东山镇开始发展乡镇企业，村民进厂务工人数较多。1990年后，村民大量发展内塘养蟹和种植莼菜。2000年后，苏州城乡各类工企业发展较快，村中年轻人高校毕业后大多进厂务工或自主创业。

漊里东高田村村民居住分布图（西区）（2022）

编号	户主	编号	户主	编号	户主	编号	户主
1	张兴男	25	张阿三	49	沈国平	73	张雪林
2	张建光	26	陈根林	50	郑夫兴	74	陈朴兴
3	陈建芳	27	顾阿三	51	陈本兴	75	金巧德
4	席银林	28	张兴林	52	金巧德	76	陈朴根
5	顾雪根	29	张永林	53	李业勤	77	邱洪兴
6	陈建国	30	张补根	54	王兴财	78	邱夫根
7	金惠民	31	张巧林	55	张雪林	79	金建林
8	吴生芳	32	周夫宝	56	陈建兴	80	金本林
9	李福生	33	席银元	57	金泉林	81	金巧泉
10	席银根	34	金永民	58	金巧福	82	金巧泉
11	叶雪华	35	朱忠林	59	唐荣林	83	姚朴林
12	朱惠荣	36	张三男	60	朱进兴	84	孟华芳
13	郑夫根	37	张补兴	61	金巧财	85	金荣生
14	张福林	38	周勤勤	62	牟昆	86	朱小兴
15	朱新林	39	金玉平	63	金月明	87	朱振根
16	朱新林	40	盛福英	64	陈彩林	88	薛守福
17	郑建文	41	朱进兴	65	韩巾男	89	薛仁福
18	金光明	42	张永林	66	张兴福	90	陈宝根
19	朱建福	43	盛夫明	67	张根福	91	李阿三
20	万利凤	44	李泉根	68	薛守福	92	孟如兴
21	朱勤	45	周伟	69	金茂兴	93	施秀荣
22	金月明	46	金建林	70	金洪伟	94	唐兴男
23	金惠民	47	唐阿五	71	张巧兴	95	唐根男
24	陈正方	48	柳兴林	72	朱兴根		

养 殖 区

图例：建筑物

潦里村志

第一章 地理建置

位置	姓名	编号
	李阿四	27
	张补根	26
	朱云龙	25
	陶春兴	24
	徐福林	4
	王兴财	3
	邱洪福	2
	顾建生	1
	丁连根	33
	丁条英	32
	张补弟	31
	朱传兴	30
	张坤林	29
	邱林根	28
	东高田村猛将堂	
	蒋兴宝	8
	姚和林	7
	邱宝根	6
	万阿二	5
	李爱林	54
	金开生	53
	郑阿三	35
	金德才	34
	李伙林	10
	刘阿四	9
	陈林康	57
	陈建成	56
	郑阿五	55
	金勤方	37
	李伙林	36
	顾根珠	13
	刘阿四	12
	万喜生	11
	毛补林	59
	李发林	58
	金春狗	16
	朱连生	15
	李阿三	14
	陈如林	60
	毛坚龙	61
	朱秋生	44
	朱兴生	43
	陈雪林	42
	金玉狗	41
	金秋生	17
	金冬林	63
	郑本林	62
	金巧福	40
	郑如珍	39
	金伟强	38
	俞玉妹	45
	郑本林	19
	朱新荣	18
	陈夫林	46
	韩正林	65
	韩根男	64
	金国强	49
	陈洪林	48
	陈洪林	47
	朱叶庭	20
	韩培荣	70
	刘如娟	69
	朱定林	68
	毛春狗	67
	金铁生	66
	郑冬根	22
	朱云龙	21
	李艳	74
	韩泉根	73
	朱兴林	72
	朱定林	71
	万阿二	50
	韩彩林	75
	金开生	52
	金宝根	51
	万阿二	23

图例：建筑物

养 殖 区

潦里东高田村村民居住分布图（中区）（2022）

潦里东高田新村村民居住分布图（南区）（2022）

图例：□ 建筑物

朱小兴 42						
盛本福 41	施建林 32					
张福勤 40	柳兴林 31					
施秀荣 39	朱庆芳 30	郑洪男 22				
韩宝兴 38	孙国荣 29	朱新荣 21				
金慧芳 37	朱雪荣 28	郑建林 20	郑小兴 11			
刘阿四 36	盛福根 27	许培章 19	施如根 10			
郑建龙 35		黄庆荣 18	施兴方 9	店铺		
	郑菊林 26		宋会林 8			
张本福 34	陈洪林 25	朱德龙 17	顾春元 7			
葛金凤 33	顾勤芬 24	陶海庆 16	朱建新 6			
	许根荣 23	陈雪林 15	韩正林 5			
		施玉根 14	魏龙 4			
		宋永林 13	施洪根 3	店铺		
		朱桂珍 12	顾仁方 2			
			万本茂 1			

六、高田新村

高田新村（2020）

2000年后所建新村，位于东山新镇区莫厘路农贸市场南面。东至叶巷港，西连后门头，南接东高田，北近银湖路。该村为东山镇区新农村，所居大部分为镇区居民。2020年12月，仅漾里村后门头第17、第18两个村民小组的14户村民99人住进新村。至2021年12月，又有多户市镇居民入住。

该村地处东山莫厘路商贸中心。村中主道1条：高田路，南北走向，南起东高田，北至银湖路，路西侧为后门头。长106米，宽8米，沥青路面。次道2条：南弄与北弄。南弄长100米，宽6米。北弄长100米，宽4.5米，均为沥青路面。

高田新村靠近镇区，村民农商兼之，除内塘养殖各类家鱼，以及种植传统的莼菜、茭白、莲藕外，大部分为小商小贩。村民生活较为富足，住宅大部分为面积较大的单体别墅。

银湖新村

潦里高田新村村民居住分布图（2022）

张夫林 1		店铺								
	陈伯荣 7	叶洪裕 6	金永玉 5	俞惠林 4	张阿二 3				朱洪福 2	
施正荣 13	陈根生 12	李法林 11		朱惠民 10	顾志根 9				郑兆林 8	
									柳勤 14	
翁凤慈 21	宿舍	张建春 20	高小方 19	朱洪根 18	袁富根 17		陈建芳 16		金林根 15	
									席银根 22	
	宿舍	俞社珍 26	金永叶 25	周惠勤 24	颜老虎 23				顾建荣 27	
金雪男 60	张巧林 59	俞利根 58	李大男 57	朱建兴 56	朱振林 55		盛建明 30	陈兴福 29	陈福男 28	
周福兴 67	唐惠明 66	顾云男 65	陈建国 64	李惠林 63	朱海福 62	吴玉文 61	王惠兴 32	邵平其 31		
孟荣明 72	孟华方 71	施建林 70	郑凤林 69	席正荣 68			张凤珍 35	张洪林 34	朱根林 33	
沈伟元 79	金补勤 78	施传德 77	顾荣明 76	万连根 75	高小兴 74	万利凤 73	陈夏狗 38	唐阿三 37	朱丁兴 36	
							金军明 41	朱根才 40	蒋海兴 39	
				顾利根 82	许胜荣 81	金根传 80	朱建才 43	金新月 42		
				毛补林 85	许建龙 84	朱阿三 83	张呆大 46	张林福 44		
				盛福英 88	顾洪林 87	张根林 86	金阿四 47	陈建林 46		
							朱宝林 49		张根发 48	
				万本茂 92	蒋兴龙 91	郑泉荣 90	金世明 89	张桂男 52	顾雪林 51	张桂英 50
				朱宝龙 96	陈金根 95	江雪明 94	陈正方 93	张呆大 54		陈根福 53

图例：□ 建筑物

七、银湖新村

银湖新村（2020）

2000年后所建新村，位于东山新镇区银湖路北面。东起叶巷港，西至银湖路住宅区，南靠银湖路，北接莫厘港，与东山镇莫厘路、银湖路商贸区相接。该村为镇区新农村，除一部分原高田村后门头村民迁住外，大多为镇区居民。2020年12月，设潦里村第19、第20两个村民小组部分村民迁入，有村民50户，200人。村中姓氏以朱、顾、叶、张为主。

该村地处东山莫厘路与银湖路交界处，属东山最繁华的商贸中心，村民沿街开设各类商店与门市部较多。村中主道2条：银湖新村西路，南北走向，南起银湖路，北至莫厘港，长97米，宽3米。银湖新村东路，南北走向，南起银湖路，北至莫厘港，长100米，宽2—2.5米。村内南北走向次道3条，均长50米，宽1.5米左右。主道与次道浇筑沥青路面。银湖新村位于镇区商贸中心，村民农商兼之，除内塘养殖外，大部分为小商小贩。

银湖新村因住宅为新村，故不单独绘制村民居住分布图。

八、上横村

原名马家泾，后更名为潦里上横村，简称上横，因在白界埂之上而得名。东至花园潭，西接马家港，南临小横港，北靠紫金路。距东山镇区500米。2020年12月，设潦里村第13、第14、第15、第16四个村民小组。有村民156户，584人。村中姓氏以蒋、朱、施、俞、许姓为主。

村内绿野桥旁在明代设有太湖总练新署，附近为湖滩沼泽，后发展成上横村。村中有马家港村路、小横港路、上横东路3条主道。马家港村路，南北走向，南起绿野桥，北至环山公路，长246米，宽6米。该路为潦里、港东、俞家库等村通往东山镇区的主道，西侧港畔设石护栏。小横港路，东西走向，东起花园潭，西至绿野桥，长222米，宽4米。上横东路，南北走向，南起渡水港，北至猛将堂，长200米，宽2米。3条主道均浇筑沥青路面。村中古迹有绿野桥、上横猛将堂。

上横村（2021）

明清时，上横村属吴县29都蔡仙乡第19图。民国年间，上横先后属吴县第17区渡桥镇、第12区西街镇。新中国成立后，上横属新潦乡。1956年，属东山胜利农业高级社。1958年，属洞庭人民公社第5营第3连。后更名为胜利大队第13、第14、第15、第16四个生产队。1968年，更名为胜利大队革命委员会第13、第14、第15、第16四个革命生产领导小组。1981年，更名为潦里大队第13、第14、第15、第16四个生产队。1983年，又更名为潦里村村民委员会第13、第14、第15、第16四个村民小组。2003年11月，隶属潦里村村民委员会。

上横为水网地区，村民生活靠内塘养殖青、草、鳊、鲢等鱼类，池埂上种桑养蚕为主。20世纪90年代初，东山镇开始发展乡镇企业，青壮年进厂务工较多。1990年后，村民大量发展内塘养蟹和种植莼菜。2000年后，村中年轻人高校毕业后大多进厂务工或自主创业。1990年起，上横老村逐步改造成新村，村容村貌整洁。

第一章 地理建置

潦里上横村村民居住分布图（北区）（2022）

图例：□ 建筑物

编号	户主	编号	户主	编号	户主	编号	户主
1	朱拥军	15	高车方	29	许惠兴	43	施祖林
2	席三狗	16	高华方	30	郑阿三	44	郑林根
3	席二狗	17	俞春娟	31	周利根	45	俞桂荣
4	朱拥军	18	郑建林	32	高重荣	46	郑茂兴
5	金才发	19	郑建荣	33	陈夫林	47	郑凤明
6	吴成荣	20	郑全龙	34	俞林荣	48	俞福根
7	朱勇福	21	郑志兴	35	韩仁海	49	俞凤根
8	席大狗	22	江成林	36	朱秋荣	50	朱阿三
9	孙惠明	23	施洪吉	37	吴洪男	51	江福新
10	俞惠荣	24	俞兴大	38	张福男	52	马永根
11	江才才	25	金福根	39	许夫才	53	蒋惠林
12	马菊平	26	张本元	40	金传龙	54	俞兴娣
13	马本元	27	吴成才	41	施祖林	55	金海根
14	马建元	28	朱才珠	42	宋春龙	56	朱洪根

漖里村志

第一章 地理建置

漖里上横村村民居住分布图（西区）（2022）

编号	户主
1	朱妹娣
2	顾康康
3	张福荣
4	许巾才
5	金凤兴
6	许小兴
7	蒋玉健
8	朱福男
9	吴利平
10	陈建龙
11	陈祖生
12	马万裕
13	俞荣根
14	朱建兴
15	张晓青
16	邱福兴
17	俞福根
18	张福荣
19	俞玉福
20	许和元
21	施福元
22	陈补林
23	施建刚
24	朱云生
25	施小芳
26	马菊洪
27	宋坚军
28	宋坚石
29	金法林
30	张阿三
31	施兴根
32	石卫建
33	张正林
34	张建军
35	金凤林
36	陈宝珍
37	顾小二
38	张夫生
39	许夫儒
40	许相娥
41	蒋小兴
42	施云男
43	蒋惠男
44	朱建根
45	席利荣
46	俞夔福
47	郑本大
48	郑佳兴
49	俞月娥
50	俞如福
51	江建海
52	江建中
53	顾心巧
54	俞德荣
55	顾惠明
56	施补全
57	俞月娥
58	顾如荣
59	顾惠民
60	俞兴全

图例：建筑物

店铺	店铺		店铺		雕花楼宾馆停车场	
店铺		店铺				
叶六生 4			朱孝林 2	俞萍 1		
			朱多头 3			

顾惠明	杨利根	陈三宝	沈利海	朱小海	顾福明	朱建荣
11	10	9	8	7	6	5
金全林	顾林根	金福根	郑雪兴	石新建	顾凤兴	江福仁	金洪夫
19	18	17	16	15	14	13	12
宋洪福	邱建荣	顾林根	席文龙	顾利兴	江玉泉	顾洪泉	朱巾宝
27	26	25	24	23	22	21	20
杨信珠	马秀英	俞新忠	施阿龙	许龙	江福生	许明元	宋福根	邱德康	江福林
37	36	35	34	33	32	31	30	29	28
金勤荣	俞雪荣	宋补兴	宋洪林	顾华军	顾福	金永法	俞林根	祁荣	顾建芳
47	46	45	44	43	42	41	40	39	38
陈建明	姚月芳	金正德	朱万兴	金补兴	陈宝根	**许伟泉**	宋巍峰	顾补全	朱其妹
57	56	55	54	53	52	51	50	49	48
赵建荣	朱康荣	张庆林	金胜利	许建康	赵正荣	顾洪才	朱如生	顾才荣	顾洪根
67	66	65	64	63	62	61	60	59	58
	顾福兴	周珍	朱彩云	张利荣	许洪林	金兴福	朱万洪	俞福兴	金云生
	76	75	74	73	72	71	70	69	68
	赵洪春	顾惠兴	顾惠兴	吴福男	俞兴根	金建勇	宋建兴	俞玉林
	84	83	82	81	80	79	78	77

图例
建筑物

潦里上横村村民居住分布图（南区）（2022）

九、中横村

因位于上横之下（南），称中横。南至港东，北靠小横港，东至高田港，西连门前港，距东山镇区500米。2020年12月，设潦里村第9、第10、第11、第12四个村民小组。有村民166户，591人。村中姓氏以张、许、郑、俞、顾姓为主。

中横位于上横之南，明清时附近均为湖滩沼泽，后发展成中横村。村中主道2条：中横新路，又称中横西路，南北走向，南起井盘头，北至平桥，长228米，宽4—5米，沥青路面。中横老路，与新路平行，长158米，宽2—3米。东西走向次道3条，长113—167米，宽1.5—2米。村中古迹有绿野井。

明清时，潦里中横属吴县29都蔡仙乡第19图。民国年间，中横先后属吴县第17区渡桥镇、第12区西街镇。中华人民共和国成立后，中横属新潦乡。1956年，属东山胜利农业高级社。1958年，属洞庭人民公社第5营第3连。1961年，更名为胜利大队第9、第10、第11、第12四个生产队。1968年，更名为胜利大队革命委员会第9、第10、第11、第12四个革命生产领导小组。1981年，更名为潦里大队第9、第10、第11、第12四个生产队。1983年，更名为潦里村村民委员会第9、第10、第11、第12四个村民小组。2003年11月，隶属于潦里村村民委员会。

中横与上横相同，历史上为水网地区，村民生活靠内塘养殖和种桑养蚕为主。20世纪90年代初，东山镇发展乡镇企业，青壮年进厂务工较多。1990年后，村民大量发展内塘养蟹和种植莼菜。2000年后，村中年轻人高校毕业后大多进工厂务工或自主创业。

中横村（2021）

图例：建筑物

姓名	编号
顾仁娣	7
许建林	6
张夫根	5
沈雪根	4
刘建龙	3
张大男	2
许惠福	1
金虎根	8
朱福宝	20
许绍荣	19
许连荣	18
张荣康	17
沈方荣	16
张秋凤	15
朱建林	12
邱福林	13
郑福星	10
郑福娟	14
顾福娟	11
店铺	—
朱本大	34
顾夫林	33
许惠生	32
许根荣	30
施阿会	29
顾仁兴	27
许朴元	24
朱建刚	25
郑福生	23
许根荣	21
张寿福	22
郑朴根	48
顾巧泉	47
郑爱冈	46
郑秋男	45
金盛英	44
顾寿福	43
张卫忠	42
顾长春	41
顾洪男	40
张泉林	39
顾连荣	38
张寿福	37
顾全林	36
顾昆荣	35
顾福兴	61
金德泉	60
顾全福	59
顾定珍	58
顾荣明	57
郑洪泉	62
郑福兴	56
顾福荣	55
许阿多	54
顾连荣	53
顾如根	52
朱荣福	51
张荣林	50
张洪荣	49

漖里中横村村民居住分布图（东区）（2022）

潦里中横村村民居住分布图（西区）(2022)

图例：建筑物

位置	户主	编号
	顾阿四	1
	郑冬男	2
	顾涝男	3
	张三林	4
	朱福英	5
	许秋林	6
	江方龙	7
	江阿泉	8
	张兴福	9
	许培玉	10
	许培新	11
	张兴男	12
	顾连兴	13
	陈建福	14
	许洪兴	15
	许传兴	16
	金荣林	17
	钱洪发	18
	邱小弟	19
	金利荣	20
	许吴大	21
	许小兴	22
	孙黄华	23
	许荣康	24
	朱晓华	25
	方春萍	26
	赵洪才	27
	许灵福	28
	施良生	29
	许三宝	30
	朱晓华	31
	顾二荣	32
	江玉兴	33
	许培良	34
	许培建	35
	邱永新	36
	郑补兴	37
	许新荣	38
	顾阿四	39
	顾如兴	40
	顾阿福	41
	朱建明	42
	金荣兴	43
	叶福荣	44
	金惠兴	45
	邱永新	46
	许寿根	47
	顾洪才	48
	顾多头	49
	张毛头	50
	张和林	51
	张朴林	52
	宋春荣	53
	施勤林	54
	许建林	55
	顾如珍	56
店铺		

十、港西村

位于门前港西面而得名。东至门前港，西连俞家库里港，南近新环岛公路，北连剪刀湾（俞家库）。距东山镇区1 000米。2020年12月，设潦里村第1、第2、第3、第4、第5、第6、第7、第8八个村民小组。有村民136户，544人。村中以金、俞、朱、顾、宋、陈姓为主。

门前港，北面与马家港相接，南面通渡水港，为东山镇西主要水上交通港道之一。港西原为水网地区，生活与生产物资全靠门前港运送。港西村南面与新环岛公路相接，北面与新潦村剪刀湾路相通，村民出行靠陆路交通为主。村中主道2条：俞家库港路，南北走向，南起村口停车场，北至剪刀湾，长290米，宽6米，沥青路面。路西侧港上筑3座小桥，称美丽一号桥、美丽二号桥、美丽三号桥，通往桥西村。港西路，位于俞家库港路东侧，为原村中交通主道，东西走向，长281米，宽1.5—2米，沥青路面。次道3条，均为东西走向，均长75—105米，宽1.5—2米，沥青路面。古迹有港西猛将堂。

港西村（2021）

明清时，港西称西港，属吴县29都蔡仙乡第19图。民国年间，改称港西，先后属吴县第17区渡桥镇、第12区西街镇。新中国成立后，港西属新潦乡。1956年，属东山胜利农业高级社。1958年，属洞庭人民公社第5营第3连。后更名为胜利大队第5、第6、第7、第8四个生产队。1968年，更名为胜利大队革命委员会第5、第6、第7、第8四个革命生产领导小组。1981年，更名为潦里大队第5、第6、第7、第8四个生产队。1983年，更名为潦里村村民委员会第5、第6、第7、第8四个村民小组。2003年11月，隶属于潦里村村民委员会。

历史上村民生活靠内塘养殖和种桑养蚕为主。20世纪90年代初，东山镇开始发展乡镇企业，青壮年进厂务工较多。1990年以后，村民大量发展内塘养蟹和种植莼菜。2000年以后，村中年轻人高校毕业后大多进厂务工或自主创业。

图例
□ 建筑物

许兴才	张进兴
2	1
江连兴	江永林
4	3
江凤才	江如兴
6	5
郑本大	顾志根
8	7

俞茂兴	顾全法	朱龙才	顾呆大	郑根元	金利荣	郑根才	朱培兴	朱永兴	朱阿二
27	17	16	15	14	13	12	11	10	9
叶福根	宋连根	朱利君	叶玉明	陈荣	顾春林	朱利荣	钱松林	钱国荣	朱贵荣
28	26	25	24	23	22	21	20	19	18
朱文明									
29									

	朱仁仙	朱建福	俞荣娟	雪鹏	朱泉林	朱跃洪	朱纪生	金全荣	金春根	沈云珍
	39	38	37	36	35	34	33	32	31	30
陈夫云	店铺	俞阳	俞兵	朱福兴	俞大勤	俞荣明	朱福元	朱福根	朱英	张伏娣
49		48	47	46	45	44	43	42	41	40
		俞荣鹤	俞福山	朱才生	陈庆林	朱兰生	金华荣	金爱军	郑根才	
		57	56	55	54	53	52	51	50	
顾如云	俞凤兴	朱丁兴	陈玉根	陈玉生	朱建龙	陈财积	陈雨泉	宋春和	陈留根	朱孝荣
68	67	66	65	64	63	62	61	60	59	58
	许惠林	俞回明	陈雪林	朱利生	俞洪兴	顾申元	朱兴生	王月宝	金补全	席利娟
	78	77	76	75	74	73	72	71	70	69
朱龙根	店铺	张培龙	宋根官	宋本官	朱多兴	朱更荣	俞小林	宋林根	宋林兴	
94		86	85	84	83	82	81	80	79	
店铺	俞四明	朱建法	朱云男	顾巧荣	宋巾林	顾洪元	顾绍亮	港西村猛将堂		店铺
	93	92	91	90	89	88	87			俞补根
陈云生										96
95										

潦里港西村村民居住分布图（西区）（2022）

朱根田
8

金法弟	朱益林	顾建兴	顾春兴	顾颂	宋奎荣	朱阿才
7	6	5	4	3	2	1

朱华明
19

张巧福	朱小明	朱小明	宋连庆	朱雪荣	朱建荣	计江	顾卫玉	宋龙根	许兴娣
18	17	16	15	14	13	12	11	10	9

朱卫东	朱兴福	计江		顾凤根	宋兴大	俞云林	金如林	宋云宝
27	26	25		24	23	22	21	20

陈永根	陈小龙	陈巧根	朱庆生	朱夏狗	陈巧根	宋洪福	朱秋林	宋四宝	顾文珍
37	36	35	34	33	32	31	30	29	28

朱兴福	王定兴	陈巧根	陈其根	陈建春	俞如明	陈水根	朱洪生	宋永根	宋永林
47	46	45	44	43	42	41	40	39	38

宋阿三	宋三宝	宋阿四	顾德甫	顾宏明
52	51	50	49	48

俞云福	宋阿三	宋三宝	沈健	杨云娥	宋子根	朱华勤	宋荣根
60	59	58	57	56	55	54	53

宋荣根	顾爱民	顾爱国
63	62	61

图 例
建筑物

养 殖 区

漮里港西村村民居住分布图（东区）（2022）

十一、桥西村

位于俞家库港桥（马家港南端）西而得名。南至横港，北连美丽三号桥，东靠俞家库港，西临王家泾港，距东山镇区 2 000 米。2020 年 12 月，设潦里村第 1、第 2、第 3、第 4、第 5、第 6、第 7、第 8 八个村民小组。有村民 177 户，679 人。村中以俞、金、宋、陈、朱、顾、姓为主。

桥西原为水网地区，生活与生产物资全靠潦里港运送。2000 年起，东山湖滨公路通车后，桥西村南面与新环岛公路相接，北面与新潦村俞家库路相通，村民出行以陆路交通为主。村中有主道 1 条与次道 3 条，主道桥西路，南北走向，南起村口横港，北至美丽三号桥，长 235 米，宽 6 米，沥青路面。路东侧即为俞家库港，港上筑 3 座小桥，通往港西村。次道 3 条，均为东西走向。东起俞家库港，西至王家泾港，长 110—123 米，宽 1.5—2 米，沥青路面。

1970 年前，桥西村域还是农田和沼泽地。1975 年后，形成桥西村。2003 年 11 月，隶属于潦里村村民委员会。

桥西为水网地区，历史上村民生活靠内塘养殖和养蚕为主，兼种莼菜、茭白、莲藕等。20 世纪 90 年代初，东山镇开始发展乡镇企业，青壮年进厂务工人数较多。1990 年以后，村民大量发展内塘养蟹和种植莼菜，村民收入增加。桥西为 2000 年前后发展的新村，村容村貌整洁。

桥西村（2021）

潦里桥西村村民居住分布图（南区）（2022）

图例：□ 建筑物

编号	户主
1	朱洪生
2	朱知福
3	王兰珍
4	朱纪男
5	朱水林
6	许如娟
7	张兴洪
8	陈建明
9	朱爱兴
10	顾夫兴
11	朱兴生
12	朱泉生
13	陈伯明
14	朱朴福
15	宋奎兴
16	朱洪鹏
17	俞四男
18	朱建龙
19	顾兴法
20	顾建勤
21	朱洪宝
22	宋奎兴
23	俞兴
24	俞子龙
25	宋全林
26	宋福林
27	朱秋兴
28	朱洪鹏
29	俞卫兴
30	陈阿二
31	陈四男
32	王兰珍
33	朱惠荣
34	俞根林
35	俞洪福
36	俞夫生
37	俞夫林
38	朱巧林
39	朱志荣
40	朱兴福
41	朱建庆
42	朱纪男
43	俞洪福
44	俞卫兴
45	朱还根
46	朱连兴
47	俞夫生
48	俞隆卫
49	叶朴兴
50	姚雪琴
51	俞建宏
52	宋奎兴
53	朱巧福
54	朱仁荣
55	严培林
56	店铺
57	陈三男
58	宋传生
59	陈林根
60	陈洪兴
61	顾春荣
62	朱龙兴
63	郑相明
64	朱继生
65	朱洪生
66	朱建国
67	陈二星
68	朱连娣
69	叶阿三
70	俞建荣
71	俞永兴
72	朱秋兴
73	朱朴泉
74	姚福娣
75	陈福兴
76	朱朴泉
77	孟洪生
78	朱相荣
79	朱洪荣
80	计伏勤
81	陈泉兴
82	朱洪荣
83	金财发

图例 建筑物

			店面	宋加根 7	顾福荣 14	朱连兴 22	陈三星 35	宋根宝 49	俞福全 65	俞小弟 83		
		朱春狗 1	朱子兴 8	朱阿夫 15	朱华明 23	俞荣 36	宋锦荣 50	朱根林 66	顾朴泉 84			
	陈洪兴 2	顾正荣 9	朱洪兴 16	宋定根 24	宋龙才 37	朱华明 51	张才珍 67	陈伯红 85				
朱惠根 3	宋二男 10	朱二宝 17	宋春狗 25	朱朴林 38	俞七宝 52	张甫根 68	张洪洪 86					
朱伏泉 4	宋三宝 11	朱庆生 18	陈月明 26	朱兰兴 39	朱培兴 53	张有根 69	朱凤才 87					
朱朴兴 5	计兴福 12	陈其林 19	朱如兴 27	朱兴兴 40	朱兴福 54	朱寿福 70	俞仁方 88					
宋当勤 6	朱秋元 13	顾玉林 20	朱云生 28	朱利荣 41	朱永林 55	周洪云 71	朱洪才 89					
		朱秋根 21		俞定珠 42	朱子兴 56	朱甫林 72	朱甫林 90					
		朱秋根 29		俞利根 43	宋奎中 57	朱培根 73						
				张朴根 44	金新冬 58	朱法兴 92						
				顾朴才 45	金巧泉 74							
顾三宝 30				陈林荣 59	顾春兴 93							
朱庆荣 31				俞洪根 75								
				江才林 47	金朴荣 76	顾担元 94						
				张巧根 46	朱海林 77	宋奎福 95						
朱志根 32				俞六荣 61	顾建荣 78	宋奎生 96						
朱福男 33				金庆荣 62	朱凤兴 79	朱培林 97						
孟丁兴 34				宋奎根 63	顾建荣 80	顾玉根 98						
俞荣良 48				顾建明 64	江海林 81	朱培男 99						
				顾永林 82		朱其生 100						

潦里桥西村村民居住分布图（东区）（2022）

附一：村民小组

一、原潦里村、高田村

村民小组	自然村	原属生产队	小地名
第1村民小组	港西村	潦里（胜利）1队	西横港
第2村民小组	港西村	潦里（胜利）2队	西横港
第3村民小组	港西村	潦里（胜利）3队	朱家弄
第4村民小组	港西村	潦里（胜利）4队	宋家弄
第5村民小组	港西村	潦里（胜利）5队	剪刀湾
第6村民小组	港西村	潦里（胜利）6队	剪刀湾
第7村民小组	港西村	潦里（胜利）7队	大坟堆
第8村民小组	港西村	潦里（胜利）8队	白界埭
第9村民小组	中横村	潦里（胜利）9队	半条弄
第10村民小组	中横村	潦里（胜利）10队	顾家弄
第11村民小组	中横村	潦里（胜利）11队	张家弄
第12村民小组	中横村	潦里（胜利）12队	沈家园
第13村民小组	上横村	潦里（胜利）13队	酒糟弄
第14村民小组	上横村	潦里（胜利）14队	老鸹场
第15村民小组	上横村	潦里（胜利）15队	平桥头
第16村民小组	上横村	潦里（胜利）16队	绿野桥
第17村民小组	高田新村、后门头村、施巷港村、花园潭村	高田（红星）1队	靠山上
第18村民小组	高田新村、后门头村	高田（红星）2队	石库门
第19村民小组	银湖新村	高田（红星）3队	巷门头
第20村民小组	银湖新村	高田（红星）4队	坟堂里
第21村民小组	前门头村	高田（红星）5队	茭田港
第22村民小组	前门头村	高田（红星）6队	石柱头
第23村民小组	前门头村	高田（红星）7队	营房街
第24村民小组	东高田村	高田（红星）8队	锡嘉桥
第25村民小组	东高田村	高田（红星）9队	大墙门
第26村民小组	东高田村	高田（红星）10队	渡水港
第27村民小组	东高田村	高田（红星）11队	前北巷

二、桥西新村

村民小组	自然村	原属生产队	小地名
第1村民小组	桥西村	潦里（胜利）5队	长堤南
第2村民小组	桥西村	潦里（胜利）5队	长堤北
第3村民小组	桥西村	潦里（胜利）6队	巷门头
第4村民小组	桥西村	潦里（胜利）6队	南半圩
第5村民小组	桥西村	潦里（胜利）7队	楝树头
第6村民小组	桥西村	潦里（胜利）7队	俞家坟
第7村民小组	桥西村	潦里（胜利）8队	嘴角头
第8村民小组	桥西村	潦里（胜利）8队	田横头

附二：消失或合并的行政村、自然村

高田村　1958年，成立洞庭人民公社，称红星大队。1968年，称红星大队革命委员会。1981年，公社、大队撤销革委会，恢复大队管理委员会，称高田大队。1983年，撤大队建村，更名高田村，辖东高田、西高田、前门头、后门头4个自然村。2003年，高田村有600户，2 238人。工企业9个，工业总产值5 131万元，利税316万元，人均收入7 257元。2003年11月，高田村并入潦里村。

潦里村　1958年，成立洞庭人民公社，建立胜利大队。1968年，称胜利大队革命委员会。1981年，公社、大队撤销革委会，恢复大队管理委员会，称潦里大队。1983年，撤大队建村，更名潦里村，辖潦里、白界塝、绿野井、上横、中横、港西、桥西7个自然村。2003年，潦里村有村民741户，2 535人。工企业5个，工业总产值2 169万元，利税123万元，人均收入6030元。2003年11月，与高田村并入新的潦里村。

西菱田　明代古村，1983年并入施巷港村、花园潭村。

白界塝　明代古村，2000年后并入上横村。

潦里　清代古村，2000年后并入中横村

绿野井　清代古村，2000年后并入中横村。

第二章 人口

潦里村位于东山镇东南面，部分自然村与东山新镇区接壤。早在明代便形成村落，许氏高阳古里为东山胜地。明代中期，潦里村就有一定规模的人口。明《震泽编》中，潦里境域内已载有西茭田、东茭田、西巷、施巷河等自然村。明清县、乡方志对户籍人口的记载只统计到乡镇，尚无图（村）人口的记载。1949年前潦里村区域户籍人口无法正确反映。新中国成立前后，潦里、高田村的户籍人口资料记载也不详细。对明清与民国潦里村户籍人口只能反映一个粗略简况。本章从1960年开始，较为详细反映村域人口及姓氏基本情况。

第一节 人口总量

明《震泽编》载：弘治十八年（1505），东山2区，5都（自26都至30都），52.5里，户7 359，人43 754。无具体区、都、里（村）的户籍人口记载。

清康熙二十八年（1689），翁澍《具区志》载：东山8 325户，43 342人。设遵礼、震泽、蔡仙3个乡，辖26、27、28、29、30五个都，统61个图（村）。高田村属29都蔡仙乡14图，潦里村属29都蔡仙乡19图，亦无户籍人口记载。

民国叶承庆《乡志类稿》东山镇保甲户口调查表载：1943年，东山划东街、西街、渡桥、杨湾、席周、潦田、钮王、武山、王石、蒋含10乡，潦里属潦田乡，8保，90甲，895户，3 211人（男1 657人、女1 554人）。外出经商、做工或帮佣179人（男54人、女125人）。

表2-1　　　　　　　　1960—2020年今潦里村域户籍人口选年表

年份	村（大队）名	户数/户	人口/人	男/人	女/人
1960	红星大队	381	1 475	740	735
	胜利大队	434	2 620	1 276	1 344
1965	红星大队	409	1 682	835	847
	胜利大队	440	1 935	984	951
1970	红星大队	400	1 969	983	986
	胜利大队	450	2 200	1 119	1 081
1971	红星大队	394	2 004	998	1 006
	胜利大队	447	2 235	1 081	1 154
1972	红星大队	394	2 020	981	1 039
	胜利大队	449	2 259	1 086	1 173
1973	红星大队	394	2 033	995	1 038
	胜利大队	465	2 264	1 102	1 162
1974	红星大队	394	2 051	1 027	1 024
	胜利大队	477	2 282	1 141	1 141
1975	高田大队	394	2 051	996	1 055
	潦里大队	477	2 282	1 100	1 182
1976	高田大队	390	2 089	1 012	1 077
	潦里大队	477	2 329	1 133	1 196
1977	高田大队	389	2 120	1 029	1 091
	潦里大队	477	2 357	1 162	1 195

续表

年份	村（大队）名	户数/户	人口/人	男/人	女/人
1978	高田大队	388	2 137	1 053	1 084
	潦里大队	477	2 388	1 178	1 210
1979	高田大队	387	2 143	1 054	1 089
	潦里大队	550	2 412	1 191	1 221
1980	高田大队	387	2 174	1 104	1 070
	潦里大队	550	2 458	1 214	1 244
1981	高田大队	387	2 174	1 089	1 085
	潦里大队	670	2 487	1 228	1 259
1982	高田大队	535	2 190	1 100	1 090
	潦里大队	668	2 495	1 219	1 276
1983	高田村	538	2 219	1 088	1 131
	潦里村	659	2 536	1 254	1 282
1984	高田村	532	2 214	1 091	1 123
	潦里村	654	2 534	1 252	1 282
1985	高田村	536	2 222	1 094	1 128
	潦里村	652	2 528	1 249	1 279
1986	高田村	536	2 250	1 122	1 128
	潦里村	652	2 542	1 257	1 285
1987	高田村	536	2 281	1 130	1 151
	潦里村	645	2 566	1 270	1 296
1988	高田村	536	2 292	1 142	1 150
	潦里村	645	2 572	1 266	1 306
1989	高田村	537	2 301	1 148	1 153
	潦里村	645	2 586	1 271	1 315
1990	高田村	508	2 323	1 141	1 182
	潦里村	826	2 581	1 274	1 307
1991	高田村	559	2 332	1 151	1 181
	潦里村	826	2 597	1 278	1 319
1992	高田村	506	2 357	1 173	1 184
	潦里村	826	2 593	1 271	1 322
1993	高田村	508	2 366	1 167	1 199
	潦里村	794	2 595	1 283	1 312

续表

年份	村（大队）名	户数/户	人口/人	男/人	女/人
1994	高田村	508	2 376	1 170	1 206
	潦里村	794	2 595	1 268	1 327
1995	高田村	509	2 352	1 162	1 190
	潦里村	794	2 615	1 291	1 324
1996	高田村	518	2 339	1 155	1 184
	潦里村	699	2 617	1 292	1 325
1997	高田村	523	2 326	1 147	1 179
	潦里村	700	2 613	1 264	1 349
1998	高田村	524	2 308	1 140	1 168
	潦里村	720	2 601	1 277	1 324
1999	高田村	537	2 275	1 151	1 124
	潦里村	728	2 556	1 261	1 295
2000	高田村	549	2 249	1 103	1 146
	潦里村	724	2 559	1 262	1 297
2001	高田村	552	2 246	1 098	1 148
	潦里村	721	2 552	1 260	1 292
2002	高田村	555	2 249	1 096	1 153
	潦里村	720	2 549	1 264	1 285
2003	高田村	600	2 238	1 109	1 129
	潦里村	724	2 535	1 237	1 298
2004	潦里村	1 292	4 747	2 311	2 436
2005	潦里村	1 356	4 844	2 374	2 470
2006	潦里村	1 377	4 897	2 399	2 498
2007	潦里村	1 393	4 910	2 392	2 518
2008	潦里村	1 403	4 943	2 410	2 533
2009	潦里村	1 410	5 016	2 471	2 545
2010	潦里村	1 405	5 012	2 435	2 577
2011	潦里村	1 399	5 036	2 446	2 590
2012	潦里村	1 396	5 066	2 457	2 609
2013	潦里村	1 389	5 074	2 461	2 613
2014	潦里村	1 388	5 122	2 478	2 644
2015	潦里村	1 383	5 138	2 482	2 656
2016	潦里村	1 383	5 143	2 485	2 658
2017	潦里村	1 372	5 142	2 488	2 654

亲子活动（2020）

续表

年份	村（大队）名	户数/户	人口/人	男/人	女/人
2018	潦里村	1 370	5 148	2 401	2 747
2019	潦里村	1 364	5 168	2 503	2 665
2020	潦里村	1 359	5 159	2 497	2 662

新中国成立后，经全国 8 次人口普查资料显示，今潦里境域人口性别比例各有不同，其中整体上看女性略高于男性。

表 2-2　　潦里村（胜利大队、潦里大队）全国五次人口普查情况表

普查年次	户数/户	男/人	占比/%	女/人	占比/%	合计/人
1953 年第一次普查	—					
1964 年第二次普查	435	984	50.9	951	49.1	1 935
1982 年第三次普查	668	1 219	48.9	1 276	51.1	2 495
1990 年第四次普查	826	1 274	49.4	1 307	50.6	2 581
2000 年第五次普查	724	1 262	49.3	1 297	50.7	2 559

表 2-3　　高田村（红星大队、高田大队）全国五次人口普查情况表

普查年次	户数/户	男/人	占比/%	女/人	占比/%	合计/人
1953 年第一次普查	—					
1964 年第二次普查	402	832	49.6	845	50.4	1 677
1982 年第三次普查	535	1 100	50.2	1 090	49.8	2 190
1990 年第四次普查	508	1 141	49.1	1 182	50.9	2 323
2000 年第五次普查	549	1 103	49.0	1 146	51.0	2 249

表 2-4　　　　　　　　　　　漺里村全国二次人口普查情况表

普查年次	户数/户	男/人	占比/%	女/人	占比/%	合计/人
2010年第六次普查	1 405	2 435	48.6	2 577	51.4	5 012
2020年第七次普查	1 359	2 497	48.4	2 662	51.6	5 159

明清时，境内一部分男性青壮年外出经商，为"钻天洞庭"商人集团的主要成员，他们外出经商后，由于多种因素举家迁居外邑的家庭及人数较多。民国初，村中男性赴沪业金融，女性外出帮佣（当保姆）或跑单帮（经商）的人，占村中人口一定比例，人口流动量较大。新中国成立后，绝大多数人口以农业生产为务，人口流动不大。2000年后，村中人口变动较大，外地女青年嫁入，村中60%以上的男女青年读书迁往全国大中专院校，毕业后留在苏州、上海、南京等城市工作，户籍也随之迁往外地。

人口普查（2020）

第二节　人口构成

一、姓氏

2020年底，漺里村绝大部分是汉族，因婚嫁迁入村内的少数民族10人。其中，白族3人、土家族3人、彝族2人、苗族1人、侗族1人。2020年12月，漺里村常住户籍姓氏统计，全村共有姓氏134个。100人以上姓氏有：朱、顾、金、俞、张、陈、郑、施、宋、许、周、李，共12个。

表 2-5　　　　　　　　　　　2020年漺里村人口姓氏统计表

姓氏	人数	姓氏	人数	姓氏	人数	姓氏	人数	姓氏	人数
朱	706	金	415	张	313	郑	249	宋	231
顾	573	俞	368	陈	252	施	243	许	197

续表

姓氏	人数	姓氏	人数	姓氏	人数	姓氏	人数	姓氏	人数
周	128	孙	16	沙	3	庄	1	龚	1
李	111	万	16	任	3	颜	1	代	1
邱	87	陶	16	方	3	谈	1	柏	1
高	75	盛	15	黄	3	诸	1	华	1
席	74	秦	14	冯	3	闫	1	彭	1
叶	73	汤	14	孔	2	束	1	罗	1
江	67	薛	13	费	2	元	1	侯	1
吴	66	丁	12	殷	2	奚	1	耿	1
王	60	陆	10	常	2	尚	1	程	1
韩	57	魏	9	胡	2	郁	1	左	1
刘	55	毛	9	董	2	武	1	芮	1
徐	45	邵	9	苏	2	冉	1	钮	1
唐	43	袁	8	蔡	2	晏	1	卢	1
沈	40	夏	8	岳	2	文	1	洪	1
马	40	严	7	邓	2	屈	1	付	1
杨	36	何	6	滕	2	裘	1	查	1
庾	33	石	6	仲	2	米	1	范	1
赵	29	潘	5	伏	2	黎	1	易	1
蒋	27	倪	5	纪	2	贡	1	牟	1
计	26	谭	5	葛	2	戴	1	林	1
柳	25	谢	5	霍	2	包	1	郭	1
钱	21	邹	4	密	2	吕	1	逢	1
于	20	邢	4	汪	2	乔	1	曹	1
孟	20	贺	4	戚	2	糜	1	花	1
姚	18	季	3	钟	2	景	1		

二、年龄

2020年12月，潦里村总人口5 159人，年龄0—10周岁，430人；11—20周岁，362人；21—30周岁，462人；31—40周岁，720人；41—50周岁，727人；51—60周岁，969人；61—70周岁，819人；71—80周岁，470人；81—90周岁，178人；91—99周岁，22人。

上述人口年龄统计资料显示，潦里村人口中儿童人数减少，60岁以上老年人数增多，人口比例朝老龄化发展。历史上还出现了多位百岁老人。

高仁余，后门头村人，生于1906年，2010年11月去世，享年104岁。

万五宝（女），银湖新村人，生于1907年，2009年1月去世，享年102岁。

三、文化程度

2020年12月，潦里村人口5 159人，学龄前儿童411人，小学文化程度1 713人，初中文化程度1 771人，高中文化程度368人，中专文化程度403人，大专文化程度226人，本科文化程度141人，研究生文化程度5人，60周岁以上文盲、半文盲121人。

四、劳动力

1950—1970年，红星大队、胜利大队男女劳动力主要集中在农业生产方面，较少涉及其他职业。1970年以后，随着社办企业的兴起和发展，劳动力结构发生变化。

1960年，红星大队人口1 475人，劳动力958人。胜利大队人口2 620人，劳动力1 703人。全部集中在农田、蚕桑、花果生产上。

1970年，红星大队人口1 969人，劳动力1 279人。胜利大队人口2 200人，劳动力1 540人。主要经营农田、花果、蚕桑。

1980年，高田大队人口2 174人，劳动力1 521人。潦里大队人口2 458人，劳动力1 720人。从事农业生产者占75%，务工人员者占25%。

1990年，高田村人口2 323人，劳动力1 626人。潦里村人口2 581人，劳动力1 806人。从事农业生产者占50%，务工者占35%，从事建筑、运输、商业者占15%。

2000年，高田村人口2 249人，劳动力1 599人。潦里村人口2 559人，劳动力1 800人。从事农业生产者占40%，务工者占35%，从事建筑、运输、商业者占15%。

2010年，潦里村人口5 012人，劳动力3 007人。从事农业生产者占35%，务工者占37.3%，从事建筑、运输、商业者占27.7%。

2020年，潦里村人口5 159人，劳动力3 095人。从事农业生产者占25%，务工者占42%，从事建筑、运输、商业者占33%。

第三节 人口生育

明清及民国时期，由于受封建的传统生育观念影响，潦里村村民早婚、早育、多育现象普遍。一对夫妻生育4—5胎较多，有的多达8—9胎。当时的社会中，存在重男轻女的偏见，甚至有溺女婴的陋习。

20世纪50年代中期，在农业合作化高潮中，境域内一度出现生育高峰期。

20世纪60年代后期，红星大队、胜利大队按照公社部署，推行计划生育工作，由大队妇女主任与各生产队妇女队长负责，并建立计划生育领导小组。

1971年，发动群众制订晚婚节育计划，重点控制多胎生育。

1980年9月25日，中共中央致全体共产党员、共青团员的公开信发表后，高田大队、潦里大队全面实施一对夫妇只生育一胎的政策。1990年10月28日，《江苏省计划生育条例》颁布，各乡村严格按条例执行，一对夫妻生育一胎，同时也允许照顾特殊情况家庭生育二胎。从1982年起，对施行节育措施的中青年妇女，村里在休假、工分等方面给予优先和照顾，每户每年发独生子女费40元。

1990年初，高田村、潦里村的计划生育工作实施网格管理。1991年，各村成立计划生育协会，会长由村党支部书记或村主任担任，副会长由村妇女主任担任，设秘书长、副秘书长和理事若干人。2011年，潦里村被评为东山镇人口计划生育工作先进集体。

2020年12月底，潦里村生育二孩的家庭有230家。

第三章 古迹

漴里村历史始于明代,境内留存不少古迹和景点,如绿野桥、分水墩、牌坊残柱、丰乐桥、绿野井、猛将堂等保存完好,既反映漴里的历史,也是漴里村及东山镇宝贵的历史文化资源。

第一节　古道　古桥

境内古道古桥较多，古道大多筑于港畔，河港上架桥，有的路旁还筑有石栏。港、桥、路一体，形成一组景观。

一、古道

施巷港村路　筑于南宋，因紧靠施巷港而得名。位于潦里高田村北面，南北走向。南起丰乐桥，北至施公桥，长220米，宽6米。该古道为高田村至镇区的主道，原宽不足2米，历经800多年，路面破损严重，部分港岸坍塌。2015年，村里出资把路面拓宽至3.5米，并铺筑古色古香的小青砖路面。

马家港村路　筑于明代，因位于马家港东侧得名。在潦里上横村北面，南北走向。南起绿野桥，北至马家底，长246米，宽6米。该路为潦里、港东、俞家库等村通往东山镇区的要道，西侧港畔设石护栏。原为砖石路，年久失修，破损严重。1995年，村里筹资浇筑水泥路。2018年，浇筑沥青路面。

前门头村路　又称南弄，筑于明代。位于原许氏前门头，为高田村主干道。东西走向，东起东高田，西至高田港，长230米，宽6米，原为砖石路，破损严重。2015年，浇筑沥青路面。西侧有南北走向的高田港路及次道4条。

后门头村路　又称北弄，筑于明代。位于原许氏后门头，村中交通主道。东西走向。东起东高田，西至丰乐桥，长200米，宽4米。原为砖石路面与泥路，2016年浇筑沥青路面。

前门头村路（2020）

二、古桥

绿野桥 花岗石拱桥,建造年代不详,因附近野草丛生而得名。位于上横村。东西向,跨马家港而筑。桥长10米,宽3米。桥中间置石护栏。东西桥堍各有10步石级。桥侧镌有"绿野桥"三字桥名。南侧镌桥联"山前山后通衢路,湖北湖南古渡源";北侧镌桥联"柳阴渔艇穿梭过,桑径鸾舆折坂来"。

丰乐桥 花岗石平桥,重建于清光绪六年(1880)。位于施巷港村施巷港与高田港交界处,东为高田村路,西连潦里小横港。由5块花岗石板铺筑而成,桥面长5.5米,宽2.8米,东西桥堍各有8级花岗石踏步。北侧桥石上镌刻"丰乐桥"三个大字。栏板刻"光绪陆年""仲春重建"字样。丰乐桥为高田通往潦里的主要桥梁,也是响水涧九坞之水奔流入湖的出口处。每逢雨季,法海坞山水从施巷港流经丰乐桥入太湖,溪水奔腾,极为壮观。

锡嘉桥 花岗石平桥,位于东高田村与晨光村交界处。该桥所跨港道为叶巷港的一段,过桥往南一段也称锡嘉港,南面出口即为渡水港。由5块花岗石板铺筑,桥面长4.5米,宽2.6米,东西桥堍各有3步花岗石踏步。北侧桥石上镌刻"重建锡嘉桥"五个大字,落款为"嘉庆戊辰年(1808)仲冬立"。锡嘉桥是东高田通往渡桥小镇的主要桥梁,为保护古桥,1990年东山镇在古桥南侧筑建公路桥一座,与锡嘉桥平行,以方便人员与车辆通行。

绿野桥桥联(2020)

锡嘉桥(2015)

丰乐桥桥名题刻及年款(2015)

第二节 古井 古木

一、绿野公井

位于潦里中横,离绿野桥约 50 米。井内直径 70 厘米,砖石盘筑井壁,井口上部青石质八角形井栏,高 40 厘米,外径 45 厘米,内径 35 厘米。井栏镌"绿野公井"四字,西侧刻"乾隆四十九年(1784)四月里人重建"字样。井水清冽,终年不竭,仍为附近村人洗衣、洗物之用。

绿野公井及年款(2015)

二、古木

丰乐桥古榆 位于高田丰乐桥北端高姓门前,2 株。1 株树龄约 100 年,胸径 200 厘米,高 8 米,树冠茂盛,似巨伞般遮盖在施巷港上,成为附近村民的船坞;1 株古榆树龄约 80 年。

1 号银杏树 位于东高田村,雌性,树龄约 85 年,胸径 67 厘米,高 12 米,树冠茂盛。吴中区林业分局挂牌保护,编号:东山镇潦里村 0001 号。

2 号银杏树 位于东高田村,雌性,树龄约 85 年,胸径 64 厘米,高 12 米,生长一般。吴中区林业分局挂牌保护,编号:东山镇潦里村 0002 号。

3 号银杏树 位于东高田村,雌性,树龄约 85 年,胸径 64 厘米,高 10 米,长势较好。吴中区林业分局挂牌保护,编号:东山镇潦里村 0003 号。

4 号银杏树 位于东高田村,雌性,树龄约 80 年,胸径 62 厘米,高 12 米,长

挂牌保护的银杏树（2020） 　　　　　　古银杏（2020）

势旺盛。吴中区林业分局挂牌保护，编号：东山镇漳里村0004号。

5号银杏树　位于东高田村，雌性，树龄约80年，胸径57厘米，高15米，长势较好。吴中区林业分局挂牌保护，编号：东山镇漳里村0005号。

6号银杏树　位于东高田村，雌性，树龄约80年，胸径51厘米，高12米，长势一般。吴中区林业分局挂牌保护，编号：东山镇漳里村0006号。

7号银杏树　位于东高田村，雌性，树龄约85年，胸径60厘米，高15米，树冠茂盛。吴中区林业分局挂牌保护，编号：东山镇漳里村0007号。

8号银杏树　位于东高田村，雌性，树龄约80年，胸径57厘米，高15米，树冠茂盛。吴中区林业分局挂牌保护，编号东山镇漳里村0008号。

9号银杏树　位于东高田村，雌性，树龄约75年，胸径57厘米，高12米，树冠茂盛。吴中区林业分局挂牌保护，编号：东山镇漳里村0009号。

10号银杏树　位于东高田村，雌性，树龄约90年，胸径76厘米，高15米，树冠茂盛。吴中区林业分局挂牌保护，编号：东山镇漳里村0010号。

11号银杏树　位于后门头村，雌性，树龄约100年，胸径95厘米，高12米，生长一般。吴中区林业分局挂牌保护，编号：东山镇漳里村0011号。

12号银杏树　位于后门头村，雌性，树龄约60年，胸径46厘米，高12米，树冠茂盛。吴中区林业分局挂牌保护，编号：东山镇漳里村0012号。

13号银杏树　位于港西村，雌性，树龄约60年，胸径46厘米，高12米，树冠茂盛。吴中区林业分局挂牌保护，编号：东山镇漳里村0013号。

第三节 猛将堂

一、后门头猛将堂

位于后门头村。面南三间，建筑面积100平方米。1950—1980年，为东山合作商业红星下伸店，后为生产队仓库，年久失修，房屋破损。2004年，村民筹资数万元修缮，使之恢复原貌。门前扩建场地200多平方米，中间悬挂"刘府中天王"匾额。2008年恢复猛将会活动。2019年春节参加东山雨花胜境猛将会，有腰鼓、红绸、花篮、花环、花束、扇子、彩绸、锣鼓等8个表演队，120多人表演节目。

二、东高田猛将堂

位于东高田村，面南3间，建筑面积120平方米，东高田原猛将堂曾长期为生产队仓库，堆放杂物，损坏严重。2006年，村民集资6万多元修缮，恢复原貌，另辟建门场100多平方米。2010年春节起，每年农历正月初一至初三出猛将会。2019年新年期间，有500多名村民参加活动，有军乐、锣鼓、舞龙、腰鼓、花篮、花绸、花束、花圈等8个文艺表演队。

三、前门头猛将堂

位于前门头村，也称石柱头猛将堂，原江南太湖营参将署旧址。庙屋3间，建筑面积120平方米，门前场地200平方米。原猛将堂破损严重，摇摇欲坠。2009年，村民筹资30万元，落架修缮，恢复原貌。同时，对原江南太湖营参将署门前石柱落实保护措施。2009—2019年，每年春节期间举办猛将会，参加村民400多人，文艺队表演花篮、花束、花环、秧歌、扇子、打莲厢等节目。

四、上横猛将堂

位于上横村。猛将堂原2间庙屋，2000年，村民宋坚石捐屋1间，扩至3间，建筑面积100平方米。继村民捐资数万元，对庙屋进行全面修缮，门前挂"刘府中天王"匾额。2008—2019年，每年春节、农历六月廿四，猛将"出巡"，表演舞龙、腰鼓、红绸、扇子、花束、花篮、花环等节目，其中女子舞龙队较具特色。

五、港西猛将堂

位于港西村，与港东猛将堂隔港相望。面阔3间，建筑面积120平方米，门前广场100平方米。该庙屋曾长期作为村合作医疗站使用，保存基本完好。1995年，

上横猛将堂（2020）

港西猛将堂（2020）

恢复猛将堂，供奉猛将神。2000年，村民制"湖山保障"匾额，悬挂猛将堂中。"湖山保障"原为明末兵部尚书路振飞所题，时明末败兵沦为湖匪，屡屡劫掠东山，流寓东山的路振飞组织东山青壮年，利用猛将会鼓角、旌旗智退太湖强盗，从此猛将会代代相传，有保障湖山之功。2019年春节期间，村里出猛将会5次，全村500多人参加活动。

第四节　古遗址

一、分水墩

又称风水墩，乌龟墩，位于中横。面积约30平方米，高出港面近2米。古墩上今有一株杨柳高12米，胸径2.5米，树冠约60平方米，像一把巨伞遮在村口港面上。

分水墩为潦里最古老的遗迹，据说已有600多年历史。传曰元末明初潦里村第一批移民就是从这一土墩上岸的，后来人口繁衍，发展成港西、港东、上横、中横、剪刀湾、凤湾等村落。分水墩给潦里人带来吉祥与安康，从此以"风水墩"名之，含为潦里村人遮风挡雨之意。分水墩左右有两条小港通往渡水港，时有一清一浊之奇观。春夏雨季，东山虾蟥岭九坞之水，从响水涧流入施巷港，经过高田港流进渡水港后入湖。奔流的山水经过分水墩时，因土墩阻挡，被迫分成东西两路水流入港，水流经常出现清浊分明的自然奇观，所以称"分水墩"。因土墩形似乌龟，一说旧时土墩上多乌龟，故又称"乌龟墩"。分水墩原面积较大，墩上原有一株树龄百年的杨柳树，为牵船缆之处。20世纪80年代，新村发展，分水墩东边水道被填，面积缩小，杨柳树莫名死亡。后附近张、顾等村民自发保护古墩，运泥垒石，种植柳树，使之恢复原貌。

二、古石柱

位于前门头村。明代许氏高阳古里宝和堂门前，原为"高阳古里"牌坊。民国叶承庆《乡志类稿》载："西菱田高阳古里为明许志问所居故址。"宝和堂为许宅主要厅堂，前有牌楼，毁于清末。"高阳古里"四大字，为明代画家董其昌所书。故址今存的两根石柱，花岗石质，高3.77米，宽3.8米，下部柱石长、宽各41厘米。柱石上端高2.4米处有榫卯小石洞，为原牌坊额。

三、古券门

位于后门头村。属明代许氏高阳古里乡评堂后券门。券门高3.5米，其中门券高2.5米，外宽2.7米，内宽1.6米。券门下花岗石柱高26厘米，长、宽各45厘米。乡评堂清初被毁，后连同附近的紫逻阁、翼振堂、三惜斋发展成后门头村，古券门得以保存。

四、徐氏古墓

位于前门头村高田港东侧，为徐姓墓园，占地约150平方米，保存古墓碑3块，均高120厘米，宽55厘米，厚30厘米。中间墓碑刻"皇清例授登仕郎显考岳峰太府君、显妣夏太孺人之墓"，宣统三年（1911）孟冬，子徐熙、孙徐焘敬立。右侧碑刻"皇清例赠登仕郎显考恒祥府君、钦旌节孝例赠孺人显妣朱太孺人之墓"，道光二十七年（1847）仲冬子徐镇立。左侧墓碑刻"皇清例授登仕郎太学生显考芝芬太府君、例赠孺人显祖妣邱太孺人、席太孺

徐氏古墓（2020）

人之墓"，宣统三年（1911）孟冬承重孙徐梧等立。

附：明代园林高阳古里

高阳古里 位于西茭田，明代富商许志问万历年间筑。其园规模宏大，面积达数十亩之广，厅堂楼阁及房屋较多。有宝和堂、乡评堂、翼振堂、紫逻阁、乌柏阁、三惜堂、橘庄园、放生河八大景观。明万历、天启年间，主人许志问延名儒宿学商磋诗文，置驿设醴，岁无虚日。四方名流游洞庭者必以高阳为东道主，一时名震海内。名士董其昌、钱谦益、李长蘅都被誉为许家座上宾，高阳许氏被誉为"湖山主人"。

第四章 经济

新中国成立前，潦里村农业经济均为私有制，主要为内塘养殖、蚕桑与农田3类产业。农村生产关系变革，从1949年10月开始，经历农村土地改革、合作化运动、人民公社、家庭联产承包责任制、农业股份合作制、集体资产股份权能改革等一系列运动及举措，农村经济面貌发生巨大变化。

第一节　土地改革

1949年10月前，潦里村农民均为个体生产劳动者，土地属私人所有。由于自然灾害及匪祸等原因，鱼塘、土地被逐步兼并，大部分集中在少数人手里，尤其是地势较高不易被水淹的鱼塘与近湖灌溉方便的农田，几乎全为少数富有人家所占有。潦里村广大渔农只占少量地势低、常遭水淹的鱼池，十年九灾，生活艰难。多数无鱼塘、少地的贫雇农只能向大户人家租塘养鱼或出卖劳动力（当长工）以维持生计。封建土地所有制阻滞农村农业生产的发展，造成农村较多的贫困人口。

1950年4月，华东军政委员会土地改革委员会《江苏农村调查》中《吴县新潦乡鱼池情况调查》一文载：东山新潦乡"自池自养"的人中以贫农为最多，共有720户，鱼池2 056.78亩。此外，分别是地主、富农和中农。地主的鱼池全部出租。富农除"自池自养"外，大部分"自池出租"给贫苦农民，共计2 112.93亩。而以此为生计的1 313户租池养鱼的农民中，定为贫农和雇农的有950户。他们拥有的生产工具总计789条木船，贫农有456.5条。

1951年10月，东山新潦乡所属港西、凤湾、中横、上横、前门头、东高田、西高田等村进行土地改革，依法没收地主土地、房屋、财产，征收资本家和工商业主在农村的土地、房屋及富农、小土地出租者多余土地，分配给无地、少地的贫雇农耕种。同时，也给地主每人保留一份土地、房屋，使他们在劳动中改造成自食其力的劳动者。1952年3月，今境域内土地改革结束，大致经过宣传政策、培训干部、斗争大会、登记土地、划分阶级成分、征收并分配土地财产、改造基层政权等步骤。

土地改革中，今境域内多次召开大会，村中90%以上的群众参加土改大会。经过群众评议，上级批准，划分阶级成分，重点划清没收土地对象。共斗地主、富农6人。在评定程序上，先定地主，然后评定小土地出租者和富农，最后划定农民阶级内部成分。方法上采取自报、公议、民主评定三档划定备案。具体先由各户对照政策申报成分，经农会小组会议讨论并初榜公布，然后经村农民大会讨论并出榜公布，再经乡农民代表大会讨论通过，最后张榜公布。1951年底开始，向农民发放土地、房产所有证等。通过发证，对村里的土地房产进行全面登记，明确产权归属。新潦乡950户贫雇农分到鱼塘和土地及木船等生产工具。

第二节　农业合作社

土地改革后，获得土地的农民生产积极性高涨，但也有部分农民缺少生产资料和劳力资金，发展生产有较大困难。乡党组织号召全体农民组织起来，互帮互助发展生产。从1952年下半年开始，潦里村的港西、上横、中横、前门头、东高田、西高田，以亲邻好友为对象，组成临时性、季节性的伴工互助组。1952年底建互助组占总农户的90%以上。1953年开始，互助组逐渐向初级社发展。1957年冬，新潦乡（主要为今潦里村域）建初级社20个。1958年《震泽县东山区农业合作社规划》载：1956年秋，新潦乡建初级社16个，入社农户1 064户（包括吸收6户地主、富农入社）。1957年冬，该乡新增初级社4个，入社农户1 109户，达到新潦乡总农户的100%，完成全部入社规划。农业初级社经营上，实行以土地入股，统一经营；生产上采取定质定量，按件计工分，短期包工，民主评分计工；分配上按土地45%、劳动力55%的方法实行土地、劳力分红。

1956年秋，震泽县在东山新潦、后山、渡席3个乡，选择水稻、花果、渔业三种不同地区生产模式，试办高级农业生产合作社，然后在全县推广。1958年9月，东山建起红星、胜利等19个高级农业生产合作社，原初级社农户全部加入高级社。高级社通过选举分别建立社务管理委员会和监理委员会。社务管理委员会设农业生产、副业生产、财务管理、文化福利、治安保卫5个小组，选出5名委员负责。监理委员会设经济、生产、纪律3个小组，选出3名监察委员，监察社务管理工作。高级农业生产合作社实行按劳取酬，统一分配，先公后私，少扣多分的分配制度。

农业合作化运动提高了农民的生产积极性，推动了农业生产发展。1957年7月，东山暴雨连旬，形成内涝。红星社包队、包车、包人，出动20多部水车日夜排涝，救出3个圩子，50多亩秧苗。胜利社定池、定船、定人，每个鱼池有人分管。社员们天不亮就冒雨摇船出港，垒泥插帘与加高鱼塘池埂，确保池鱼不外逃。1958年《震泽县东山、湖东、湖中区粮食作物总产量》记载：1955年，新潦乡702亩农田，粮食作物总产4 115担；1956年，增加到5 616担；1957年，增至9 126担。

第三节　人民公社

1958年7月，东山前山、后山两个乡，分别建立东山人民公社和洞庭人民公社。同年9月，两个公社合并为洞庭人民公社，红星、胜利两个农业高级社加入洞庭公社，更名为红星大队和胜利大队。

洞庭公社把农村基层政权和集体经济组织合并，政社合一，分设公社、大队、生产队三级管理机构，公社实行"统一经营，分级领导"。原高级社改为生产大队，设党支部和管理委员会，实行党支部领导下的分工负责制。大队副书记大多兼任大队长或副大队长，分管农业生产和行政工作。生产大队在公社统一领导下，管理本大队农副业生产和社员政治、文化生活及社会福利事务，调解民事纠纷等。生产队为农村基本核算单位，由队长、副队长和会计组成管理委员会，简称队委会。

公社成立后，社员私有牲畜及土地、树木、水利设施、工场仓库、大型农具等全部归生产队集体所有。洞庭公社成立后，东山农村一度实行军事化管理，组织军事化，生产战斗化，生活集体化。大队改为营，生产队改为连排建制。以公社为一级核算单位，社员口粮实行全公社统一的供给制。洞庭人民公社共设7个营，23个连，84个排，239个班。第5营系新溇乡及镇西乡一部分，下设4个连：中心大队为1连，建国大队为2连，胜利大队为3连，红星大队为4连。第3连与第4连，下设15个排，52个班。

1958年10月，全国农村大办集体食堂，洞庭人民公社全面办起公共食堂，社员每日三餐集中在公共食堂吃饭。胜利大队（5营3连）办食堂6座，红星大队（5营4连）办食堂5座。1958年12月4日，《震泽报》载：洞庭公社5营3连（胜利大队）第3食堂，在饮食和管理方面都受到社员好评。厨师戈兰兴做菜有一套，炊事员金法根烧饭松软好吃，而且会打算。虽然每人菜金不多，但一般中饭不吃同样的菜。一个月吃4次大荤，6次小荤，大荤吃方块大肉和大鱼。群众反映说，饭菜油水足，生产干劲足。为丰富社员生活，第3食堂种24亩青菜、萝卜，生产队办起猪场，一年宰肥猪7头。但大多数食堂办得不理想，有些社员"放开肚皮吃饱饭"，不注意节约粮食，使得口粮难以控制，加之自然灾害影响，导致社员吃粮不能保证。1961—1962年，村民大多吃不饱肚子，农村食堂被取消。

1960年11月，洞庭公社实行体制改革，成立新溇、杨湾、和平、东山、渡桥、市镇6大管区，管区直辖生产队，生产队建立党支部。新溇管区共有17个生产队，新溇管区属红星、胜利大队的有西高田、东高田、前门、港西、凤湾、中横、上横7个生产队。

1961年底，农村贯彻中央《农村人民公社工作条例（草案）》（又称"农业六十条"）及国民经济以调整为中心的"八字方针"。接着，又贯彻中央关于调整农村人民公社基本核算单位的指示，确定农村执行以公社、大队、生产队"三级所有，队为基础"的经济管理制度。生产队成为基本核算单位，贯彻按劳分配原则。实行生产队"劳力、土地、牲畜、大型农具"四固定，恢复社员自留地、饲料地，鼓励社员发展家庭副业，农村出现新气象。1962年，红星大队198只鱼池（1 055亩）普遍推行"七查七看"措施，当年鲜鱼总产200多担，比上年增加35%左右。胜利大队1 796亩桑地，饲养434张蚕种，大眠（蚕吐丝结茧前停食）还食后出现大量僵蚕（死蚕），队里派出171个半劳力（妇女），上山捕捉到312千克（6.5万条）野蚕充入蚕室中，灾年仍夺得蚕茧丰收。

农村贯彻中央"农业六十条"精神，调整农村人民公社基本核算单位，确定公社、大队、生产队"三级所有，队为基础"经济管理体制后，农村经济发展较快，社员情绪稳定，农业生产开始回升。1963年夏季，胜利大队第9生产队在春蚕丰收的基础上，第一年试养3张夏蚕种，每张平均产茧26.25千克，总产78.78千克。社员编唱："春蚕产量翻一番，夏蚕试养创奇迹。茧子单产超半百，全靠党的好领导。"1963年1月，胜利大队第9、第11生产队；红星大队第7、第13生产队，参加吴县农业生产先进代表大会。

1966年，"文化大革命"开始，公社、大队、生产队分别改称公社革命委员会、大队革命委员会、生产队革命生产领导小组。农村普遍开展"农业学大寨"活动，提出"突出政治""以粮为纲"等口号。红星、胜利大队社员劳动报酬，每月自报互评计工分，年终统一结算分红。

1978年，中国共产党十一届三中全会召开后，农村逐步推行经济体制改革。1981年春，东山镇在绿化、湖湾大队花果地区搞试点，推行生产责任制，实行包产到户。1983年2月，东山全面推行家庭联产承包责任制。高田大队、潦里大队鱼塘、桑地、农田，参照试点大队取得的经验，全部折股承包给村民。其中高田鱼池1 055亩、桑地1 011亩、农田314亩，全部折成股份，承包给11个生产队的381户农户。潦里鱼池2 243亩、桑地1 796亩、农田143亩，全部折股承包给16个生产队的343户农户。1983年7月，农村政社分设，撤销大队、生产队，设立行政村和村民小组，至此，人民公社的组织形式全部解体。

表4-1　　　　　　　　1960—1970年红星大队主要人员任职情况一览表

生产队	职　务	姓　名
1队	队　长	郑茂兴
	副队长	高如星、郑根寿
	会　计	高小林
2队	队　长	金利生
	副队长	邱根才、邱兴生
	会　计	俞谊宝
3队	队　长	顾德兴
	副队长	于祖根、席根大
	会　计	顾巧林
4队	队　长	于洪男
	副队长	李本大、李奎林
	会　计	俞永林

续表

生产队	职　务	姓　名
5队	队　长	许培林
	副队长	汤和生、施福仁
	会　计	施林生
6队	队　长	韩根大
	副队长	施福林、宋德才
	会　计	周林东
7队	队　长	朱三星
	副队长	张福泉、朱小花
	会　计	朱根林
8队	队　长	金阿四
	副队长	盛玉林、顾林根
	会　计	张桂男
9队	队　长	金和根
	副队长	郑财福、李阿连
	会　计	郑如兴
10队	队　长	朱洪才
	副队长	蒋狗大、薛呆大
	会　计	孟和生
11队	队　长	金积才
	副队长	金玉狗、刘寿宝
	会　计	郑阿四

表4-2　　　　1971—1983年高田（红星）大队主要人员任职情况一览表

生产队	职　务	姓　名
1队	队　长	郑茂兴
	副队长	朱兴福、俞永根、高阿凤（女）
	会　计	高小林
2队	队　长	张才生
	副队长	邱根才、张兴大、许小妹（女）
	会　计	周新男
3队	队　长	席永根
	副队长	于祖根、顾秋林、于福妹（女）
	会　计	顾巧林
4队	队　长	于洪男
	副队长	俞夫林、邱福兴、李仁珠（女）
	会　计	陈兴根

续表

生产队	职务	姓名
5 队	队长	施福安
	副队长	许培林、宋仙元、郑和珍（女）
	会计	陈富林
6 队	队长	韩根大
	副队长	宋德兴、宋德财、陶福娣（女）
	会计	郑凤根
7 队	队长	朱三星
	副队长	张福泉、柳福兴、王云娥（女）
	会计	朱根泉
8 队	队长	金阿四
	副队长	顾林根、陈二狗、沈进英（女）
	会计	张桂男
9 队	队长	金和根
	副队长	唐阿三、张英福、张阿英（女）
	会计	朱阿三
10 队	队长	孟如兴
	副队长	孟和兴、蒋大毛、邱惠珍（女）
	会计	孟和生
11 队	队长	金积财
	副队长	金玉狗、金巾珠（女）
	会计	郑阿四

表 4-3　　　　　1960—1970 年胜利大队主要人员任职情况一览表

生产队	职务	姓名
1 队	队长	顾补元
	副队长	宋丁兴、俞全珠、金如珍（女）
	会计	俞富兴
2 队	队长	朱补传
	副队长	朱根兴、计林夫、朱桂珍（女）
	会计	朱云男、朱大男
3 队	队长	宋春生
	副队长	顾财荣、陈仙云（女）
	会计	施云根

续表

生产队	职 务	姓 名
4队	队 长	张有根
	副队长	朱根福、顾二花（女）
	会 计	朱培林
5队	队 长	顾干兴
	副队长	宋二男、朱兰生、秦桂宝（女）
	会 计	赵秀英
6队	队 长	朱茂兴
	副队长	朱财兴、顾桂云（女）
	会 计	俞阿福、俞福兴
7队	队 长	宋巧根
	副队长	朱福兴、陈洪兴、姚林娣（女）
	会 计	朱关生、郑如根
8队	队 长	顾志林
	副队长	江阿二、金银凤（女）
	会 计	朱明荣
9队	队 长	顾阿二
	副队长	张和兴、许金林、郑巧凤（女）
	会 计	张本大、郑雪兴
10队	队 长	顾生根
	副队长	顾呆大、朱云娣（女）
	会 计	顾长春
11队	队 长	张巧林
	副队长	张和尚、杨瑞珍（女）
	会 计	江福林
12队	队 长	宋根兴
	副队长	朱阿大、顾仁娣（女）
	会 计	顾福兴、许申元
13队	队 长	许本大
	副队长	许长寿、张德庆
	会 计	赵老虎、赵秀英
14队	队 长	俞法根
	副队长	俞补兴、张永仙（女）
	会 计	赵秀英

续表

生产队	职务	姓名
15 队	队　长	金正福
	副队长	宋巧林、赵银娣（女）
	会　计	宋永康
16 队	队　长	俞小弟
	副队长	俞传兴、顾阿多（女）
	会　计	马福元

表 4-4　　　　1971—1983 年潦里（胜利）大队主要人员任职情况一览表

生产队	职务	姓名
1 队	队　长	宋丁兴
	副队长	宋兴大、宋志根、金如珍（女）
	会　计	朱庆生
2 队	队　长	朱补传
	副队长	计林甫、朱桂珍（女）
	会　计	朱云南
3 队	队　长	顾玉根、宋阿二
	副队长	宋奎兴、金补泉
	会　计	施云根
4 队	队　长	张有根
	副队长	朱小狗、朱根福、顾凤珍（女）
	会　计	朱培林
5 队	队　长	朱兰生、陈玉生
	副队长	朱全生、俞补男、秦桂宝（女）
	会　计	俞福财
6 队	队　长	俞永根
	副队长	俞福兴、朱全林、朱和珍（女）
	会　计	俞福兴
7 队	队　长	陈积财
	副队长	陈留根、朱留生、陈培珍（女）
	会　计	郑如根
8 队	队　长	顾志林
	副队长	顾小狗、江阿二、顾秋仙（女）
	会　计	朱明荣

续表

生产队	职务	姓名
9队	队　长	许金林、顾连兴
	副队长	郑补根、顾连兴、许培英（女）
	会　计	郑雪兴
10队	队　长	顾冬生
	副队长	钱大男、许传根、邱阿六（女）
	会　计	顾长春
11队	队　长	张寿福
	副队长	顾进发、江福忠、朱根娣（女）
	会　计	江阿全
12队	队　长	许申元
	副队长	许阿五、朱季生、宋仁娣（女）
	会　计	顾福兴
13队	队　长	张德庆
	副队长	张全生、许丽娟（女）
	会　计	许福兴
14队	队　长	席二狗
	副队长	俞阿本、俞补兴、陈水仙（女）
	会　计	邱阿五
15队	队　长	宋巧林
	副队长	副队长：朱兰根、朱才珠（女）
	会　计	邱元佳
16队	队　长	吴大男
	副队长	俞传兴、吴兴福、钱凤宝（女）
	会　计	马福元

附　口述采访：一年改变生产队落后面貌

时间： 2020年4月12日上午

地点： 潦里村村委会会议室

访问对象： 许申元（1954年生，住潦里中横村，曾任胜利大队第12生产队队长等职）

执笔者： 杨维忠

陪同人： 许阿四、张才生

执笔者： 老许，你当了多少年生产队长，接任时生产队的面貌怎么样？

许申元：1977年，我24岁当生产队队长，一直当到31岁，前后当队长7年，甜酸苦辣的味道全尝过。我们胜利12队是有名的经济落后队，每年年终生产队分红，分配报酬全大队14个生产队中经常倒数第一第二名。1976年，年终分红每工0.36元，这还是男劳力参加生产队劳动一天的报酬，半劳力（妇女）一天报酬只有0.20元，社员劳动积极性不高，出工不出力，形成恶性循环，劳动报酬更加低。

执笔者：你当生产队长后，社员们都服你，你说啥都听啥，安排下去的农活每天都能完成，你有什么体会？

许申元：1976年生产队分配后，大家说"王小二过年，一年不如一年"，这样下去怎么行？还是选个队长吧。社员们选我当队长，主要因为我是初中生，有点文化，人老实，干农活是把好手。当时我年纪轻，说干就干，但真的挑起生产队长的担来还是很吃力的。一个队几十户人家，大到天文地理，小到鸡毛蒜皮，连夫妻吵架、邻里纠纷都要找队长解决。旁人看起来权力不小，可真的当上了队长，完全不是那么回事。你不但要有打算、按季节安排好农活，更要样样农活拿得上手，吃苦在前，享福在后，大家才能服你。

执笔者：一个生产队"麻雀虽小，五脏俱全"，要搞好生产队，队长是关键。你是怎样带头干活，给社员们当表率，能举几个例子吗？

许申元：我伲队的产业（鱼池、桑地）都离村较远，要摇船出去干活，有些妇女家中有小孩，上工拖拖拉拉，经常一船人等一个或几个人。我每天半夜2点钟就起床，自己吃好五更饭，挨家挨户去敲门，通知大家上船出工。每天收了工，我还要在干过活的地上转一圈，做到心中有数，第二天好安排出工的人员。1977年冬天队里干池（年终干塘捕鱼），4亩水面的鱼池，队里1部水车，我带领3个男劳力，4个人分上下班，车了2日2夜才把鱼塘里的水车干。其他3人轮流休息，半天踏1部水车，我整整2天很少休息，每天夜里还要踏大半夜。队长以身作则，大家就能自觉做好。

执笔者：你当生产队长3年改变队里落后面貌，主要原因是什么，有啥好经验？

许申元：其实我当生产队长，不是3年改变面貌，而是每年翻一番还转了个弯。1976年，队里每工报酬0.36元，1977年每工报酬0.85元，以后每年分配报酬每工都在1元左右。说给现在的年轻人听可能不相信，当时一个生产队30多户人家，集体分配也就3 000多元钱，这是全队60多个劳动力一年的劳动报酬。要说经验，就是当队长要能文能武，既要干活带头，更要动脑筋、想办法，为社员谋福利。如我们队里每年出售的芦柴，原来都是卖"统货"，我想办法把质量好的挑出来卖给浙江的造纸厂，就多卖了不少钱。分配报酬年年有增加，社员生产积极性高，这个生产队长就好当了。

第四节　家庭联产承包责任制

1983年春,东山农村普遍推行家庭联产承包责任制,农业生产实行"统一经营、分业承包、联产到户、包干分配"的做法。高田村、漳里村土地按人口分配、社员上交按国家任务、集体提留数再按责任田分摊,税费包干上交,农业税按耕地总面积分配到户。对生产资料的处理和使用保管作出明确规定,并以村为单位建立农机、植保、管水等专业组织。农户实行独立核算,自负盈亏。财务管理建立联队会计岗位责任制,一名联队会计负责几个生产队的财务资金管理工作,报酬由村民小组分摊或村里支付。农田基本建设资金来源,依靠村公共积累,用工按劳力分摊到户,劳动报酬作义务工处理。

高田村、漳里村主要为内塘养殖地区,联产承包责任制参照农田联产承包方法实施,采取"分鱼塘、芦荡、莼塘、滩地到户,按鱼塘面积联产承包"。各村鱼塘,参照前三年的鱼产量,逐塘逐池按面积估算产量,定产值,折成股数。村民小组的人数和口粮数也折成股数,进行平均分配承包。除上交公积金、公益金、农业税、管理费外,全部鱼产量及莼菜、芦苇归承包户所有,自养、自捕、自收、自售,收入归各个家庭。

家庭联产承包责任制,调动了农民生产积极性,高田村、漳里村鱼产量大幅度增加,村民收入得到提高。1984年,高田村、漳里村均被评为吴县农业生产先进单位。

1990年8月,高田村、漳里村按照东山镇人民政府制定的"关于完善农业生产

莼塘之晨(2020)

责任制的意见",重点完善合同制度,健全承包机制。针对当时生产发展、户口劳动力变化而承包基数未变,造成收益上的差距,村里按照"大稳定,小调整"的原则,采取土地调节、经济调节、就业调节的方法,完善农业生产责任制。村委会组建班子,加强宣传,制定章程,在试点的基础上,确定调节方案,使村里的农业生产承包责任制更加合理。1990年,高田村、潦里村有50多户村民,通过"土地调节、经济调节、就业调节",获得经济利益。

调整养殖结构,发展优良的特种水产养殖。20世纪90年代中期,高田村、潦里村进行水产产业结构调整,根据水产物以稀为贵的原则,减少传统四大家鱼养殖面积,发展湖蟹、鳜鱼、湖虾、甲鱼与太湖莼菜、莲藕、元宝菱等传统水产品,使生产的水产品逐步趋向市场化、合理化。1990—1995年,高田村、潦里村90%的鱼塘改养湖蟹与甲鱼、鳜鱼等特种水产品。

表 4-5　　　　　　　2006—2016 年高田、潦里联队队长一览表

村 名	组 名	队 长	村 名	组 名	队 长
高田村	1组	邱根财	潦里村	4组	朱兴寿
	2组			5组	
	3组			6组	朱继生
	4组			7组	
	5组	施阿大		8组	
	6组			9组	
	7组			10组	顾连兴
	8组	金三巧		11组	
	9组			12组	朱兰根
	10组			13组	
	11组			14组	
潦里村	1组	朱庆生		15组	
	2组			16组	
	3组				

表 4-6　　　　　　　2017—2020 年潦里村村民小组长名单

组 名	组 长	组 名	组 长
1组	陈 荣	4组	邱荣林
2组	张寿福	5组	施林生
3组	宋 荣	6组	金三巧

附　口述采访：2002年吴中区十大养殖大户之一

时间：2020年4月2日下午

地点：高田新村12号施洪根家

访问对象：施洪根（1962年生，东山水产养殖大户）

执笔者：杨维忠

陪同人：张才生

执笔者：你是苏州市人大代表。你是如何当上市人大代表的，与水产养殖有关系吗？

施洪根：2000—2010年，我是村里的水产养殖大户，我家不但村里水产养殖面积大，就是在整个东山及吴中区也很有影响。2002年，苏州市召开第十三届人民代表大会，要东山一名专业户出席，村里和镇里推荐我参加。

执笔者：你水产养殖品种主要是什么，多少面积，效益怎样？

施洪根：主要养殖传统水产品，也叫特种养殖，有湖蟹、甲鱼、龙虾等，但主要是湖蟹和甲鱼。2001年，我自己鱼塘和太湖里围网蟹箱有50多亩，后来我又向别人租了250亩，养蟹网箱水面达到300亩，是村里最大的养蟹大户。2001年春天，每亩水面投放蟹苗1 500只（指甲般大小），共投蟹苗近45万只，成活率70%左右。因环境好、水质清、饵料足、管理勤，秋里起箱时每只蟹平均175克，总产4 500多千克。那时太湖蟹价格较高，每千克25—40元，全年卖蟹收入达500万元，去掉网箱租金、饲料、管理等成本，一年净收入250万元，是我联产承包后掘到的第一桶金。

执笔者：你养蟹比别人成本低、产量高、质量好，主要原因是什么，有啥好经验？

施洪根：成本低是因为我们能吃苦。从3月份放养蟹苗起，到11月份大蟹起箱，整个养蟹季节将近10个月，我们夫妻两人每天都要开船去太湖里各处蟹箱转一圈。5—7月份是喂食旺季，夫妻两人每天清晨3点多起床，4点半开船出门，到傍晚5点半回家，一天在太湖蟹箱旁忙12个小时以上。夏天有时回家晚，村里人都在门口乘风凉，怕邻居们看见开善意的玩笑，我们故意把草帽压得很低，遮住脸进村，使邻居们认不出来。这样别人出一天门，只喂30—50亩蟹箱的食，同样干一天的活，我们要喂300亩水面的蟹食。太湖蟹在水草中生长，掌握好蟹箱里水草的密度也很重要。要是水草少了，对蟹脱壳不利；要是水草太密，光照受影响，也不利蟹的生长。我们是夫妻搭档捞草，草的质量好，我们又亲自到蟹箱撒草，撒得均匀，蟹脱壳后长得快。喂食质量好也很关键，饵料要荤素搭配，以玉米、水草为主。有的人家为提高蟹的产量，每天大量喂冰鱼等料，结果适得其反，不但对蟹的生长不利，还影响太湖水质。

执笔者：现在还在太湖养蟹吗，主要在养殖什么水产品种？

施洪根：2018年，为保护太湖水质，东山镇太湖围网蟹箱全部拆除，我虽是养殖大户，也积极响应镇政府号召，当年年底太湖围网（含所租蟹箱）全部拆除。虽然损失较大，但为了保护太湖生态，也为了子孙后代，心中很乐意，当然政府也给了我们不少补贴。后来我在内塘改养传统的甲鱼，每年投放1吨甲鱼苗，收成也不错。

第五节 经济合作社

1983年7月，东山实行乡、村建制，高田村、潦里村成立经济合作社，合作社设社长、副社长与会计等职。村经济合作社承担全村的农业、多种经营、村办企业的生产服务和协调工作，管理村内所有土地和资产。

2003年12月，高田村、潦里村27个村民小组，1 341户，4 773人，合并为潦里村经济合作社。

村经济合作社资产总额718万元。其中，固定资产558万元，流动资产160万元，负债总额408万元，所有者权益（即集体资产）310万元。

经过多年发展，至2020年，潦里村经济合作社资产总额1.37亿元。其中，固定资产5 022万元，流动资产1 418万元。

潦里村经济合作社成立大会（2003）

表4-7　　　　　　　　潦里境域经济合作社主要任职人员一览表

村名	职务	姓名	村名	职务	姓名
高田村	社　长	施秀荣	潦里村	社　长	朱益林、张补男
	副社长	郑林根、柳福兴、俞二宝		副社长	许阿四、顾玉根、俞福财
	会　计	朱如生、陈兴根		会　计	郑雨泉

2012年6月，村民在农村家庭承包经营的基础上，按照"自愿入股，按股分红，利益共享，风险共担，民主管理，民主监督，依法登记，依法经营"的原则，组建潦里村生态农业专业合作社。

2020年12月底，潦里村完成集体资产股份权能改革，共固化资产2 106万元，分配股份4 779股。其中，基本股4 206股（村民户口土地在村），享受股573股（村民土地在村，但户口迁出村及外地嫁来村、迁来潦里村的村民享受半股），实现"量化到人，确权到户，长期稳定"的目标，受益人口5 352人。

潦里村经济合作社向村民发放《水产管理手册》（2019）

表4-8　　　　　　　　2020年潦里股份合作社股权固化配置表

组　别	户数/户	享有基本股		享有享受股		合计享有人数/人	合计配置股权/股
		人数/人	股数/股	人数/人	股数/股		
潦里1组	52	134	134	47	23.5	181	157.5
潦里2组	48	148	148	24	12.0	172	160.0
潦里3组	50	148	148	34	17.0	182	165.0
潦里4组	53	174	174	49	24.5	223	198.5
潦里5组	49	147	147	36	18.0	183	165.0
潦里6组	56	166	166	38	19.0	204	185.0
潦里7组	35	108	108	27	13.5	135	121.5
潦里8组	55	172	172	56	28.0	228	200.0
潦里9组	60	152	152	45	22.5	197	174.5
潦里10组	57	144	144	34	17.0	178	161.0
潦里11组	43	133	133	27	13.5	160	146.5
潦里12组	42	117	117	29	14.5	146	131.5
潦里13组	35	89	89	43	21.5	132	110.5
潦里14组	43	128	128	31	15.5	159	143.5
潦里15组	45	134	134	31	15.5	165	149.5
潦里16组	39	111	111	31	15.5	142	126.5
高田1组	92	243	243	65	32.5	308	275.5

续表

组 别	户数/户	享有基本股		享有享受股		合计享有人数/人	合计配置股权/股
		人数/人	股数/股	人数/人	股数/股		
高田 2 组	69	185	185	59	29.5	244	214.5
高田 3 组	86	226	226	57	28.5	283	254.5
高田 4 组	59	155	155	37	18.5	192	173.5
高田 5 组	73	191	191	53	26.5	244	217.5
高田 6 组	68	180	180	58	29.0	238	209.0
高田 7 组	72	181	181	50	25.0	231	206.0
高田 8 组	65	180	180	45	22.5	225	202.5
高田 9 组	59	152	152	60	30.0	212	182.0
高田 10 组	63	163	163	44	22.0	207	185.0
高田 11 组	54	145	145	36	18.0	181	163.0
合 计	1 522	4 206	4 206	1 146	573.0	5 352	4 779.0

第五章 农副业

潦里村土地以沿湖鱼塘、沼泽、苇荡为主，兼有部分田圩。农副业生产以养殖水产、养蚕、种植芦苇为主。农田面积不多，仅限于湖边低洼平地。

　　1980年起，随着市场经济的发展，村里调整产业结构，重点发展特种水产养殖和莼菜、莲藕、茭白等传统名品种植，粮油和蚕桑产量逐年下降。1990年后，不再种桑养蚕。2000年起，结束种植水稻、三麦、油菜。原有农田全部开挖鱼池，池埂上种植碧螺春茶树、枇杷树等优良作物。

第一节　粮油生产

高田、漖里农田较少，粮油生产在农业生产中所占比重不大。两村于2003年合并之前，只有沿湖东大圩、中圩、一圩、三圩、五圩、海洋圩、建设圩等围圩农田。1950年后，农业合作社及生产大队集体围垦。

1980年，高田大队、漖里大队共有圩田8 650亩。其中，东大圩2 000亩、中圩3 000亩、一圩900亩、三圩750亩、五圩650亩、海洋圩950亩、建设圩400亩。这些圩田均地处太湖畔，抗灾能力弱，汛期时经常被水淹；加上肥力差，不适宜种植粮食与油料作物，产量不高。1990年后，大部分圩田被开挖鱼塘养鱼。

莳山下新漖片鱼塘（1975）

村内芦荡与湖滩面积较多。芦苇经济价值高，而且管理粗放，经济效益好。湖滩水浅淤泥厚，适宜种植莼菜、莲藕、茭白。这些传统名品经济价值也较好，是村里重要的经济收入来源。1970年，洞庭公社在东、西太湖畔围湖造田，高田村、漖里村的千亩芦荡、沼泽被围垦。虽说增加了部分农田，粮油产量也有所提高，但得不偿失。1990年后，东、西大圩农田调整为内塘养殖与花果种植，水稻、油菜种植面积减少。1995年起，高田村、漖里村已无粮食产量，该村原有湖畔滩地经改良后种植茶树、花果作物，不再种植水稻、油菜。

表5-1　　　　　1960—1995年今漖里境域水稻、油菜面积统计表

单位：亩

村（大队）名	1960年	1965年	1970年	1975年	1980年	1985年	1990年	1995年
高田（红星）	88	200	449	449	510	523	569	569
漖里（胜利）	40	48	80	80	100	100	120	120

表 5-2　　　　　　　　　1960—1995 年今潦里境域水稻产量统计表

单位：吨

村（大队）名	1960 年	1965 年	1970 年	1975 年	1980 年	1985 年	1990 年	1995 年
高田（红星）	91	201	412	439	284	331	363	301
潦里（胜利）	77	161	397	415	225	333	339	268

表 5-3　　　　　　　　　1960—1995 年今潦里境域油菜产量统计表

单位：吨

村（大队）名	1960 年	1965 年	1970 年	1975 年	1980 年	1985 年	1990 年	1995 年
高田（红星）	9	23	51	42	43	59	52	27
潦里（胜利）	211	50	90	80	101	83	54	36

表 5-4　　　　　　　1995—2003 年今潦里境域农业经济主要指标一览表

年份	高田村			潦里村		
	耕地面积/亩	农业机械总动力/千瓦	粮食总产量/吨	耕地面积/亩	农业机械总动力/千瓦	粮食总产量/吨
1995	580	360	433	255	506	320
1996	560	470	416	247	650	302
1997	197	980	417.5	102	1 650	303
1998	197	1 710	308	98	2 630	223
1999	197	1 884	50	—	2 780	—
2000	197	1 898	50	—	2 790	—
2001	197	1 655	—	—	2 722	—
2002	197	1 536	—	—	2 707	—
2003	196	1 536	—	—	3 000	—

第二节　蚕桑生产

明《震泽编》载：东山"地多植桑，凡女未及笄，即习育蚕，三四月谓之蚕月，家家闭户，不相往来"。潦里村为东山传统的蚕桑生产基地，历史上称为"桑基鱼池"。即鱼池埂上种桑，桑叶喂蚕，蚕沙养鱼，冬天抽干鱼池后，塘泥施桑树，形成一条良性循环的生产链。

新中国成立后，潦里境内蚕桑生产有较大发展，村中除传统的鱼池埂上遍植桑树外，荒地、湖滩都开垦栽桑。养蚕期数由春蚕发展到夏蚕、秋蚕，甚至晚秋蚕。历史上蚕茧产量最高的 1980 年，潦里、高田两个大队蚕茧总产量 886 担。

1983年，农村实行联产承包责任制后，花果价格倍增。受市场价格变化影响，东山兴起种橘热，挤桑种橘十分普遍。有"红面孔胜过白面孔"之说（红指橘，白指茧），境内桑地大部分改植橘树、桃树，后来又改种茶树、枇杷树，蚕茧产量锐减。1988年后，东山境内已无桑地，高田村、漇里村也不再养蚕。

采茧（1975）

一、育蚕种

1950年前，村里养蚕均用土种育蚕，品种有"锡园""金黄""太湖""碧莲""辑里""大团圆""新园"等。新中国成立之初，推广杂交型改良蚕种，有"诸桂交华五""新园交意六"等新品。旧时，育种大多靠人体育种，即蚕娘把蚕种日夜焐在胸口，靠人的体温催青，孵化小蚕。不但数量少，而且有时体温不稳定，影响蚕卵催青。20世纪50年代初，吴县在东山建造专用蚕种催青室，采用科学方式催青，然后把蚕种分发各生产队饲养。70年代，蚕种发展更替，春蚕品种以"东肥""华合"正反交为主；夏秋蚕种主要采用"苏三""秋三交""苏四元"杂交种为主；80年代，春蚕饲养"苏五交""苏六正反交"；夏秋蚕种以"苏三交""秋三交""苏四正反交"为主。

二、蚕病防治

漇里村住房紧张，生产队养蚕时，小蚕、中蚕尚可叠放在蚕架上喂食，但蚕大眠上山（爬上茧龙）吐丝结茧时，须一条条茧龙（一种用稻草摇成的地龙）摊放地上，占屋面积大，难以管理。须到离村较远、房屋宽敞的西街、翁巷等村借房育蚕。新环境蚕一时不能适应，经常患病。常见蚕病有僵头、亮头、白肚、中肠型脓病、空头性软化病、败血病、曲霉病等。

60年代用石灰水喷洒蚕室、蚕具、蚕体、蚕座与四周环境消毒，以扑灭病源，杜绝传染。70年代使用敌百虫晶体消毒，蚕室消毒做到程序化、规范化、制度化。80年代常用的消毒药品有升汞水、漂白粉澄清液、赛力散石灰浆、硫黄、毒消散、防僵灵2号、蚕康宁石灰浆、灭蚊灵等。

三、养蚕方法

饲养方法主要有收蚁、贮桑、给桑、除沙、眠起、蔟具等。

养蚕（2020）

蔟具（2020）

收蚁 60年代收蚁采用羽扫法、打落法。70—80年代推行纸包法。

贮桑 小蚕桑叶贮栈条，大蚕桑叶散放蚕室。70年代起推行小蚕桑叶活水贮存。

给桑 传统喂桑1日3次，后增至1日6—8次。70年代起推广小蚕坑府育，试育每天给桑2—3次。

除沙 即除去蚕屎。早期采用桑络、地育结合。1956年起，小蚕普遍使用小网除沙，部分地区大蚕除沙用绳网。

眠起　60年代，饲蚕时眠起后止桑偏早。70—80年代，采用饷食就眠、严格分批、适时饷食三个环节法。

蔟具　旧时养蚕须在室内离地约1米处搭山棚，上置稻草做成的毛蔟，让蚕上蔟结茧，称"上山"。60—70年代，逐渐改成地养蚕，毛蔟改成"地龙"。蔟具均用稻草做成灯蔟（帚头）。80年代推行双连座方格蔟，地蚕自动上蔟。

四、新漖茧行

1950—1980年，蚕茧为漖里主要农业收入，有"一季春蚕半年粮"之谚。最高的是1980年，产量占洞庭公社蚕茧总产的32%。蚕茧采收后，须及时把茧内蚕蛹烤死，否则蚕蛹会很快咬茧洞飞出成蝶。东山供销社在境内办有新漖茧站，收茧、烘茧、销茧实行一条龙服务。新漖茧站位于高田村营房街，占地面积680平方米，建筑面积300平方米，烘茧房7间、办公室1间、仓库2间。每年春秋两季，供销社收购高田、漖里、港东等村的蚕茧后，随地入茧行加工烘烤，然后运至苏州等地缫丝厂。

表5-5　　　　　　　　1960—1985年今漖里境域桑地面积统计表

单位：亩

村（大队）名	1960年	1965年	1970年	1975年	1980年	1985年
高田（红星）	345	662	905	925	941	251
漖里（胜利）	283	589	968	968	985	148

表5-6　　　　　　　　1960—1985年今漖里境域蚕茧产量统计表

单位：担

村（大队）名	1960年	1965年	1970年	1975年	1980年	1985年
高田（红星）	99	192	289	303	499	176
漖里（胜利）	133	201	256	252	387	56

第三节　副业生产

漖里村副业生产主要有芦苇与水生蔬菜种植。1980年前，芦苇是造纸的重要原料，经济价值较高，也是村里的主要收入之一。村域浅滩、沼泽及鱼池埂上种植的莼菜、莲藕、茭白、芋艿、毛豆等蔬菜，也是集体副业收入的一部分。

一、芦苇

东山潦里一带种植芦苇的历史较长。1906年，朱家瑛所著《洞庭东山物产考》载：春初取带须芦根，插湖滨荒滩，以后发生甚繁，日久根结涨成苇荡。每年春分出芽如笋，名芦芽。清明透水，色青。入夏渐长，竿高丈余，中空有节，似竹无旁枝，而叶抱竿生。交秋梢开红白色细花，成穗飞下如杨花。心粗，秋末竿黄灰色，为收割之时。村人砍取，捆成圆把，售于斜塘人，为制作芦席、芦帘之用。砍芦至二月为止，将荡中残芦放火烧尽，则新芦粗壮。其根性凉，煎汤饮之味甘，清肺热。1906年，东山产芦柴140.1万捆，售洋4.2万元，潦里片占50%左右。

20世纪60—80年代，上好的芦苇是造纸的重要原料，中等芦苇可编制芦帘、芦席，是建筑和生活材料，下等芦苇称"竹篾柴"，为潦里村村民常年生活用柴。芦荡管理粗放，只须春季芦笋初出时，拔除杂草即可。芦苇收割时搬运却费时费力，此时太湖水位低，运苇船无法进入苇塘，船只离苇塘往往有数百米距离。收后捆扎的芦苇一捆重百斤，须用肩扛到船上，芦荡中又尽是沼泽，行走困难，极为艰辛。村中有"鱼汤饭好吃网难抬，芦苇价好路难走"之说。

1980年，高田、潦里有4万多亩芦荡，每年收割上、中等芦苇约200万捆（个），在村经济收入中占比重较大。1981年，高田2队在东毛头、猫口港有芦荡110亩，收上、中等芦柴约5万捆（个），售价3万多元，占生产队全年经济总收入的35%。芦苇是太湖的绿肺，对保护太湖生态环境有重要作用。2008—2009年，国家启动全面保护太湖生态环境规划，东山沿湖苇荡全面停止收割。潦里村芦荡退收还湖面积

收割芦苇（2015）

4 148.8亩。其中，农户面积2 379.9亩、集体面积1 768.9亩。对退收退割的芦荡，国家全部给予补偿，标准为退收面积每亩补偿2.3万元。2010年，潦里村退湖芦荡国家补偿总金额9 542.24万元。

二、蔬菜

莼菜　村内人工种植莼菜已经有百年历史，售莼款也是村民重要的副业收入之一。莼菜系多年生水生植物，原系野生，清初被人工栽培利用。清《太湖备考》载："康熙三十八年（1699），圣祖南巡幸临东山，山人邹弘志进献莼菜，授山西岳阳县知县。"朱家瑛《洞庭物产考》载："1906年，东山采莼菜3 166担，售洋1 900元。"

莼菜管理较为粗放，以分株与扦插法繁殖：分株法，春分至谷雨时，选越冬后茎粗壮、皮洁白、带节茎根作种苗，随挖随种。扦插法，白露前后，选长15—18厘米的莼茎插入土中，保持浅水，成活后水层逐渐加深。莼菜种植一次后，年年均可采摘。采摘期从4月初开始至10月中旬，约120天。

1950年，潦里有莼菜荡1 500亩左右，年产莼菜约1.13万担。60年代后期，因湖边浅滩围垦造田，产量逐年减少。70年代后期，采取人工保护繁殖，数量逐年回升。1978年，吴县外贸部门在东山建立莼菜外贸出口生产基地。1985年，潦里、俞家库、港东、屯湾等村开发人工种植太湖莼菜315亩。1987年，增加到540亩。1999年，基地又种植莼菜1 500亩，年产量达1.5万担。2020年，潦里村5 600多亩鱼塘退养，改种莼菜、莲藕等传统名品。村里11户村民，当年新发展莼菜135亩，村里每亩补

莼菜塘（2020）

茭白塘（2020）

贴500元，合计补贴6.79万元。

茭白 又名菰，或菰笋、茭笋。因花茎洁白，故称茭白。清《太湖备考》载："菰出东山茭田，茎粗洁白如小儿臂，谓之茭白。"茭田，即今高田村。历史上，种植一年一熟茭，称秋茭白，以"十月白"最佳。栽种方法：隔年留种根，排放在泥塘或烂田边。当发芽15厘米时，分株移植，以人畜粪为主。9月下旬至10月上旬收割，亩产约1500千克。茭白要求年年选种，否则会出现雄茭和灰茭。80年代开始，村内每年种植夏秋两季茭白，以夏茭为优。夏茭，又称六月茭，早春移栽，5—6月间上市。茭白是漪里村种植的传统水生蔬菜，1983年前，生产队每年收割茭白后，茭茎（即茭白）上市销售，大量茭带头（茭壳）作为青饲料喂鱼。

莲藕 分莲蓬与莲藕。莲蓬为水上之果，莲藕为水下之茎。莲藕按种植水面可分田藕（浅水藕）和塘藕（深水藕）两种。按季节又分春秋两季藕。漪里村为东山莲藕的主要产地，1970年前，村里有荷塘1 000多亩，原莳山下十里荷塘大多属漪里境域。所产莲藕，体粗圆，色洁白。秋藕质地细嫩，入口鲜甜、脆嫩；春藕可制藕粉，鲜莲子可煮莲羹。

藕粉是漪里村的传统副业之一，村中一半以上村民善磨藕粉，可卖钱或作为礼物馈赠亲戚。磨藕粉工艺流程复杂，其方法是挖取过冬的春藕，把整支藕一节节打断，去掉节须，洗净藕眼里泥沙后在磨藕板上磨粉。磨藕板长50厘米，宽30厘米，中间钉一块铁皮，打满密密麻麻的口子。磨藕板斜置木盆中，木盆放长凳上，然后人骑在凳上，双手磨藕。先磨成藕丝水，再倒入淘笋（细篾竹笋），边淘洗边冲入清水，待水中细粉沉淀后，去掉清水，用白布盖在木盆上，撒上草木灰，把水分吸干，晒干后就成雪白的藕粉。藕粉有两种，沉淀的第一层灰白色粉，称节粉，较次。

荷塘（2020）

菱塘（2020）

第二层粉，即藕粉，质地好。过滤后的粗丝，称藕丝，与米粉拌糊后制成藕丝饼，香糯可口，为东山传统美食。2020年，潦里村鱼塘退养后，新发展藕塘150亩。村民金兴林，在油车港西鱼塘发展莲藕新品突眼莲蓬10多亩。该新品莲子大，产量高，下部藕粗壮。

菱　潦里传统种植腰菱（元宝菱）、圆角菱、水红菱等太湖菱，以种植腰菱为主。1983年，村内菱塘500多亩，每年中秋时节采摘后供应东山和苏沪市场。太湖菱鲜食脆甜，熟食糯香。菱塘管理粗放，每年清明后播种菱草（苗），栽后只要定时除草、

芡塘（2020）

治虫，到成熟期即可采摘。采菱为白露季节，每隔一星期采一次，6—7次结束。一般每亩水面可收菱500多千克。因菱经济价值不高，自1980年代起，境内菱塘逐渐减少。2020年，潦里村只有零星菱塘分布。

芡　多年生草本，其种子称芡实或鸡头米、鸡头子。清《太湖备考》载"芡实出东山，不种自生，俗呼'野鸡豆'。今多野生于池塘、湖滨、河浜、荒荡中。集市上已不多见"。村里原荒荡内分布较多，中秋时节采收。1980年后，因野生芡产量低，芡塘大多改种经济价值较高的莼菜、莲藕等。2020年，适应市场需求，村内有芡田近百亩。

芋　俗称芋艿、芋头，多年生草本，大多栽种于水沟、鱼池埂上。芋营养丰富，食法较多，可煮成糖芋艿、芋艿羹等。加工成罐头食品，受到市场欢迎。1983年前后，境域种芋最盛时年产量5 000余担，销往上海、无锡、苏州等地。1990年后，芋头面积、产量逐年下降。2020年，村民只是在鱼池埂上零星种植。

晒芋头（2020）

三、枇杷

枇杷为潦里村新兴果品，绝大部分栽种于鱼池埂上。2020年，全村采收枇杷1.45万担，平均每户10担，潦里村最多一户村民采枇杷70担。每担枇杷售价约2 000元。2020年，全村一季枇杷收入2 890多万元。

境内鱼池埂上原全部栽种桑树，20世纪70年代起改种橘子。90年代后期，东

鱼埂枇杷树（2020）

山柑橘价格大幅度下降，枇杷价格上升，潦里鱼池埂上橘树逐年改为枇杷。2020年，东山鱼池全部实施退养，潦里村当年新发展枇杷620亩。鱼池埂栽种枇杷有诸多有利条件：鱼池每年冬季干池清塘，池底淤泥肥沃，是果树的上等肥料；冬季寒潮来袭时，鱼塘水面的水蒸气可调节水温，确保枇杷幼果过冬。如东山境域冬季遭受严寒，村内池埂上的枇杷树着果率要比山区高一倍以上；初夏枇杷成熟时果子需大量水分，因池埂上枇杷树根须离水近，水分能得到保证，因而果形大、果实甜。村内新发展的枇杷树以白玉白沙为主，约占总产量的80%。该新品属东山20世纪末的后起之秀，亦为东山枇杷当家品种。其特点是果树抗逆性强，树势生长旺，果大、早熟、洁白鲜嫩。村内冠玉白沙枇杷约占总产量的20%，其特点是果型大，每只重50克，最大的重70克。味甜润，成熟期比白玉白沙晚5天。

潦里村民祖辈世代以养鱼为生，种植与管理枇杷缺乏经验，村里益农信息社为村民发展果品提供技术咨询、生产生活资料、农产品代购代销、培训体验服务，解决村民产前、产中、产后遇到的实际问题，促进了新兴产业的发展。枇杷列东山百果之首，种植、施肥、匀果、采摘等，技术要求高，原来村民大多请在山区的亲戚朋友帮助种植管理，益农信息社提供服务后，村民大多能自行种植、管理、采收枇杷。一般新种的枇杷苗，3年后就能结果。

互联网和物流快递兴起，打开了东山枇杷的销售之路，为果农提供了广阔的市场。2020年，顺丰、京东、中通等快递物流公司，在潦里村设点站4处，收购枇杷约1万担。

第四节　生产管理

潦里集体生产管理从农业初级社开始，分核算单位、劳动管理、分配管理等。核算单位为"三级所有，队为基础"。劳动管理主要有"四定奖惩"责任制，即定人员、定任务、定质量、定报酬，超产奖励，减产赔偿。分配管理为"按日计工，年终分红"的分配方式。

一、核算单位

初级农业生产合作社，保留社员生产资料所有权，实行土地入股，大型农具折价归合作社租用。境内前门头、后门头、东高田、西高田、港西、凤湾、中横、上横等农业初级社，实行合作社统一经营、统一核算，按土地、劳动力分配。

高级农业生产合作社，生产资料有偿转为集体所有。1956年，境内成立红星、胜利两个农业高级社，由合作社统一经营、统一核算，按劳分配。

洞庭公社建立后，高级社的生产资料无偿转入公社，改为红星大队、胜利大队。在公社范围内实行统一领导、统一计划、统一经营、统一核算、统负盈亏的"一大二公"体制。

1961年10月，农村进行"三级所有，队为基础"的核算制试点。1962年，农村全面实施三级核算生产管理模式，农村全面推行公社、生产大队、生产队三级核算，小队（生产队）为集体所有制经济的基本核算单位。

1980—1981年，东山公社先后两次调整生产队规模，高田大队、潦里大队规模基本保持原有格局。高田大队设东高田、西高田、前门头、后门头4个自然村，分为11个生产队。潦里大队设上横、中横、港西、桥西4个自然村，分为14个生产队。

二、劳动管理

初级农业生产合作社时期，建立生产小组，劳动管理以包管制为主，生产上实行农副结合，科学管理鱼塘、农田和养蚕。鼓励社员发展养猪、养羊和种树、种菜等家庭副业。1956年《震泽报》报道，该年春季，红星高级社提前下足过池草鱼，全社791只鱼池比前年增加过池草鱼800余担；多下花鲢、白鲢鱼苗3 000多条。胜利高级社因地制宜发展副业生产，安排29名社员搓绳、拖虾搞副业，一个月收入490多元。该社大部分妇女会接麻线（俗称山线，是苏州、湖州等地渔民结网、下钓的必用品），胜利社有170架摇线机，全部利用起来，一个妇女一天摇线半斤，生产队半年增收2 700多元。

高级社时期，生产大队种植业实行"四定三包"超产奖励制度，生产队安排农活，生产小组集中干活，社员劳动按定额记分。管理普遍实行"一长四员分工负责制",一长,即社长。四员,即会计员、采购员、保管员、饲养员。社员在社长领导下参加劳动,四员由社长分工按专业进行管理。集中的科学管理方法,进一步提高了社员的生产积极性。1957年春,红星高级社利用芦柴荡,开挖积肥潭,广积草河泥。积肥潭开挖在"浪渣"较厚的芦荡边,冬天湖水浅时挖潭,在潭里放一层湖泥叠一层杂草,层层压实,等到种田时挖取运到农田里作为基肥。1957年,红星高级社一冬春开挖肥潭200只,积草河泥肥18万担,其经验在东山推广。胜利高级社饲养15张春蚕种,科学管理,平均单张产43千克茧子,每张蚕种产量比初级社增7.5千克。蚕茧的质量也在全东山最高,一般的茧层率在18%左右,胜利社的茧层率达20%以上。

1958年,人民公社把生产组织和武装组织相结合,劳动力按军队编制,公社建团,大队建营,生产大队建连,生产小队建排、班,由公社统一指挥调度。全社组织军事化,有严格的劳动、学习和作息制度。为适应劳动力统一指挥和调度,村里普遍建立公共食堂、托儿所和幼儿园。1958年7月28日《震泽报》报道,东山镇红星大队参加县农业会议的81名代表,大会一结束,马上背起背包赶回社里,连夜到田头检查生产。检查中发现脱水受旱的农田有80亩、5只肥料潭中缺水,早种的95亩晚稻普遍发现虫害,20个鱼池水小不利鱼儿生长。查出问题后,大队党支部连夜组织10部水车、安排50名社员车水灌田。第二天又组织36人开河引水,45名农技员和新农民喷药治虫,及时解决了200个鱼池的鱼食供应困难。

1962年,农村以生产队为基本核算单位,由生产队对劳动力按农事季节进行分组作业,对生产小组实行定额管理。生产队对劳动力定"三基本"制度,即规定每人每天应完成的基本农活,基本劳动量和应得基本工分,提高了社员生产积极性;同时规范财务制度,完善了生产队账目,增强凝聚力。胜利大队对693亩油菜田实行"三定三包",即定任务、定措施、定质量,包农活、包费、包产量。103名老农分成3组,把油菜田当成自己的家,管理工作当作照顾自家孩子一样,天天下田补苗、除草、施肥,夏熟获得丰收。红星大队按照"三包"到队原则,发挥生产队财务管理的积极性,以生产小队为单位,建立6本账:即成本账、产品收支账、工分账、社员产品预付账、社员往来借支账、生产队财产账。建好新账后,大队马上与生产队签订合同,办好手续,借支、预支、成本费、管理费,一律按合同办事。

1966年,农村推行"突出政治"的大寨式评工记分,按政治思想好、出勤足、农活质量高、工效快的要求确定标兵工分,其他社员以标兵为样板,自报互评应得工分。

粉碎"四人帮"后,农村劳动管理恢复"三基本"制度和定额记工,"四定奖惩"责任制。1983年,农村推行家庭联产承包制后,农、副、工各业实行合同制管理。2020年,村民按土地承包合同自行管理生产,农产品销售收入归己所有。

三、分配管理

初级社的农民收益分配,按"劳力报酬稍高于土地报酬"的规定,实行土地、劳动力按比例分配。

高级社取消土地报酬,实行按劳分配。社员分配一年两次,夏季预分,秋季决算。分配时先交农业税,归还国家到期贷款和粮食预购定金,再提 3%—5% 的公积金和公益金,留够生产资金与 0.2%—0.3% 的行政管理费,最后进行分配。

1958 年,成立人民公社,取消按劳分配制度,实行供给制和工资制相结合的平均分配方式。"吃饭不要钱",集体办食堂是供给制的主要体现。供给制的基本形式有伙食供给制、粮食供给制、基本粮草供给制和半粮草供给制四种。

1960 年,实行"人人定量,指标到户,实物到堂(公共食堂),凭票吃饭,节约归己"的管理措施。这一时期,各生产队食堂普遍粮食、副食品供应不足,社员就餐发生困难。

"文化大革命"时期,农村经济分配实行按劳动日计价分配。全年总收入扣去总成本,得纯收入,再将纯收入在国家(税金)、集体(积累)、社员(报酬)三者之间进行分配。社员报酬以可分配总额同总劳动日相除,得劳动日值。劳动者按实际劳动天数,参加全年分红(报酬)。这一时期因片面强调突出政治,生产发展缓慢,各生产队年终分配报酬较低。

1983 年,农村实行家庭联产承包责任制后,原由生产队统一核算分配,改为户、组、队、乡村企业等,按多种分配形式和多层次的合同结算。结算原则是信守合同,承包兑现。核实产量和收支,按"交够国家的(税金),留足集体的(公积金、公益金、管理费、劳动积累),余下为自己所有(个人所得或全体村民所得)"的原则进行分配。在结算中,同时落实村组干部的补贴、扶贫、军烈属优抚等有关政策。

表 5-7　　　　1970—1990 年高田村(红星大队、高田大队)分配数据表

年份	纯收入 / 万元	社员分配	
		合计 / 万元	人均收入 / 元
1970	36.9	24.4	123.7
1971	37.5	26.4	130.4
1972	39.2	31.1	139.4
1973	38.1	27.5	133.1
1974	39.0	28.5	140.3
1975	39.1	29.5	139.1
1976	40.1	31.9	140.5
1977	41.2	31.0	144.8
1978	42.2	34.0	159.0
1979	50.1	40.5	129.0

续表

年份	纯收入/万元	社员分配	
		合计/万元	人均收入/元
1980	59.1	49.1	225.9
1981	58.0	48.7	222.0
1982	52.9	44.4	200.1
1983	74.3	69.1	321.0
1984	113.0	108.0	596.0
1985	150.5	133.8	710.0
1986	147.6	141.5	775.0
1987	164.4	155.8	855.0
1988	169.4	160.8	893.0
1989	159.4	151.5	910.0
1990	175.2	162.1	935.0

表 5-8　　1970—1990 年潦里村（胜利大队、潦里大队）分配数据表

年份	纯收入/万元	社员分配	
		合计/万元	人均收入/元
1970	36.9	24.4	123.7
1971	39.8	28.5	128.7
1972	40.3	32.6	143.1
1973	42.2	30.3	141.5
1974	41.5	32.4	146.2
1975	41.6	32.1	143.9
1976	42.1	34.1	148.8
1977	42.5	35.9	150.4
1978	45.7	36.3	152.0
1979	59.9	46.9	194.0
1980	66.5	54.2	219.9
1981	55.5	47.2	189.6
1982	65.2	55.2	219.6
1983	86.6	82.0	325.0
1984	112.7	108.3	469.0
1985	177.6	158.1	736.0

续表

年份	纯收入/万元	社员分配	
		合计/万元	人均收入/元
1986	196.4	192.0	863.0
1987	231.9	211.9	975.0
1988	265.6	259.4	1 086.0
1989	218.7	208.9	929.0
1990	281.5	266.1	962.0

表 5-9　　2003—2020 年潦里村村民人均收入表

年份	人均收入/元	年份	人均收入/元
2003	7 257	2012	13 936
2004	7 254	2013	17 486
2005	7 528	2014	16 500
2006	8 643	2015	26 584
2007	9 743	2016	32 000
2008	9 998	2017	32 079
2009	11 376	2018	36 042
2010	11 856	2019	36 960
2011	13 866	2020	37 000

第六章 水产养殖

漃里养鱼历史悠久，内塘养殖始于清初。养殖的鱼池大多利用南湖茭塘、沼泽开挖，称太湖"南荡鱼池"。

民国《乡志类稿》载：1925年，太湖水利工程处测绘，东山有荷花塘3 156.64亩（漃里片为主）。内塘水面18 664.7亩（新漃片占90%）。外塘65 044.18亩（内有芦苇、水芦、茭芦、茭草等，新漃片占80%）。

1950年4月，华东军政委员会土地改革委员会《江苏农村调查》"吴县新漃乡鱼池情况调查"载：东山新漃乡鱼池情况调查显示，从清代开始，水产养殖已经成为这里的主业。20世纪中叶，新漃乡共有鱼池7 383.36亩，占全乡土地总面积的52.2%。距村较近的鱼池称"老开池"，俗称"里荡"；在湖边开挖的鱼池称"新开池"，即"外荡"。其开挖鱼池与圩田一样，是一个不断向湖中扩展的过程。

新中国成立后，漃里内塘养鱼得到较快发展，面积增加，产量提高。1958年，农村建立人民公社，成立红星、胜利大队后，鱼塘面积不断扩大，养鱼技术不断提高，内塘养殖由粗放到精养，鱼种比例搭配趋于合理。1960—1980年，红星大队、胜利大队在东大圩、中圩、一圩、三圩、五圩、海洋圩、建设圩新发展鱼塘养殖。

1983年，农村推行联产承包责任制后，内塘养殖与外塘养殖同步发展，互相调节鱼种、饵料、网具，鲜鱼年产量成倍增加。1995年起，东太湖开始围网养蟹，部分村民率先在南太湖建围网700多亩。2018年12月，为净洁太湖水质，漃里村太湖里的52只蟹箱全部拆除。2019年11月，村中鱼塘全部退养，结束了内塘养殖的历史。

水产内塘养殖基地（2018）

第一节　内塘养殖

清初东山潦里一带已开始内塘养鱼，且有较大规模。清《太湖备考》载："鲩、鲢，东山鱼池多畜此二种，夏秋网鬻，盛于湖产。"《乡志类稿》载："清末东山已盛行'桑基鱼塘'。"池埂种桑，桑叶养蚕，蚕沙喂鱼，塘泥施桑，形成良性循环。20世纪40年代起，东山养鱼向河港、外荡发展，境域内塘养殖已具较大规模。民国《洞庭物产考》载：1920年度，东山鱼池面积18 664亩，年产鲜鱼24 620担，洋54 100元。其志书所载的鱼产量，主要产于潦里一带内塘。

1956年，胜利高级社280多户社员，将社内鱼池水面统一管理，成为东山的高产鱼池。1957年，红星高级社350户社员，将全社500多亩鱼池水面统一生产管理，亩产量为全县最高。

1958年，红星大队、胜利大队，内塘养殖推广"八字经"与"四改"技术。八字为水、种、饵、密、混、轮、防、管；四改即鱼种小改大，水质清改肥，投料晚改早，鱼病治改防。鱼塘产量为1949年的5倍。

渔船入港（2015）

现场水产养殖培训会（2019）

  1965年10月，江苏省水产局对东山境内（包括红星大队、胜利大队）的鱼池防洪大堤、护坡和水闸进行重点扶持改造，内塘养鱼得到快速发展。1977年，吴县在东山建立商品鱼基地，高田大队、潦里大队为东山主要的商品鱼基地之一。

  1970年起，村内在改造老鱼池的同时，扩建了一批新鱼池。1980年，高田大队、潦里大队年产鲜鱼约占东山鲜鱼总产量的32%。

1983年，推行家庭联产承包责任制，高田村、漤里村专业养鱼户推广高密度机械化增氧养鱼。推行"四定"：定时、定量、定位、定质；"四看"：看季节、看气候、看水质、看吃食，鱼产量成倍增加。

1990年起，村内一部分池塘养鱼由过去的饲养四大家鱼，逐渐改为养殖甲鱼、青虾、罗氏沼虾、加州鲈鱼、鲑鱼等一批名特优鱼虾。2000年，高田村、漤里村老鱼池全部改造为名特优水产基地。

一、鱼苗繁殖

1960年前，村中内塘养殖的鱼苗，均为赴长江沿岸的汉口、九江、安庆、芜湖、南京等地，购买从长江激流中截捞的鱼苗，时间长，危险性大，成活率低。1966年，东山建办苏州水产研究所，培育孵化鱼苗成功，推广人工繁殖的青、草、鲢、鳙鱼苗。从此，漤里村结束了内塘养殖鱼苗向外地采购的历史。1970年，东山建办洞庭公社子塘（鱼苗繁殖场），自繁自育各类鱼苗，村中内塘养殖的鱼苗均由公社子塘供给。1980年，洞庭公社草鱼繁殖基地被列为吴县6个主要苗种基地之一，东山每年除供应本地放养鱼苗种外，还大量供应外地。2019年12月，苏州市启动《苏州生态涵养发展实验区规划》，漤里村结束内塘养殖，不再繁殖鱼苗。

附 口述采访：长江激流捞鱼苗

时间：2020年4月19日上午

地点：中横村许利元家

访问对象：许利元（1940年生，漤里大队第12生产队原水产管理员）

执笔者：杨维忠

陪同人：许阿四、张才生、许三元

执笔者：1960年前，东山内塘养殖的鱼苗都要到长江里去截捞，把鱼苗取回来放入内塘饲养，你是漤里村当年少数"出江"获取鱼苗的人之一。这项工作非常辛苦，也很危险，当时你愿意去吗？

许利元：我伲漤里村鱼池里养殖的草鱼、鲤鱼与花鲢、白鲢鱼苗，历代都要到长江里去捞回来。1957年，我刚满18岁，大队里要派2个年轻人到长江里去捞鱼苗。长江风大浪急，在激流中摇小船用网捞鱼苗，一不小心就会船翻人亡，一去不返的情况经常发生。原来大队派一个姓朱的青年队长去，可他是家中独子，万一出了危险，要断代。我家有兄弟4人，大哥许兴元是大队党支部书记，他对我说，你顶他去吧，谁叫你是书记的弟弟呢？大哥说了话，我只得硬着头皮去。

执笔者：请讲讲到长江里捞鱼苗的时间、地点和经过。

许利元：1957年，我伲漤里派2人、港东派2人，4个人一组去南京长江边上买鱼苗。4月上旬出发，先摇船到上海，再坐约5天的轮船到安庆长江边上一个名叫马口村的地方，等着购买鱼苗。有时长江不发大水，要在那里等半个月。那年等到4月下旬，长江上游的激流冲下来，一群群的草鱼、鲤鱼、鲢鱼、鲫鱼迎浪向上冲游产子（鱼卵）。生活在长江边上的渔民，用一只只约1.5立方米的细网箱，从江边伸出3—5米，在翻滚的江水中截捞鱼卵，然后连水带卵卖给我们。刚开始，水中只有无数漂浮的小黑点，约3天后小黑点慢慢变成万千条像蚊子幼虫一样的鱼苗。

　　执笔者：刚才你说，大哥是大队书记，要你带头到长江里去运鱼苗，碰到过危险吗？

　　许利元：怎么没有，取苗翻船的事经常发生。因为马口村的拦网水箱从江边伸出去3米多，我们购鱼苗的小船要摇到水箱旁去接货。一次，一艘外地购鱼苗的船一不小心翻了，船上4人全部落水，一下被长江里的浪头冲走了。还有一次，我伲东山港东村一起出去买鱼苗的，鱼苗正在装船时，一个浪头扑来，我一看苗头不对，跳过去帮他们转橹顶住浪头，船才没有被巨浪掀翻，否则后果可严重了。

　　执笔者：这样小的鱼苗，路途是怎样管理的，运回东山后又如何喂养？

　　许利元：从安庆长江里买到鱼苗后，我伲把买来的鱼苗用定做的水箱装好，乘轮船到南京。村里派木船到南京去摇回来，前后要半个月时间。我伲几个人就像看护刚养出来的婴儿一样，从安庆一路看护到山浪，中途每天要喂几次蛋黄。等鱼苗运到东山时，小鱼苗已长到约一寸大了。1960年后，洞庭公社开始办子塘，自己培养鱼苗，村里就再也不要到长江里去购苗了。

二、鱼类养殖

　　青、草、鲢、鳙为潦里村内塘养殖的主要鱼类，俗称四大家鱼，占总产量的90%以上。这4种鱼类生活在不同的水层中，所食饵料各异，又相互利用，形成一条良性循环的鱼类食物链。草鱼以食草为主，鱼粪是鲢鱼的饵料；青鱼生活在池底，以螺蛳等为食，其吐出的剩料，是鲤鱼的最爱，鲤鱼经常抢食，故有"鲤拐子"之称。四大家鱼的饲养有一定的比例，一般草鱼占30%，花鲢、白鲢占40%，青鱼与鲤鱼占20%，其他鱼类占10%。

　　青鱼　村里内塘养殖的重要鱼类。青鱼属四大家鱼之首，以螺、蚬为主要饵料，性凶猛，属鱼池底层鱼，不与其他鱼类争空间。个体大，喜群居，大者可达40千克，小者7—8千克，春季放养，冬季牵捕。

　　草鱼　内塘养殖的主要鱼类。产量占鱼塘总产的30%以上。鱼塘草鱼放养有"过池"和"隔口"两种。养殖户春季放养的隔年草鱼苗，称之为"隔口"，也称"老口"，一般每尾重0.5—1千克。鱼苗放养后，待春暖草鱼开食后，每日喂以新鲜太湖水草和池埂绿麦草。至冬天牵捕时，一般都能长到2—3千克，甚至4千克以上。营养价值与青鱼相似。

　　鲢鱼　村里饲养的大众鱼类，产量占40%。有花鲢、白鲢之分，花鲢又称鳙鱼，头硕大肥美，素有"青鱼尾巴花鲢头"之誉，是潦里鱼池养殖的主要鱼类，一般均与草鱼混养。具有生长快、周期短的特点,一般10月份前就可牵捕,供应国庆市场。鲢鱼价格又较其他鱼类便宜,颇受消费者欢迎。

其他鱼虾类　内塘养殖还有鲤鱼、鲫鱼、鳊鱼、青虾,以及自然生长在鱼塘内的塘鳢鱼、汪丝鱼、甲鱼、乌龟、河蚌、蚬子、螺蛳等。

鲤鱼,肉质细嫩,酷暑不落膘,有"夏鲤寒鲫"之说。繁殖力强,生长快,四季都上市。鲤鱼食用不广,但一般在祭祖时必用,含"鲤鱼跳龙门"之意。鲤鱼冬季上市,2000年前,北方人来购买为多。鲫鱼,肉质鲜美,营养丰富,寒冬食鲫,有"鲫鱼头里三分参"之谚。与鲤鱼杂交后称鲤鲫(亦称鲫鲤),具有生长快、个体大、鱼味鲜的特点。鲫鱼为内塘养殖的优良鱼种,1978年起,村内每年引进养殖东北鲫鱼、日本鲫(白鲫)等,产量高,经济收益高。鳊鱼,古称鲂鱼,具有生长快、肉质细嫩的优点。鳊鱼中的三角鳊为最佳,因鱼头小、体宽呈三角形而得名,每条重0.5千克左右。塘鳢鱼,又称荡鲋鱼,性呆滞,故有"呆荡鲋"之称。这种鱼大头、阔口,圆鳍,圆尾,细鳞,暗黄褐色而有黑斑纹。雄鱼体色较深,有时会发出"呱呱"之声。自然生活于池塘中,以小鱼虾、泥苔类为食。

牵捕鱼苗(2019)

附　口述采访：鱼塘四季管理

时间：2020年4月19日上午

地点：潦里村村委会会议室

访问对象：张才生（1949年生，原高田大队第2生产队队长）

执笔者：杨维忠

陪同人：许阿四、顾建福

执笔者：老张，你是退伍军人，当过生产队长，又任过村委会主任，想请你先谈谈你当队长时村里的生产情况。

张才生：我是1970年入伍的，1975年退伍回家参加劳动，1976年当生产队长，1984年任高田村村主任。1976—1984年，我当过生产队长。1976年，我伲高田2队有52户社员，222人，470亩土地，其中鱼池350亩（水面）、农田120亩。农田不挣钱，主要收入靠养鱼。年底干池，养鱼总产300担，内有草鱼80担，花鲢、白鲢120担，鲤鱼70担，鳊鱼20担，还有少量鲫鱼、青鱼等。生产队年底报酬每工（男劳力劳动一天）0.73元。

执笔者：你们高田2队是一个以养鱼为主的渔业生产队，你又当过多年生产队长，当时鱼池一年四季是如何管理的？

张才生：先说"过池"吧，每年2月上旬，隔年打干水的鱼塘先用石灰水消毒，放水后就下过池草鱼，所谓"过池"，就是把隔年已喂养到3—5两重的成鱼，过到内塘去饲养。"过池"的比例是草鱼30%，花鲢与白鲢40%，鲤鱼、鳊鱼、鲫鱼约30%。黑鱼称"黑乱头"，专食同类，鱼池里不能饲养。俗语说，一条黑乱头，闹得"六缸水混"。要是鱼塘里下"过池"时不小心，混进几条黑鱼苗，日积月累会把一池鱼苗吃光。

执笔者：请重点谈谈鱼塘的春夏季喂养，如食什么饵料，喂食中应注意的事项，冬季如何管理等。

张才生：1970年前，东山生产队养鱼都喂青饲料，还没有队喂精料，主要是青饲料成本低，称"穷养鱼"。青料有太湖水草、猪草、蒿草和池埂上种植的绿麦草。精料么，就是玉米、燕麦、麸皮等。

每年3月下旬，春气一动，鱼开始吃食，先是每天喂少量太湖里割捞的嫩草，称"耙小草"。5月份开始，鱼吃食进入旺季，生产队每天要出动8只船，到太湖里捉蒿草、捞水草，摇回来喂鱼。一船蒿草或水草重约1—1.5吨，喂3—4只鱼池，一天也不能停。老古话说："鱼池里的鱼，一日不饱，三日不长。"

6月份开始牵热水鱼，主要用网牵捕生长快的花鲢、白鲢上市。接着，再把小一点的鲢鱼投放池中，称"轮捕轮放"。11月份开始，鱼停止吃食，这时要在鱼塘里投放大量蒿草、老草做鱼窝，防止"盘塘老鸦吃死食"的野老鸦来叼鱼。

春节前夕，大部分鱼塘干池，把水抽干，先用网牵捕大鱼，再人工捕捉钻在池

入湖捞草（2016）

底淤泥、泥洞里的鲫鱼、塘婆、甲鱼、青虾等"外快"。鱼塘一年的养殖管理结束后就搁池，待来年开春后再放养鱼苗。

附　口述采访：内塘冬季牵捕

时间：2020年4月19日下午
地点：潦里村委会会议室
访问对象：许阿四（1942年生，原潦里大队副主任）
执笔者：杨维忠
陪同人：张才生、顾建福

执笔者：老许，你家祖辈世代养鱼，你16岁参加生产队劳动，28岁当网头工，冬天下塘牵捕，请你说说内塘牵鱼的经历。

许阿四：内塘牵捕一般一年三次，第一次是在6月份，称牵热水鱼，所谓热水鱼，就是池塘里的水是热的，主要是用网牵捕年初过池（放养）的花鲢、白鲢。第二次是国庆节前夕，主要是牵捕花鲢、白鲢和一部分草鱼。第三次是干池时牵鱼，这时鱼塘里的水已抽得半干，比较好牵。

执笔者：牵捕时渔网有多大，需多少人操作？牵一网需多少时间，能牵捕多少鱼？

许阿四：一条渔网长70米，宽8米，网格眼有大有小。大的长宽3厘米，主要牵捕过池喂养的成鱼；小的网眼长宽1厘米，用于牵捕孵化池里的小鱼。牵捕时需

鱼塘牵捕（1975）

10个人操作，即2个拉上纲、2个拉下纲、2个踏纲、2个撑船、2个划长脚盆，大家协作进行。10人中踏网人要下水，也是牵捕的关键，因为网绳踩得太深，陷在池泥中，上纲、下纲人拉网时拖不动；要是踏得太浅，下纲与池泥之间有了缝隙，鱼会从网底逃掉，造成十网九落空。牵一网一般要一个半小时，如果遇到网绳陷得太深，或者池底有缝，时间要长一些。至于一网牵多少鱼，那要看鱼池大小，大的池一网能牵捕鲜鱼1 500千克左右。

执笔者： 牵捕时有危险吗？是否像电影中播放的镜头那样，鱼儿乱跳，人群欢笑，一派欢喜景象？

许阿四： 那是艺术加工后的镜头，真实的情况是牵捕非常危险，要尽量做好自我保护措施。特别是国庆前后的牵捕，这时鱼塘里的"隔口"草鱼已长到3千克重，大的有5千克，"过池"的鲢鱼也有2千克重。收网时受惊的鱼会像箭一样蹦蹿出水面，力量很大，要是撞到眼睛上，眼睛可能会被撞瞎；要是撞上胸口，后果也不可设想。所以祖上传下来一套牵捕时的自我保护动作，就是要双臂夹紧并交叉挡在胸口、双手捂住眼睛，防止眼睛、胸口、软肋遭到鱼的攻击。还有，要是冬天下塘牵捕，那更是非常危险。过去条件艰苦，网头工喝几口白酒，穿着短裤，敲开冰层就下塘拉网，干的是拼命的活。所以村里老一辈人，一过60岁，身体就不行了，大多有吭病（气喘病）。现在条件好，下水牵捕都穿皮裤，还穿护胸的防具，就安全多了。

表6-1　　　　　　　　　　1960—2003年今潦里村域内塘面积统计表

单位：亩

村（大队）名	1960年	1965年	1970年	1975年	1980年	1985年	1990年	1995年	2000年	2003年
高田（红星）	869	914	975	1 100	1 127	1 207	1 212	1 262	1 310	1 310
潦里（胜利）	1 439	1 225	1 288	1 322	1 321	1 500	1 780	1 818	2 000	2 000

表 6-2　　　　　　　　　　1960—2003 年今漊里村域内塘产量统计表

单位：担

村（大队）名	1960 年	1965 年	1970 年	1975 年	1980 年	1985 年	1990 年	1995 年	2000 年	2003 年
高田（红星）	3 320	3 657	3 250	3 059	4 000	7 000	9 000	9 350	9 500	9 500
漊里（胜利）	4 381	3 939	3 012	3 214	4 380	12 000	15 200	15 000	15 500	15 500

第二节　围网养殖

村内网箱养殖有两种：外荡养鱼，利用东太湖水面辽阔、水位较浅、水流较平缓等有利条件，在湖中围网养殖以草、鲢、鳊为主的各类家鱼；围网养蟹，管理方法与围网养鱼相同，但经济效益要高得多。1999 年起，村内太湖围网绝大部分水面改成养蟹。

一、外荡养鱼

清末，村中外荡养殖有"家荡"和"野荡"两种。所谓家荡，即在围网内放养鱼种与饵料，称精养；野荡，在围网内种植水生植物诱鱼入网，称粗养。新中国成立后，东山外荡养殖发展较快，1970 年发展到 1 500 亩，红星大队、胜利大队 700 多亩，占 50% 左右。1990 年，东山水面围网养鱼面积 4 303 亩，总产量 1 026 吨，红星大队、胜利大队面积、产量均占 45% 左右。1994 年后，调整内外塘养殖结构，外荡养殖逐渐向种植茭菜、茭白、莲藕、菱角等水生植物发展。

网址选择　　一般选择围网区周围湖底平坦，底质为泥质沙，能使网（石龙）固定于湖底，水流畅通，风浪相对小的地方下网。

围网结构　　由墙网、隔网、束网、石龙、脚绳、脚桩和竹桩组成。墙网，采用双层墙网（内墙网和外墙网），两墙网间隔距为 4 米，高 3.5 米，墙网下端装石龙。束网，由网袋和须网组成。网袋口径 1 米，呈漏斗状，其大口与袋网大口相缝合，用绳系于竹圈上并拦紧。用 12 股聚乙烯的有结节网片，裁剪成网带，网内包上磨光的小石块，缝合成 8—10 厘米直径的石龙。每米约重 5 千克，再将墙网底网与石龙缝合，后将石龙踩入底泥约 20 厘米，以防止鱼从底网逃逸。脚绳，用来加固竹桩的强度，使竹桩和墙网不被强风吹倒。脚桩，用于固定石龙，以防石龙因刮大风而造成移位。

围网分布　　根据太湖历史最高水位与历史最低水位确定，一般围网高度为 3.5 米。面积为 4—5 亩一张围网。网目为 2 厘米网眼，防止小鱼外逃。

围网管理　　投饵，围网养鱼全靠人工投饵，应随着鱼类体重的增加而增多。每

围网养殖（2018）

天投饵量为鱼类体重的3%—4%，分上下午投喂，上午8—9时，下午2—3时。投饵的种类有豆饼、菜饼、水草等。鱼病防治，一般太湖围网养鱼的鱼病要比内塘鱼病少，但鱼病仍时有发生，以预防为主。3—5月份以小霉病、鳃霉病、烂鳃病和少数寄生虫病为主，发病的种类以草鱼、青鱼最多。8—9月份是草鱼、青鱼肠炎病的发病季节。防治方法为使用土霉素、硫胺胍等一般药物，还有用漂白粉挂篓和围网箱内泼洒漂白粉的办法。

捕捞 主要采用拉网牵捕，方法与内塘牵捕相同。另外，也有赶鱼缆、垫网和积鱼箱合捕等。

二、围网养蟹

村民围网养蟹，是在围网养鱼的基础上发展起来的。1982年，中科院南京地理研究所在东太湖东山附近水面进行围网养蟹研究及试养。20世纪80年代末，太湖围网养蟹获得成功并向外推广。1995年前后，东山高田、潦里、湖新、席家湖等村开始在太湖围网养蟹。1999年，东山镇涉及围网养蟹有14个村，养殖户886户。其中高田村、潦里村占25%左右。围网养蟹每亩水面初春放种蟹4千克，秋后平均收成蟹22.5千克，按当时平均每千克40元计算，每亩产值3 600元。扣除成本折旧400元，种子800元，饲料300元，其他费用200元，每亩可获利1 900元。养蟹成为一部分村民的致富门路。2000年，高田、潦里50多户村民，通过合法手续在太湖中围建蟹箱51只，开始围网养蟹。2005年起，潦里村内有近20家蟹农，至浙江、

网箱养蟹（2018）

安徽、山东、福建、河北，甚至贵州、内蒙古等地养蟹，大多获得成功，效益可观。2018年，为洁净太湖水质，国家下拨补偿资金，湖中围网全部拆除。

第三节　渔船　渔具

一、渔船

初称"摇撇子"，源于清初。清《太湖备考》载，清康熙三十八年（1699），康熙南巡幸临太湖洞庭东山，地方官奏湖中多盗，苏州府衙鞭长莫及，山民苦不堪言。康熙准奏，设太湖水师以剿匪。湖匪多聚居湖中巢穴，捕必用舟。于是地方官与山民商量，制造成一种名"摇撇子"的小船，聚藏在莳山涧桥头港中。湖中发现匪情，莳山上令旗一挥，"摇撇子"全部出击。因这种船行速快，乡勇训练有素，屡屡获胜，湖匪不敢来犯。后来，这种以防守为主的战船变成了渔船，因常年在太湖边的芦荡中劳作，又称"下荡船"。

木船长7米，宽1.5米，船型首尾上翘，两头稍尖，呈流线型，载重1—2吨。船分置3舱，头舱较小，一般冬季牵捕后，装运鲜鱼至市场销售，称活水舱；中舱装载量较大，为载物主舱；尾舱为摇橹之处，亦作为伙舱之用。船中舱隔槛上配一根桅杆撑帆，风帆受力大、阻力小、航速快、行动灵活，适合河港、太湖航行。冬季装运鲜鱼入城上市，船又名"鲜鱼船"或"仙人船"。1983年前，生产队集体养鱼时，高田、潦里17个生产小队，共有600多只木船。1983年起，农村联产承包后，因村民出门干活必操舟，3年中高田村、潦里村1 188户村民，又打造新木船

小铁船（2020）

400多只，几乎达到每户打造1只新船。这种木船虽小，但结构较为复杂，由铺头板、铺艄板、挡浪板、对襟板、肋闸板、左右揿口、接眼、龙角、帆段、狗食盆、舵盘板、拦舵木、绑艄、船艄板、踏脚梁、活水眼、活水樽、铁链条等近20个部件打造而成。

90年代起，随着村民生活水平提高，这种以木头制作的"摇撇子"小船已不常用，而改为每家农户购置1吨左右的小铁船，配上柴油机，用于养鱼生产。2020年，潦里村铁制农用船达1 000多只，达到每户1只。

二、渔具

渔具分捕鱼与生产两种。历史上潦里村人内塘养殖与太湖捕鱼并举，有网、钓、簖、篓4大类，共计60多种渔具。20世纪60年代起，淘汰了虾浮松、猛守、冲白水等落后渔具。水老鸦（鸬鹚）、刀网、团网、条网、金钓、撑绳等方法，也因产量低，逐年消失。70年代后，又淘汰了竹簖、鱼罩、线网等8种渔具。至2020年，潦里村渔具渔法保存有如下几种。

网类　小兜网，捕捞梅鲚鱼、白虾和银鱼。拖虾网，捕捞小虾、小鱼。银鱼网，用网布裁剪缝制双簧双囊，双船拖曳，称裤袋网，用于捕捞银鱼。百袋网，在太湖中捕捞鲤鱼、鲫鱼为主。丝网，有三层刺网和小丝网，原用蚕丝编织，故称丝网。现改为尼龙胶丝编织，主要捕捞鲢鱼、鳙鱼、白鱼。

钓类　有空钓、饵钓两种。空钓，又名大钓、滚钓，不装饵，靠锋利的钩子拦截鱼道捕获，专捕大型鱼类。小钓，种类繁多，以饵料诱鱼上钩。

渔网（2021）

鱼箫　有箫、笼两类。箫又称"迷魂阵"，分网箫、竹箫、芦柴箫，可捕获鲢鱼、鳙鱼、鲤鱼、鳗鲡、河蟹等。笼类主要有虾笼、鳝笼。虾笼，白天在湖边草丛浅水区布笼作业。鳝笼，利用黄鳝昼伏夜出的习性，傍晚置摆水稻田和水沟内，第二天清晨收获。

　　生产工具　主要有长脚盆、木橹、竹篙、横刀、木牛头、捞草篙、捞草兜、贮石、垦草耙等。长脚盆每家必备一只，形如大橄榄，长2米，中间宽1米多，两头尖，村民用于采莼菜、采菱、挖藕等生产作业。

第四节　退养调整

　　2019年12月，苏州市启动建设《苏州生态涵养发展实验区规划》，规划2035年全面建成，目的为保护太湖生态、建设绿色家园。根据这一规划，吴中区东山镇及周边区域被划定为实验区建设主体范围，具体包括东山陆地区域及其与金庭镇之间的太湖水域，总面积285平方千米。其中陆域面积168.6平方千米，水域面积116.4平方千米。潦里村外荡与内塘养殖的网箱、鱼塘，均在生态涵养发展实验区规划内，全部退养调整。

　　村内退养调整产业结构分两步实施：2018年，拆除太湖围网蟹箱52只，占用水面15亩，涉及蟹农50户。部分村民可在东大圩现代养殖区继续养殖太湖蟹。2020年12月，村里分布在油车港、直港、塔港、大界橹港、殷家泾港、青阳淀、海洋圩、茭白港、小饯港、腰子港、一圩、四圩等处的5 601亩内塘鱼池全部退养，改种水生植物。同时，村民采用挖沟起垄模式，在鱼池埂上种植茶树、枇杷树、桃树、梨树等经济作物。为鼓励村民调整产业结构，村里补偿村民退养的部分损失，发放补偿金422.46万元。鱼池退养后，村委会规划打造潦里村荷花"一村一品"及一二三产综合发展示范园，带动全村莲藕产业化发展，实现产业增效，农民增收。2020年10月，村里退养后的鱼塘，挖沟起垄种植枇杷树620亩，发展莼菜130亩，种莲350亩。

　　"一村一品"莲藕基地建成后，每亩产莲蓬4 000个，按照1.5元/个计算，亩收入6 000元。基地面积65亩，年新增产值可达39万元。村里4 500亩传统圩区全面推广形成规模后，一产产值可大幅度增加。同时，开发鲜食莲蓬、剥壳莲子、藕粉、荷叶降脂茶、盆栽荷花等系列产品的产业，通过休闲旅游带动电商、微商等的发展，每年新增产值可达2 000万元。

"一村一品"莲藕基地（2018）

附 口述采访：鱼塘退养后的合理布局

时间：2020年5月6日上午

地点：油车港西圩塘

访问对象：金兴福（1955年生，中横村村民）

执笔者：杨维忠

陪同人：张才生、许阿四

执笔者：老金，你原是村里水产养殖专业户，2019年12月，村里鱼池退养后，你是如何调整产业结构的？

金兴福：我家原有两个鱼池，面积12亩。原来8亩水面养鱼，4亩池埂种橘子。2019年冬，鱼池退养后，我花了1.8万元，请人用挖土机施工，重新调整了水面和池埂布局，变成8亩池埂、4亩水面。

执笔者：调整后的鱼塘水面和池埂你都种点啥东西？

金兴福：8亩池埂发展4亩枇杷、3亩茶叶，还有1亩种植引进的水蜜桃、梨、李子等新品。4亩水面中3亩种突眼莲蓬，1亩种茭白等。在茶果树的间隙地，种植油菜、瓜果等。我还临水搭棚，种了约1亩金铃子，经济收入也不错。

执笔者：你预计12亩鱼池退养调整产业结构后，年收入是增加还是减少？

金兴福：今年是退养后的第一年，年终收入要全部卖到钱后才能有比较。近年来，内塘养殖的草、鲢、鳊、鲤等传统家鱼价格比较便宜，鱼池养蟹水面小，空气流通差，效果不好。现在扩大池埂面积，发展碧螺春茶叶和白玉枇杷、秋半金水蜜桃等名特优品，鱼池水面种植莲藕，可采莲蓬、收莲子，春季挖藕，卖鲜藕、磨藕粉，我估计收入只会增加，不会减少。

表 6-3　　　　　　　　　　2018 年潦里村拆除太湖蟹箱明细表

编号	被拆除者	拆除数量/只	拆除面积/亩	编号	被拆除者	拆除数量/只	拆除面积/亩
1	蒋兴龙	1	15	26	俞建龙	1	15
2	顾仁方	1	15	27	万喜生	1	15
3	顾阿五	1	15	28	郑 伟	1	15
4	许洪方	1	15	29	孟建华	1	15
5	许根娣	1	15	30	朱福海	1	15
6	万 琳	1	15	31	施彦红	1	15
7	施燕勤	1	15	32	朱兴生	1	15
8	顾玉兰	1	15	33	朱德龙	1	15
9	顾志根	1	15	34	郑小兴	1	15
10	施洪根	1	15	35	俞建荣	2	15
11	吴洪方	1	15	36	柳兴林	1	15
12	俞建宏	1	15	37	朱补兴	1	15
13	俞建伟	1	15	38	郑建龙	2	30
14	陈晓荣	1	15	39	朱建康	1	15
15	孟振方	1	15	40	朱在铭	1	15
16	许阿方	1	15	41	万 敏	1	15
17	施兴方	1	15	42	俞夫根	1	15
18	施燕龙	1	15	43	宋寅涛	1	15
19	周巧根	1	15	44	俞 荣	1	15
20	李卫方	1	15	45	宋永林	1	15
21	俞郑兴	1	15	46	俞利珍	1	15
22	朱新荣	1	15	47	俞燕芳	1	15
23	朱云生	1	15	48	俞利根	1	15
24	朱积根	1	15	49	俞 萍	1	15
25	郑洪男	1	15	50	顾洪林	1	15

第七章 工商业

今潦里境域队办工业始于20世纪70年代。20世纪80年代,境内已办起6家队办企业。1985年,东山撤乡建镇,生产大队更名村,称村办企业。90年代,境内村办企业发展到10家。1997年,村办工业体制改革,转制为民营企业。2003年,高田、潦里合并,共有工业企业21个,工业产值7 911万元。

1999年,东山新镇区向南扩展,在高田区域建东山商城。商城内相继建成银湖新村、高田新村。银湖新村沿莫厘路、高田新村沿银湖北路形成许多门面房,成为东山商城商业中心的一部分。2020年,潦里村各类个体商户92家,年营业收入9 000多万元。

第一节　村（队）办工业

1976年，高田大队首办纸盒纸箱厂，当年实现产值440万元，销售额174万元，利税28.4万元。至20世纪80年代末，高田村、潦里村先后办起高田五金喷塑厂、水泥编织袋厂和潦里皮件厂等3家队办工业，从业职工268人。

1990年，队办工业更名村办企业。1990—2000年，潦里村、高田村相继办起檀香扇厂、保温材料厂、香精香料厂、电缆附件厂、冲压件厂、纸筒厂等。2000年，两个村企业发展到10家，从业职工450多人，固定资产366万元，年产值4 800万元，销售收入3 312万元，获利539.84万元，利税265.57万元。

潦里皮件厂建于1986年，1990年工厂已具一定规模，产品、效益均列东山村办企业前茅。该厂皮革原料从江苏如皋、浙江温州等地购进，产品畅销苏沪市场，出口至瑞士、美国、加拿大、德国等。1993年4月，苏州市乡镇工业主办的《苏南乡镇企业》杂志第4期，专题介绍潦里皮件厂的产品与销售。该企业位于东山雕花大楼东面，占地面积3 000多平方米，固定资产100万元，年产值1 000多万元。主要产品有皮服、皮背心、皮箱、皮带和皮手套等，年生产皮件2万打（件），产品质量好，款式新，全部畅销欧美市场。

高田檀香扇厂建办于1988年，主要生产檀香扇、香木扇、香木挂历。该厂投产当年就销售檀香扇、香木扇60万把，香木挂历3万张；主销苏南、浙江、上海一带，年产值440万元，销售收入200多万元。后随市场变化，1997年该厂转为羊毛衫厂。

高田纸箱厂建办于1988年，主要生产纸箱、纸盒、纸筒等产品。1995年，从业职工92人，年产值550万元，利税35万元。

1999年，高田、潦里村完成村办企业产权制度改革，企业全部改制为民营企业。2000年起，两村采取多种措施，开辟民营工业区。苏州与东山多位个体民营业主投资村内企业，民营工业企业得到发展。

2020年，潦里村有工业企业11家，个体工商户发展到92家。

表6-1　　　　　1978—1989年今潦里境域村办工业职工人数统计表

单位：人

村名	1978年	1979年	1980年	1981年	1982年	1983年	1984年	1985年	1986年	1987年	1988年	1989年
高田	53	51	60	63	95	110	148	223	236	395	389	357
潦里	18	21	24	20	22	28	29	135	169	120	120	109

表 6-2　　　　　　1978—1989 年今潦里境域村办工业职工工资总额统计表

单位：万元

村名	1978 年	1979 年	1980 年	1981 年	1982 年	1983 年	1984 年	1985 年	1986 年	1987 年	1988 年	1989 年
高田	1.54	1.40	2.31	2.45	4.51	5.94	7.18	12.11	18.57	20.25	40.26	35.11
潦里	0.40	0.48	0.81	0.99	1.10	1.11	1.25	4.14	8.98	9.78	11.16	18.66

表 6-3　　　　　　1978—1989 年今潦里境域村办工业产值统计表

单位：万元

村名	1978 年	1979 年	1980 年	1981 年	1982 年	1983 年	1984 年	1985 年	1986 年	1987 年	1988 年	1989 年
高田	7.10	9.79	15.58	20.79	38.62	38.84	54.57	91.17	118.10	237.90	319.50	365.30
潦里	4.11	5.97	4.78	4.90	5.12	5.33	5.40	32.26	114.50	154.20	230.00	311.30

表 6-4　　　　　　1978—1989 年今潦里境域村办工业销售统计表

单位：万元

村名	1978 年	1979 年	1980 年	1981 年	1982 年	1983 年	1984 年	1985 年	1986 年	1987 年	1988 年	1989 年
高田	7.10	9.79	15.58	20.79	38.62	38.84	55.05	90.18	102.80	137.60	204.10	189.30
潦里	0.76	0.97	1.54	3.10	3.33	4.22	5.18	14.65	21.63	112.20	89.10	50.95

表 6-5　　　　　　1978—1989 年今潦里境域村办工业上缴税金统计表

单位：万元

村名	1978 年	1979 年	1980 年	1981 年	1982 年	1983 年	1984 年	1985 年	1986 年	1987 年	1988 年	1989 年
高田	0.12	0.21	0.33	0.98	1.66	1.12	2.59	4.32	5.10	6.85	7.88	7.33
潦里	0.10	0.10	0.20	0.21	0.38	0.35	0.44	0.46	1.11	1.59	1.97	3.13

表 6-6　　　　　　1978—1989 年今潦里境域村办工业利润统计表

单位：万元

村名	1978 年	1979 年	1980 年	1981 年	1982 年	1983 年	1984 年	1985 年	1986 年	1987 年	1988 年	1989 年
高田	0.62	1.02	4.10	4.00	6.78	5.94	2.40	−5.70	−3.71	0.13	0.10	7.39
潦里	0.32	0.45	0.88	0.70	0.72	0.88	0.95	1.00	1.28	0.44	0.47	3.70

表 6-7　　　　　　2002 年高田村村办企业情况表

厂名	建厂年份	主要设备	主要产品	职工人数/人	固定资产/万元	产值/万元	销售收入/万元	利润/万元	上缴税金/万元
红星综合厂	1976	瓦楞机 切纸机	纸箱 纸盒	68	28.83	550.00	258.90	13.91	18.32
红星纸盒厂	1986	制桶 机械线	纸桶	29	30.81	470.00	158.80	13.70	6.19
东山檀香扇厂	1978	冲床	檀香扇	35	28.28	440.00	173.90	4.00	3.96
五金机械配件厂	1986	喷塑流水线	五金喷塑	40	66.13	1 000.00	637.30	11.32	16.45
印刷包装厂	1978	缝纫机 印刷机	水泥编织袋	28	22.50	640.00	344.20	6.20	7.24

续表

表 6-8　　2002 年潦里村村办企业情况表

厂名	建厂年份	主要设备	主要产品	职工人数/人	固定资产/万元	产值/万元	销售收入/万元	利润/万元	上缴税金/万元
皮革制品厂	1985	缝纫机下料机	皮手套	65	114.77	608.00	577.10	30.00	41.12
东山扇厂	1990	冲床	檀香扇	15	4.75	97.00	85.00	5.00	3.51
东山保温材料厂	1991	切割机	保温材料	3	8.12	7.00	4.36	3.00	0.03
东山香料厂	1992	搅拌机	香精香料	3	0.76	117.00	100.00	7.96	2.16
宏达电缆配件厂	1995	切片机	电缆附件	6	7.05	956.00	908.00	40.00	23.83

表 6-9　　2003—2006 年潦里村企业经济主要数据统计表

年份	企业数量/个	产值/万元	销售收入/万元	利税/万元
2003	14	7 300	6 714	439
2004	21	7 911	7 423	359
2005	21	4 719	4 312	363
2006	17	3 694	2 051	245

表 6-10　　2007—2020 年潦里村企业经济主要数据表

年份	各类企业（门市部）数量/个	各类企业营业收入/万元
2007	40	2 846
2008	40	1 039
2009	40	680
2010	40	542
2011	50	600
2012	50	640
2013	60	600
2014	62	720
2015	82	950
2016	90	1 000
2017	92	1 700
2018	92	2 200
2019	92	2 800
2020	92	3 200

第二节 商 业

高田村位于东山镇区南部，部分自然村与新镇区相衔接，村民利用区位优势，进行集市贸易和经商活动，较为便利。东山镇在境域内开辟莫厘路、银湖路，后又新建东山商城。商城内辟建东山农贸市场、果品市场、小商品市场。

潦里村所辖的银湖新村和高田新村，位于东山商城内，沿银湖路有大批门面房，村民开设门市部及租给个体工商业主，房租收入较为可观。

东山商城，1997年始建，南北长1 200米，东西宽900米，占地面积1.08平方千米。东山商城是一座集经济开发、美食小吃、环境保护、观光旅游于一体的现代化综合商贸区。商城内有农贸、果品两大市场。东山商城从莫厘中路朝南延伸，与银湖路商贸区相连接。东端与华润超市为邻，两旁沿街有300多家商店，依次有百货、服装、皮鞋、炒货、蜜饯、饼干、小吃等店铺，西端是自行车行、窗帘布店、床上用品店、莫厘新村、金鸟婚纱影楼、美发厅、冷冻制品店、礼品店、化妆品店、杂货店。莫厘桥两旁有地税所、中国银行，还有餐馆。朝东与银湖路相接，有天瑞馆、登月楼、五湖春、朱记面店、大鸿运酒楼、老地方酒楼、福禄酒楼、新南国酒楼、玫瑰园酒家、特味奇餐馆、阿大菜馆、美好时光酒楼等，还有水厂、液化气供应站、碧泉浴室、银湖桑拿浴室、聚隆福茶楼等。

东山商城（2020）

银湖路商贸街（2020）

莫厘路商品市场 有农贸市场与果品市场两大商贸区。

东山农贸市场，位于东山商城内，1997年8月18日开张营业。占地面积14.99亩，建筑面积6 144.7平方米，总投资540万元。摊位500个，场内分设10类经营项目，协管员13名，提供20项服务。日上市1万余人次。年成交额8 440多万元。1998年被评为苏州市样板农贸市场。

东山果品市场，位于东山商城，与农贸市场同日开张营业。占地面积12.64亩，建筑面积5 675平方米，总投资540万元，共有摊位250个。经营东山特产：茶叶、水果、蜜饯、干果等。1997年交易额240万元。2020年，果品市场交易额约500万元。

银湖商业区 位于东山商城中心、银湖新村北端。东西长80米，南北宽60米，占地面积4 800平方米，建筑面积与果品市场相同，约有商店近百家，均为银湖新村、高田新村村民开设或出租的店面。商业区内辟建有银湖苑，园内有假山叠石、茶室、画廊、八角凉亭等。入门正面为一幅38.8米长的大型巨幅壁雕，旁塑一尊汉白玉少女浮雕像，正端坐石上看书。假山高6.8米，镌刻"腾飞"两字。

第三节 益农信息社

益农信息社位于村行政中心大楼，2015年建办，门面房4间，占地面积200平方米，配有上网电脑、专设桌椅等设备，主要为村民提供生产和生活中的公益便民服务，以及电子商务服务等。2016—2020年，共计向村民发布相关商务通知260条，发送益农短信50多万条，接听服务电话180多个，完成电商销售200多万元。为980名村民提供18.6万元的小额取款。

2016年9月6日，中共中央政治局委员、国务院副总理汪洋视察潦里村益农信息社。2017年，潦里益农信息社获选全国益农信息社百佳案例。其主要建有以下平台或窗口。

吴中益农信息服务平台 服务内容有12316免费热线，提供村民与农业专家和技术人员的互动，方便村民咨询并及时解决生产中的各类技术问题。公益服务：为村民提供农产品供求、惠农政策、农资行情、农产品市场行情等信息服务。便民服务：提供水电气费、通信费、票务、医保社保、惠农补贴等便民服务项目。电子商务服务：对接各类电商平台，促进农产品进城，生活消费品、农业生产资料下乡双向互动流通，开展代购代销服务。培训体验：有信息查询、在线培训和阅读等服务项目。采用视频、图片、文字等方式提供各类农业知识资料在线查看、在线点播学习服务等。

益农信息服务平台（2017）

益农便民服务窗口（2016）

全媒体数字电视信息服务平台 服务内容有随时查看各大菜场、超市水产品物价信息。便民服务栏目中公示村民办理社保、建房等事宜中所需要携带的材料。手机应用程序"魅力东山"中，可随时完成低保金办理、养老金办理、优抚救助、免费技能培训等事务的在线预约。

水产科技服务平台 服务内容

有水产病害诊疗、专家远程会诊、优质渔药推荐、职业农民培训等。通过现场农技信息资料投放农业科技书屋，实现区、市、省多层次专家资源的立体化整合，提供一站式、面对面、手把手的服务与指导

便民服务窗口 在传统的服务窗口基础上，增设中国邮政、农行便民服务柜台。中国邮政为村民提供水电等生活缴费、手机话费充值、代售汽车票与飞机票，以及代办网购等各种服务。农行提供医院挂号、社保查询和惠农查询功能。中国邮政、农行设立的便民服务柜台，向村民提供金融服务，帮助村民实现"生活不出村""金融不出村""购物不出村"的三不出村办事。益农信息社设有惠农取款、退休金领取、生活缴费、医疗挂号等便民服务窗口。

附 口述采访：益农信息社是村民的好帮手

时间：2020年7月30日上午

地点：漖里村村委会办公室

访问对象：李文华（1980年生，漖里村党委宣传委员）

执笔者：杨维忠

陪同人：许阿四、张才生

执笔者：益农信息社是农村的新生事物，你们漖里村办得比较好，在全国都有一定影响，时任国务院副总理汪洋也来视察过你们的益农信息社。你是该社的创办人之一，想请你先谈谈益农信息社的建办过程。

李文华：我是漖里高田村人，从小在东高田长大。1996年考入天津理工大学读书，学的是工业自动化专业。1999年毕业后，先到苏州明基电通有限公司工作，任工程师。2012年，回到家乡漖里村委工作，任办事员。益农信息社是在农村农技推广站的基础上建办起来的。

2016年，农业部启动信息入库工程，实行农村全覆盖及全国联网，目的是"两个突出"（突出农业公益服务和社会服务，突出农业综合信息服务），为村民解决农业生产上的产前、产中、产后服务。同时，针对村民日常生活中遇到的各种难题，提供便捷、经济、高效的健康信息服务。

执笔者：益农信息社，顾名思义是为农村、农业、农民（村民）服务的，村里有哪些设施和具体服务项目？

李文华：有门面房4间，占地面积200平方米。有工作人员多名，配有可上网的电脑，还有桌椅等设备。具体有3个平台和1个窗口，即吴中益农信息服务平台、全媒体数字电视信息服务平台、水产科技服务平台及便民服务窗口。

益农信息服务平台提供的服务有帮助专业户与农业专家互动，方便村民及时咨询与解决各类技术难题；发布供求信息，如惠农政策、农资行情、农产品市场行情等；帮助村民缴付水电、通信等费用，获取医保、社保、惠农补贴等；对接各类电商平台，促进农产品进城和资料下乡双向流动；采用视频、图片、文字等形式，组织培训。

益农信息社组织网络使用培训（2019）

益农服务机（2019）

益农信息社培训点（2019）

全媒体数字电视信息服务平台提供苏州市各大菜场、超市的物价信息，公示社保、建房等方面的相关信息，随时完成低保金、养老金、优抚救助等业务的在线预约。

水产科技服务平台提供鱼病诊疗、专家远程指导、优质鱼药推荐、职业培训等服务。

便民服务窗口：设邮政、金融、交通等服务项目。

执笔者：益农信息社从2016年创办至2020年，主要取得了哪些成绩，能举些具体实例吗？

李文华：益农信息社自成立起，按照农业部信息进村入户试点工作要求，有效开展"四项服务"，四年中，累计为村民发布相关政策通知260多条，发出12316益农短信50多万条，接听各种求询、求助电话180多个，完成电商销售服务200多万元。为980位村民提供18.6万元的小额取款，村民对益农信息社的满意度达96%。

2016年10月19日，新华网刊登记者周青、胡永春《益农信息社引领驱动农民信息化》一文，称潦里益农信息社成为村民的"好帮手"，为村民带来经济收益达5亿元，打通信息为民服务"最后一千米"。2017年，潦里益农信息社获选全国益农信息社百佳案例。具体事例：2016年9月10日，村民朱美华儿子走失，益农信息社立即调用全媒体服务平台对多路监控视频进行回溯，很快确定了孩子的走失行踪，不到2个小时就找到了小孩。村民

益农信息社组织科学种茶培训（2019）

李二宝因腿脚残疾出行不便，生活中去银行取钱、医院就诊、办理各种缴费都很困难。村里建办益农信息社后，他家惠农取款、生活缴费、医疗挂号等均在村服务大厅一站式办理。施建林是村内养殖大户，须及时掌握渔业防病、饲料价格、水产销售等信息，以往跑东跑西，四处奔忙，常力不从心。现只要坐在家里，通过电视机中全媒体数字电视信息服务，就可及时了解苏州大市范围内水产品价格，给他的销售提供有效的参考信息。

执笔者：潦里益农信息社工作走在了东山镇的前面，也取得了一定的成绩，接

益农信息社组织为村民发放渔药（2019）

村民在益农信息社利用信息机上网购物（2019）

下来计划如何进一步开展工作，取得更大的成绩？

李文华：2018 年起，为洁净太湖水源，打造东山及周边地区绿水青山大环境，根据上级部署，村里开展了拆除太湖围网和内塘退养工作。2018 年，我们拆除太湖网箱 52 只。2019 年，全村内塘鱼池全部退养。益农信息社在继续做好生活服务的同时，根据农业生产形势变化，重点打造"一村一品"农产品生产基地。最近党委和村委班子至南京参加江苏省首届荷花节，专程到南京九荷塘、艺莲苑、西梗莲乡参观学习，准备建设面积达 80 亩的"太古莲"莲藕基地，树立样板，引导村民开辟新的致富道路。

第八章 基层组织

潦里村基层组织始于1958年，从农业高级社、生产大队、行政村逐步完善村党组织和行政组织。

1958年9月，洞庭人民公社成立，政社合一，红星高级社改称红星大队，胜利高级社改称胜利大队。设立红星、胜利2个大队管理委员会，建立党支部。1969年3月，红星、胜利大队成立大队革命委员会。

1975年3月，红星大队改称高田大队，胜利大队改称潦里大队。1982年9月，东山撤销大队革命委员会，高田、潦里2个大队恢复管理委员会。

1983年9月，东山乡政社分设，高田大队改称高田村，潦里大队改称潦里村，设立中共党组织和村民委员会。

2003年11月，撤高田、潦里2个村，合并成立新的潦里村，设村民委员会。建立中共潦里村总支委员会，设高田、潦里2个党支部。2020年6月，建中共潦里村委员会，下设前门头、后门头、东高田、上横、中横、桥西、港西7个党支部。

第一节 村党组织

一、高田村党组织

1958—2003 年，中共高田村党组织先后名为红星大队党支部、红星大队革委会党支部、高田大队革委会党支部、高田大队党支部、高田村党支部。

中共红星大队支部委员会 1958 年 9 月，洞庭人民公社成立，农村中党的基层组织开始健全。1959 年，红星大队党支部党员 12 名，书记郑兴根，支委柳庚辛、叶福林、盛玉林。

1961 年 9 月，撤市镇管区，恢复红星大队建制，建中共红星大队支部委员会。党员 12 名，书记郑兴根，支委叶福林、柳庚辛。

1963 年 8 月，大队党支部改选，党员 22 名，书记叶福林，副书记郑兴根，支委金和根（组织）、柳庚辛（宣传）、薛呆大（监察）。1965 年，党支书叶福林参加洞庭公社第二届活学活用毛泽东思想积极分子代表大会。

1966 年 3 月，"文化大革命"开始，红星大队党组织陷于瘫痪。

红星大队原党支书叶福林（1965）

中共红星大队革委会支部委员会 1968 年 4 月，洞庭人民公社革命委员会成立。1969 年 9 月，洞庭人民公社革命委员会整党建党领导小组，同意红星大队革命委员会整党建党领导小组恢复大队党组织，建立红星大队革委会党支部。党员 21 名，书记郑兴根，副书记徐生男，委员郑林根（组织）、薛呆大（监察）、郑如珍（宣传）。1969 年，红星大队第七党小组被评为洞庭公社第三届活学活用毛泽东思想先进集体。

1969 年 2 月，红星大队革委会党支部改选，党员 25 名，书记郑兴根，副书记叶福林，委员郑林根（组织）、金和根（宣传）、李连根（纪检）。

1973 年 3 月，红星大队革委会党支部改选，党员 22 名，书记郑兴根，副书记徐生男，委员郑林根（组织）、薛呆大（监察）、郑如珍（宣传）。

中共高田大队革委会支部委员会 1975 年 3 月，红星大队更名为高田大队。6 月，大队革委会党支部改选，党员 22 名，书记郑兴根，副书记徐生男，委员郑林根（组织）、薛呆大（纪检）、郑如珍（宣传）。

中共高田大队支部委员会 1979年6月，撤销大队革委会党支部，建立高田大队党组织。党支部改选，党员23名，书记郑兴根，副书记徐生男，委员郑林根（组织）、薛呆大（宣传）、郑如珍（纪检）。

中共高田村支部委员会 1983年9月，村级体制改革，撤销大队，设立行政村，建高田村党支部，党员39名，书记郑兴根，副书记施秀荣，委员郑林根（组织）、张才生（纪检）、郑如珍（宣传）、柳福兴。12月，张才生、金秋福、郑林根、万本茂、于文娟、郑兆林等党员干部受到东山乡政府表彰。

1985年6月，农村基层党组织换届选举，高田村党员39名，书记施秀荣，副书记郑林根（兼组织），委员张才生（宣传）、柳福兴（纪检）。

1987年6月，农村基层党组织换届选举，高田村党员41名，书记施秀荣，支部委员柳福兴（组织）、张才生（纪检）、郑林根（宣传）。

1989年8月，农村基层党组织换届选举，高田村党员42名，书记施秀荣，支部委员柳福兴（组织）、张才生（纪检）、郑林根（宣传）。

1991年10月，农村基层党支部换届选举，高田村党员44名，副书记朱正龙（全面主持工作），委员张才生（宣传）、柳福兴（组织）、俞二宝（纪检）、许三男。

1995年10月，农村基层党支部换届选举，高田村党员45名，书记朱正龙，支部委员柳福兴（组织）、张才生（纪检）、许三男（宣传）、俞二宝、万本茂。

1997年8月，农村基层党支部换届选举，高田村党员30名，书记万本茂，支部委员张才生（组织）、俞二宝（宣传）、柳福兴（纪检）、朱新龙。

2000年7月，农村基层党支部换届选举，高田村党员32人，书记万本茂，委员朱新龙（组织）、施洪林（宣传）、顾胜娣（宣传）。

2003年11月，高田村、潦里村党支部合并，成立中共潦里村总支委员会。

二、潦里村党组织

1958—2003年，中共潦里村党组织先后名为胜利大队党支部、胜利大队革委会党支部、潦里大队革委会党支部、潦里大队党支部、潦里村党支部。2003年11月，潦里村、高田村党支部合并，成立中共潦里村总支委员会。

中共胜利大队支部委员会 1958年9月，洞庭人民公社成立，农村中党的基层组织开始健全。建立胜利大队党支部。党员11名，书记许兴元，副书记顾阿四，支委朱定男、朱仁高、俞金娣、许阿大。

1963年8月，大队党支部改选，党员25名，书记许兴元，副书记顾阿四（兼宣传），支委朱

胜利大队原党支书许兴元（1970）

定男（组织）、张补男（人武）、宋春生（妇女）、俞发根（青年）。

1966年3月，"文化大革命"开始，胜利大队党组织瘫痪。

中共胜利大队革委会支部委员会　1969年9月，洞庭人民公社革命委员会整党建党领导小组，同意胜利大队革命委员会整党建党领导小组恢复大队党组织，建立胜利大队革委会党支部，党员33名，书记许兴元，副书记张补男、顾阿四，委员张巧林（组织）、顾补元（宣传）、金勤荣、顾泉发（纪检）。

1973年3月，胜利大队革委会党支部改选，党员31名，书记许兴元，副书记顾阿四，支委朱益林（组织）、顾泉法（宣传）、张巧林（纪检）、张补男、顾补元。

中共潦里大队革委会支部委员会　1975年，胜利大队更名潦里大队，革委会党支部改选，党员33名，书记许兴元、副书记顾阿四、张补男，委员顾补元（组织）、朱益林（宣传）、顾泉法（纪检）、张巧林。

中共潦里大队支部委员会　1978年1月，撤大队革委会党支部，建立潦里大队党组织。党支部改选，党员32名，书记朱益林，副书记许阿四、张补男，支部委员顾补元（组织）、顾泉法（纪检）、张巧林（宣传）、顾子林。

中共潦里村支部委员会　1983年9月，村级体制改革，撤销大队，设立行政村，成立潦里村党支部，党员34名，书记朱益林，副书记张补男、许阿四，支部委员顾泉法（组织）、俞荣传（纪检）、蒋阿传（宣传）。

1985年6月，农村基层党组织换届选举，潦里村党员34名，书记许秋生，支部委员朱益林（组织）、顾泉法（纪检）、俞荣传（宣传）。

村党组织选举工作会议（2021）

党员冬训动员大会（2020）

1987年6月，农村基层党组织换届选举，潦里村党员38名，书记许秋生，支部委员朱益林（组织）、顾泉法（纪检）、俞荣传（宣传）。

1989年8月，农村基层党组织换届选举，潦里村党员42名，书记许秋生，支部委员朱益林（组织）、陈伯荣（纪检）、俞荣传（宣传）、俞福才、顾泉法、顾连兴。

1991年10月，农村基层党支部换届选举，潦里村党员48名，书记金惠华，支部委员陈伯荣（纪检）、朱益林（组织）、张补林（宣传）、顾连兴、俞福才、顾泉法。

1995年8月，农村基层党支部改选，潦里村党员53名，书记金惠华，支部委员陈伯荣（纪检）、朱益林（组织）、张补林（宣传）、顾连兴、俞福才。

1997年8月，农村基层党支部换届选举，潦里村党员49名，书记张补林，支部委员陈伯林（组织）、俞福才（纪检）、顾连兴（宣传）。

2000年7月，农村基层党支部换届选举，潦里村党员62人，书记张补林，支部委员陈伯林（纪检）、金士荣（组织）、朱继仙（宣传）。

2003年11月，潦里村党支部并入潦里村党总支委员会。

三、中共潦里村总支委员会

2003年11月，东山镇30个建制村合并成12个建制村，成立12个村党总支。高田村、潦里村合并建立潦里村村民委员会，建立中共潦里村总支委员会，同时设高田、潦里2个村党支部。党员99名，书记万本茂，副书记朱连兴、朱小勤，委员施洪林（组织）、陈伯林（宣传）、朱继仙、俞荣福。

朱小勤兼潦里党支部书记，施洪林兼高田党支部书记。

2006年8月，党组织换届选举，潦里村党员103名，书记万本茂，副书记朱连兴、朱小勤，委员陈伯林（组织）、俞福荣（宣传）、施洪林（纪检）、朱继仙。

朱小勤兼潦里党支部书记，施洪林兼高田党支部书记。

2010年8月，党组织换届选举，潦里村党员115名，书记万本茂，副书记朱连兴、俞福荣、施洪林，委员陈伯林（组织）、许红娟（宣传）、顾建福（宣传）。

2013年8月，党组织换届选举，潦里村党员124名，书记朱连兴，副书记施洪林（兼纪检）、俞福荣（兼组织），委员陈伯林、许红娟（宣传）、顾建福、施建荣。

2015年6月，施洪林任潦里村党总支书记。

2016年9月，党组织换届选举，潦里村党员117名，书记施洪林，副书记俞福荣、顾建福（兼纪检），委员陈伯林、许红娟、施建荣（组织）、李文华（宣传）。

2020年6月，党员131名，建立7个党支部，成立中共潦里村委员会。书记施洪林，副书记顾建福（兼纪检）、施建荣，委员朱伏琪（组织）、李文华（宣传）、顾子云、朱尧祺。

7个党支部为前门头党支部，书记施建荣；后门头党支部，书记李文华；东高田党支部，书记唐胜根；上横党支部，书记陈文香；中横党支部，书记朱尧祺；桥西党支部，书记朱伏琪；港西党支部，书记顾子云。

第二节 村行政或建制组织

一、高田村行政或建制组织

1956年，成立红星高级农业社。红星村行政组织先后名为红星大队、红星大队革委会、高田大队革委会、高田大队、高田村。2003年11月，高田村并入潦里村村委会。

红星大队（新潦管区前门、东高田、西高田队） 1958年，农村成立人民公社，红星高级农业社更名红星大队。大队管委会设大队长、副大队长、大队会计、妇女主任、民兵营长、治保主任等。

1961年9月，东山撤市镇六大管区，恢复生产大队建制。大队长叶福林，副大队长郑兴根，张兴大、杨巧珠，委员金利生、柳庚辛。

1963年6月，大队长郑兴根，副大队长金利生、张兴大、杨巧珠，委员柳庚辛、薛呆大。

1966年3月，"文化大革命"开始，大队行政组织瘫痪。

红星大队革委会 1969 年 5 月，成立红星大队革命委员会（简称"革委会"）。主任郑兴根，副主任徐生男、金阿五，委员郑林根、郑如珍、朱士生、施秀荣、俞二宝、施安林。

1971 年 8 月，大队革委会主任郑兴根，副主任徐生男，委员郑林根、郑如珍、朱士生。

1975 年 9 月，红星大队革委会更名高田大队革委会。主任郑兴根，副主任郑林根，委员徐生男、郑如珍、俞二宝、施秀荣、薛呆大。

高田大队管委会 1979 年 6 月，撤大队革委会，建立高田大队管委会。主任郑兴根，副主任郑林根，委员徐生男、郑如珍、朱士生、俞二宝、施秀荣、薛呆大。

高田村委会 1983 年 9 月，撤大队建制，更为行政村，设村民委员会。高田大队更名高田村，第一届村民委员会成立，主任施秀荣，委员郑林根、郑如珍、朱士生。

1989 年 10 月，高田村第二届村民委员会换届选举，主任郑林根，副主任张才生，委员柳福兴、俞二宝、朱士生、顾胜娣。

1992 年 10 月，高田村第三届村民委员会换届选举，主任张才生，委员柳福兴、俞二宝、朱士生、顾胜娣。

1997 年 4 月，高田村第四届村民委员会换届选举，主任张才生，委员柳福兴、陈兴根、顾胜娣、施洪林、朱新龙。

1999 年 3 月，高田村第五届村民委员会换届选举，主任张才生，委员柳福兴、陈兴根、顾胜娣、施洪林、朱新龙。

2001 年 12 月，高田村第六届村民委员会换届选举，主任施洪林，委员朱新龙、顾胜娣、陈兴根。

2003 年 11 月，高田村村民委员会撤销，并入潦里村村民委员会。

二、潦里村行政或建制组织

1956 年，成立胜利农业高级社。潦里村行政组织先后名为胜利大队、胜利大队革委会、潦里大队革委会、潦里大队、潦里村。2003 年 11 月，潦里村与高田村合并，成立新的潦里村村民委员会。

胜利大队 1958 年，农村成立人民公社，胜利农业高级社更名胜利大队。大队管委会设大队长、副大队长、大队会计、妇女主任、民兵营长、治保主任等。

1961 年 9 月，撤市镇管区，恢复胜利大队，设管理委员会。大队长朱定男，副大队长张补男、俞金娣、朱关生。

1963 年 8 月，大队长朱定男，副大队长朱仁高、俞金娣，委员顾补元、张补男、朱关生。

胜利大队革委会 1969 年 5 月，胜利大队成立革命委员会（简称"革委会"）。主任许兴元，副主任顾阿四，委员张补男、顾补元、金勤荣、陈仙云、郑雨泉。

1971 年 8 月，大队革委会主任许兴元，副主任顾阿四、许阿四，委员张补男、

村民代表大会（2020）

顾泉法、陈仙云、郑雨泉。

1975年，更名潦里大队，大队革委会主任许兴元，副主任顾阿四、许阿四，委员张补男、陈仙云、顾补元、郑雨泉、金勤荣。

潦里大队委员会 1979年6月，撤大队革委会，建立潦里大队管委会，主任许兴元，副主任顾阿四、许阿四，委员张补男、陈仙云、顾补元、郑雨泉。

潦里村村委会 1983年10月，撤大队建村，潦里大队更名潦里村，设村民委员会。第一届村民委员会成立，主任张补男，委员许阿四、顾玉根、顾泉法、郑雨泉。

1985年1月，陈伯荣代潦里村村委会主任。

1989年10月，第二届村民委员会换届选举，主任许秋生、陈伯荣，副主任许培玉，委员朱益林、俞福才、顾连兴、顾泉法、朱彩英、张补林。

1992年11月，第三届村民委员会换届选举，主任陈伯荣，副主任许培玉，委员朱益林、俞福才、顾连兴、顾泉法、朱彩英、张补林。

1996年4月，第四届村民委员会换届选举，主任朱小勤，副主任许培玉，委员朱继仙、顾连兴、陈伯林。

1999年4月，第五届村民委员会换届选举，主任朱小勤，副主任许申元，委员朱继仙、顾连兴、陈伯林。

2001年12月，第六届村民委员会换届选举，主任朱小勤、副主任许申元，委员朱继仙、顾连兴、陈伯林。

2003年11月，东山镇建制村合并，撤销原高田、潦里2个村民委员会，建立潦里村村民委员会。12月15日，潦里村第七届村民委员会成立，主任朱连兴、副主任朱小勤、施洪林，委员金三巧、许红娟、陈兴根、陈伯林、许申元、宋荣。

2006年11月，潦里村第八届村民委员会换届选举，主任朱连兴，副主任朱小勤、施洪林，委员陈伯林、金三巧、许红娟、宋荣。

2010年11月，潦里村第九届村民委员会换届选举，主任朱连兴，副主任施洪林，委员陈伯林、宋荣、金三巧、许红娟。

2013年11月，潦里村第十届村民委员会换届选举，主任施洪林，副主任顾建福、唐胜根。委员陈伯林、许红娟、宋荣、陈荣。

2016年11月，潦里村第十一届村民委员会换届选举，主任俞福荣，副主任顾子云、唐胜根，委员陈伯林、许红娟、宋荣、陈荣。

2020年12月，潦里村第十二届村民委员会换届选举，村委会主任施洪林，副主任施建荣、顾子云。

第三节 村群团组织

一、高田村群团组织

贫下中农协会 1964年，社会主义教育运动中农村建立贫下中农协会（简称"贫协"）。同年5月，红星大队贫协成立，于老虎任贫协主任。1965年3月25日，于老虎当选吴县贫下中农代表大会代表，出席吴县贫下中农先进代表大会。"文化大革命"中，贫协组织被造反派组织所代替。1972年，恢复农村大队贫协组织，更名为贫下中农代表大会（简称"贫代会"），于老虎任红星大队贫代会主任。1974年1月，郑兴根、于老虎出席吴县第二届贫下中农先进代表大会。

1975年，农村恢复大队贫下中农协会，于老虎任贫协主席。1980年后，大队贫下中农协会不复存在。

共青团组织 1961年，建立中国共产主义青年团红星大队支部，团员28名，书记李本达，副书记金阿四，团小组长金进元、金阿四、施安林。10月，李本达、金阿四、施安林参加共青团洞庭公社第五届代表大会。

1963—1965年，红星大队团支部书记李本达，副书记金阿四。1965年，团员32名。

1966年，"文化大革命"开始，大队团组织陷于瘫痪。

1970年，红星大队团员61名。书记施秀荣，副书记金玉狗。10月，施秀荣、金玉狗、周玲珍、邱惠兴、施林生、张桂男、郑二狗7名团员，参加洞庭公社第一次活学活用毛泽东思想积极分子代表大会。

1971—1978年，高田（红星）大队团支部书记施秀荣，副书记金玉狗。1978年，团员74名。万桂根、李万红获东山乡1978年度优秀团员称号。

1979—1986年，高田大队团支部书记万桂根。1983年，团员79名。12月，高田村团支部被评为东山乡先进团组织。

1987—1998 年，高田村团支部书记万本茂。1998 年，团员 85 名。

1999—2003 年，高田村团支书施洪林。2003 年，团员 96 名。

妇女组织　1958 年 9 月，洞庭人民公社成立，红星大队建立妇女委员会，妇女主任郑如珍。

1959—1983 年，高田（红星）大队妇女主任郑如珍。

1984—1986 年，高田村妇代会主任金秀娟。

1987—2003 年，高田村妇女主任顾胜娣。

二、潦里村（2003 年前）群团组织

贫下中农协会　1964 年，社会主义教育运动中农村建立贫下中农协会（简称"贫协"）。同年 5 月，胜利大队贫协成立，张和兴任贫协主任。1965 年 3 月 25 日，张和兴出席吴县贫下中农先进代表大会。"文化大革命"中，贫协组织被造反派组织所代替。1972 年，恢复农村大队贫协组织，更名为贫下中农代表大会（简称"贫代会"），顾补元任胜利大队贫代会主任。1974 年 1 月，顾补元参加吴县第二次贫下中农先进代表大会。1975 年恢复大队贫下中农协会，顾补元任贫协主席。1980 年后，大队贫协组织不复存在。

共青团组织　1961 年，建立中国共产主义青年团胜利大队支部，团员 34 名，书记金勤荣、副书记江泉方，支委秦桂宝、张和尚、宋利珍。

1965 年，胜利大队团员 41 名，书记张补男，支委席如兴、顾如兴、秦桂宝。

1966 年，"文化大革命"开始，大队团组织陷于瘫痪。

1972—1977 年，胜利大队团支书顾玉根。1977 年，团员 46 名。

1978—1982 年，潦里大队团支书许补元，副书记俞阿本。1982 年，团员 57 名。1980 年，潦里大队团支部获东山乡优秀团组织称号。1982 年，许补元、朱小勤获东山乡优秀团干部称号。

1983—1986 年，潦里村团支书陈伯荣。1986 年，团员 68 名。1984 年，陈伯荣、顾定法被评为东山镇优秀团干部。

1987—1989 年，潦里村团支书许培玉，副书记顾雪荣，支委许秋林、俞利根、朱建伟、俞美娟、张福荣。1989 年，团员 76 名。

1990—2000 年，潦里村团支书陈伯林，副书记许秋林，支委俞美娟、朱建伟、朱湘荣。2000 年，团员 82 名。

2001—2003 年，潦里村团支书俞福荣。2003 年，团员 91 名。

妇女组织　1961 年，胜利大队妇女主任陈仙英。10 月，陈仙英出席吴县妇女先进代表大会。

1974—1979 年，潦里大队妇女主任顾仁娣。

1980—1982 年，潦里大队妇女主任陈仙英，副主任邱阿六。8 月，邱阿六出席吴县第五次妇女代表大会。

1983—1988年，潦里村妇代会主任朱丽英。
1989—1992年，潦里村妇代会主任朱彩英。
1993—2003年，潦里村妇代会主任朱继仙。

三、潦里村（2003—2020）群团组织

共青团组织　2003年11月，建立共青团潦里村支部委员会。俞福荣任团支部书记，孟寅靓任副书记，团员108名。

2006—2010年，孟寅靓任潦里村团支部书记。2010年，团员112名。

2012—2015年，李文华任潦里村团支部书记，顾子云任副书记。2014年，李文华被评为吴中区优秀团干部。2015年，团员92名。

2016—2019年，陈文香任潦里村团支部书记，朱伏琪任副书记。2019年，团员92名。

2020年，刘明刚任潦里村团支部书记，金芬任副书记，团员94名。

妇女组织　2003—2013年，朱继仙任潦里村妇代会主任。

村团员青年体育队参加东山镇农民运动会（2020）

潦里村团员参加东山镇农民运动会跳绳比赛（2019）

东山镇农民运动会中的潦里村团员啦啦队（2019）

潦里村团员义务为村民拍摄生活照（2019）

潦里村团员参加防疫志愿队（2020）

潦里村团员组织开展"书香活动"合影（2020）

2014—2018年,许红娟任潦里村妇代会主任(2018年6月,村妇代会改名妇女联合会)。

2019—2020年,陈文香任潦里村妇女联合会主席。

第四节 村民兵组织

1949年4月21日,南京解放。东山附近太湖中的湖匪想趁乱劫掠沿湖东山一带村落。当天晚上,中共东山支部发出《告东山人民书》,建立农民武装,潦里村11名青年加入农民自卫队,成立新潦民兵班,协助农民自卫队保卫家乡,迎接解放。

一、组织

1952年6月,建立东山区人民武装部,同时成立新潦、镇西、湖湾、渡桥等8个民兵中队。红星社、胜利社兵民58人,编为2个排,属新潦营。

1958年,洞庭公社成立民兵团,全社组织军事化,胜利社编为第5营第3连,红星社编为第5营第4连。

1964年,洞庭公社民兵团设立武装基干民兵营。红星营基干民兵156人,教导员叶福林,营长张兴大,副营长陈永福、陈如珍。胜利营基干民兵244名,教导员朱定男,营长张补男,副营长俞金娣。

1978年起,广泛开展民兵工作"三落实"(组织、政治、军事)活动。高田大队基干民兵369名,武装民兵26名。武装民兵编为1个排,3个班。潦里大队基干民兵498名,武装民兵26名。武装民兵编为1个排,3个班。

1987年,高田村武装民兵排33人,排长金秋福,班长金三巧、施建兴。潦里村武装民兵排31名,排长顾连兴,班长宋建石、宋春荣、朱建林。1985年后,民兵工作贯彻落实"减少数量、提高质量、抓好重点、打好基础"的方针,民兵工作重点逐步转移到乡村企业中。

二、训练

1958年4月,潦里村民兵张补男,军事训练成绩优秀,赴北京出席第一次全国民兵代表大会,被奖励半自动步枪1支。1960年开始,民兵训练向正规方向发展。洞庭公社人武部每年利用冬季时间(一般为15天左右),集中各营(大队)基干民兵进行实弹训练。1978年,高田、潦里大队2个基干民兵排共52名民兵,参加吴县人武部组织的实战训练。高田民兵排26人,参加吴县七子山民兵训练山地射击,取得优异成绩。

民兵青年在抗台防汛工作中清理多余树枝（2020）

1980年，潦里大队、高田大队43名排以上干部（含11名复退军人），至木渎参加吴县分片设点实弹训练。高田排排长金秋福、班长金三巧和潦里排副排长许培玉、班长宋建石，获优秀民兵射手称号。1993年，高田村、潦里村基干民兵52人，集中至吴县国防园（民兵训练基地）参加军事训练，取得总分优秀的好成绩。2006年，潦里村民兵干部8人，参加东山人武部组织的森林防火应急分队集中训练，获总分优秀的好成绩。2020年，潦里村民兵张伟德、顾晓东、席俊、朱孝亮，至吴江、昆山参加吴中区人武部组织的军事训练，取得好成绩，获中共吴中区委、区政府、区人武部颁发的先进民兵营奖牌。

三、活动

新中国成立初，国民党残余武装与湖匪勾结一起，时常骚扰东山，沿太湖的潦里、高田、俞家库、金湾等村常遭抢劫。1952年7月，苏南人民公署太湖办事处（简称"太湖办事处"）建立，行政机构设在东山镇西光明村春在楼。红星社、胜利社民兵排先后5次参战，协助解放军围剿湖匪。1949年10月，驻春在楼的太湖剿匪总指挥部获悉，一批湖匪正在东山沿湖一带抢船，准备逃窜。胜利、红星、俞家库民兵排参加战斗，协助解放军追击残匪至横泾，捕获沈光甲、尚光云、金阿三等匪首。

1955年，胜利社、红星社青年民兵朱定男、俞雪林、张补男、顾如兴、金勤生、顾阿林、朱泉林、叶福林、顾学林光荣参加解放军。1960年冬，东山修筑东太湖防洪大堤，红星社、胜利社2个民兵排共66人，一个多月吃住在工地上，挑泥筑堤，

欢送新兵入伍（2020）

直到大堤竣工。1968—1971年，东山筑东西大圩大堤，2个大队800多名民兵勇挑重担，完成最艰巨的茭白港80多米的筑堤任务。1981年，在吴县"五讲四美"争当好民兵活动中，高田排排长金秋福不但军事训练中射击、投弹取得双优秀成绩，还组织本村民兵义务修筑东高田河岸50多米，修筑村民洗菜、洗衣的码头2个，为村民义务送肥100多担，被吴县人武部评为"吴县好民兵"。

1991—1999年，在东山的抗洪抢险中，高田村、潦里村民兵突击队，冒着狂风暴雨打桩、运土、加固堤岸，发挥抗洪生力军作用。1999年7月5日凌晨，东大圩茭白港闸口在暴雨中裂堤20米多，高田村25名民兵在营长张才生带领下，提着桅灯、拿着手电筒冒雨摸黑赶到险工堤段，在激流中筑起一堵人墙，传运3 000多袋泥沙，及时堵住了缺口。

第九章 新农村建设

新中国成立前,潦里村住房拥挤、道路狭窄,村容村貌脏乱差。路旁、港畔、门前"五步一粪坑,十步一柴堆,百步一猪圈",是昔日潦里村的真实写照。因村主道大多位于港畔,遇到雨雪天,道路泥泞不堪,行人不慎跌入港中之事经常发生,有的甚至危及生命。新中国成立后,随着农村经济的发展,境内道路、桥梁、供电、供水、通信等基本设施不断完善,村民生活水平得到提高。中共十一届三中全会后,村内先后建起施巷港、银湖新村、高田新村、东高田新村等住宅小区。

潦里新农村全景（2020）

1992—1996年，潦里村新农村建设在东山镇首先启动，通过村党支部5年努力，在东山农村首先实现"水清、电明、路平"。1993年，潦里村村民在东山镇农村最早喝上自来水。1994年，村里率先购置2台柴油机，在镇区输电线路供电不足的情况时，自发电供应6个自然村照明。1996年，潦里村完成村域内主干道的水泥六角道板铺筑，保证村民出行方便。

2015年，潦里村启动农村美丽乡村建设，村容村貌发生巨大变化。2018年底，11个自然村全部建成苏州市三星级康居村。

第一节　住房建设

一、住房变化

潦里为水网地区，传统住房都建在港河边，低矮、简陋、潮湿，汛期常遭水淹。新中国成立之初，村民住房绝大多数为平房或草棚。住房系黄石墙、冷摊瓦、泥地皮，房屋简陋，质量较差。部分草棚为泥坯墙，稻草盖顶，经常漏雨、坍塌。

20世纪50年代，村民住房困难，以高田前门头村为例，有瓦房住的村民约占35%，其余村民都借住在许姓大户高阳古里和金姓大门堂的门屋、柴房、花棚内。

漖里村志

第九章　新农村建设

旧民居土灶头（2018）

旧民居花窗（2020）

70年代末，农村经济开始复苏，村民建房逐年增多，普遍把老旧简陋的平房翻建成新瓦房。1975—1980年，高田大队99户农家新建、翻建房屋297间。

80年代中期，随着农村家庭联产承包责任制的推行，村民收入普遍增加。村内出现建房热，拆老屋建新房，继而又拆平房建楼房，翻建新房成为农村新潮。同时，村民住宅结构也发生很大变化，由原来的砖木结构发展成砖石混凝土结构。房屋布局呈多样化，一般建造面阔3间、上下2层的小楼，有的在楼前或楼后，还建有厢房、花园等。房屋开间普遍为宽4米，进深6—8米，楼房檐高7米左右。楼屋基础提高，窗户面积增加，通风、采光条件改善。1985—1990年，漖里村村民新建及翻建楼房416幢，占总户数的51%。

90年代起，80%以上的村民开始翻建新楼房，房屋质量进一步提高，绝大多数采用钢筋混凝土框架结构。据1995年东山镇农村翻建楼房资料统计，1990—1995年，高田村、漖里村建造楼房农户占总户数的85%。2003年后，村民基本住进新楼房。

21世纪初，村里一部分先富起来的村民，率先开始建造别墅，房屋设计新颖，用料讲究，外墙使用贴面，内墙涂刷高档墙漆，地面铺设红木地板，卫生间贴新型瓷砖，安装高档盥洗设备。2000年，全村楼房翻别墅的村民占80%。2010—2020年，漖里村（合并后）有200多户村民到镇区或城里购买商品房定居或小住。

村民住房面积逐年增加。50—70年代，高田、漖里住宅简陋，祖孙三代合住在一起很普遍，人均住宅面积不足15平方米。常常是长子婚后住东屋，次子婚后住西屋，老两口在中间小客堂用芦簾隔间小屋睡觉。1978—1990年，一般每户建起一幢3开间2厢房住宅，人均住房面积30平方米左右。1990—2000年，人均住房面积在60—80平方米，有的家庭人均住房面积达90平方米。2001—2019年，人均住房面积在 100 平方米左右的不是少数。

2020 年，潦里村 1 359 户村民，住房总面积 3.74 万平方米，户均住房面积 267.7 平方米。20% 的村民至苏州及东山镇等地购买商品房居住。

二、安置小区

高田新村住宅区　1998—2002 年建造。位于东山镇银湖路南面，东至叶巷港，西连后门头，南接东高田，北靠银湖路。北面沿路即为银湖路商贸区。占地面积 60 亩。主道南北走向，宽 12 米。3 条次道东西走向，每条宽 6 米。小区内筑有 30 多幢住宅楼。潦里村两个村民小组 60 多户村民，迁居该小区。

东高田新村　2010—2013 年建造。位于渡水港南岸、湖滨公路北侧，与潦里村村委会行政服务大楼相连。占地面积 23 亩，两面环河，风光秀丽。建有 40 幢宽敞的别墅。小区内筑小游园 1 座，绿化面积 500 多平方米。园内设健身场 2 处，沿河有景观多处。2013 年，潦里村三个村民小组的 50 多户村民入住。

东高田新村健身区（2019）

附　口述采访：村民住房变化大

时间：2020年5月24日上午

地点：东高田新村1号

访问对象：金玲妹（1955年生，高田村第5组村民）

执笔者：杨维忠

陪同人：张才生、许阿四

执笔者：金玲妹，你家住在潦里村东高田新村，又在新村的大门口。听说以前你家是高田村最贫苦的一家，全家住在一幢只有20多平方米的小屋里，想请你谈谈近些年住房条件的变化。

金玲妹：我是东山金星大队（今西泾村）人，1980年嫁到红星5队（今前门头村）顾家。顾家有兄弟5人，丈夫顾阿五在家中弟兄中排行最小。1980年我嫁过来那年，生产队分配报酬低，顾家5个人参加劳动，年终分红只分到92元。结婚时他父母给我们准备的新房，说出来你们别笑，说是一幢房屋，其实只有两小间，大约30平方米。黄石夹断砖头砌墙，高不过2米，芦簾当望砖作为屋面，热天热，冷天冷。两间房子房间稍微大点，约15平方米，灶屋间只有10平方米，灶头一砌，勉强能放下一张桌子。后来生了2个孩子，一家4个人吃饭坐不下，我和阿五只能端着碗站着吃，台子留给孩子吃饭。现在我家20世纪80年代住的那幢老房子还在，不过房间的屋面有一间坍塌了，被村里挂了"房屋危险　请勿靠近"的牌子。

金玲妹家旧房（2020）

执笔者：你家现在住的别墅是何年造的，有多少建筑面积，几个人住？

金玲妹：2008年，东山镇修筑新环岛公路，村里要在公路北面新建一个别墅区，我家也报了名，全村总共有50多户人家报名建别墅。2013年，村里的别墅区竣工，我家的小别墅也建成了。房子占地面积近400平方米，楼房的建筑面积500平方米多。现在大儿子读书毕业后在外地做事，小儿子在吴中区电信行业工作，也不大回家，家中这么大的一幢楼房只有我和老伴2人住。想想结婚时的房子和现在的房子，真是一个地下，一个天上，过这样的日子做梦也没有想到，有时想想眼睛有点湿。

执笔者：想问一下，你家这幢宽敞漂亮的别墅，是如何造起来的，花了多少钱，不知是否方便说？

金玲妹：这有啥不方便，勤劳致富么。1983年生产队分产业（联产承包）时，我家还只有3个人，

金玲妹家别墅（2019）

分到一只小鱼池，收入也不高。大约1984年起，太湖里开始围网养蟹，但下的本钱比较大。这是个新产业，投入大，风险也大，啥人也吃不准能包赚钱。村里有的人家怕亏本，不敢去养。说实话我家也没资金，向亲眷朋友借了一笔钱，第一年就围了2只蟹箱，约30来亩水面。我们夫妻俩起早摸黑干，年终卖到3万多元钱。养蟹有了点小本钱，也摸到了点门道，第二年又向人家买了2只蟹箱，包了45亩水面，出产的蟹多，赚的钱也就多了。这样一年一年积起来，2012年就造起了这幢楼房。10年前，建房的材料、人工都比现在便宜不少，但也花了200多万元钱。

第二节　道路　桥梁

20世纪80年代后期，随着农村经济发展，村中道路逐步增加与拓宽，但基本仍以泥路为主。1980—2000年，高田村、潦里村泥石路大多改成水泥路面。2015年，农村启动美丽乡村建设，境内道路逐年浇成沥青路面。2020年，村内10多条主要道路全部浇筑沥青路面。

一、道路

银湖路　因北侧银湖苑而得名。始名南环路，位于高田新村与银湖新村之间。东起殿泾港，西至莫厘路。长820米，宽22米，1998建成。2007年，该路又向东延伸至洞庭路，更名银湖路，长1220米，宽16—22米，沥青路面。

高田路　村中主道，南起东高田，北至银湖路，长280米，宽6米。南面为与之平行的机耕路，中间是已填平种果的菱塘港。原为砖石小道，2018年浇筑沥青

路面。

花园潭路　俗称小横港路。位于花园潭南侧、小横港北侧，花园潭村主干道。东起高田港，西接上横村，长120米，宽2.5—3米。原为宽仅1.5米的砖石小路，2015年村庄整治浇筑沥青路面。

中横路　又称中横新路。位于中横村西侧，门前港东岸，与中横老路平行。南起与港东村交界的井盘头，北至上横平桥塄，长228米，宽4—5米，沥青路面。原为门前港一部分，2016年新筑为中心村道。旁筑东西走向次道3条。

港西路　南起村口停车场，北至俞家厍村剪刀湾，长290米，宽6米，沥青路面。路西侧为潦里港，港上筑3座小桥，通往桥西村。东侧有与之平行的港西老路，另有东西走向次道3条。

桥西路　南起村口横港，北至美丽三号桥，长235米，宽6米，沥青路面。港上筑3座小桥，通往港西村。次道3条，均为东西走向，沥青路面。

二、桥梁

戗港桥　以小戗港为桥名，2008年筑。位于东山新环岛公路（渡水港南新公路）南侧、潦里村办公楼东端。横跨小戗港，南北向钢筋混凝土公路桥，长25米，宽16米。

银湖桥　以银湖苑为桥名。1996年建造。位于施巷港村东侧，通往莫厘路农贸市场，横跨施巷港。东西向水泥平桥，长8米，宽4米。

新平桥　位于中横村北端，通往上横村。建于1989年，南北向水泥双平桥，长6米，宽4米，潦里中横和港东村通往镇区的主道。

井盘头桥　因东端桥头有清代井栏而得名。跨门前港筑。东西向。原为木板桥，船只进村出村，港道水位高时须卸去桥板通行，极为不便。1995年改建水泥拱桥。2015年建成水泥平桥，浇筑沥青桥面，长8米，宽4米，与村道形成一体。

新潦桥　位于桥西村西面，跨王家泾港而筑。东西向水泥混凝土桥，建于2012年。长7米，宽3.5米，高3米。桥东即为新潦剪刀湾村。

新潦二号桥　位于港西停车场南，东山新环岛公路北，跨渡水港而筑。南北向钢筋混凝土公路桥，建于2008年。长24米，宽15米。为港西村、桥西村车辆通行主道。

美丽一号桥　位于港西村南入口，跨横港而筑，东西向水泥平桥。东连停车场，西至港西。以行人为主。建于2015年。长8米，宽4米，置水泥桥栏。

美丽二号桥　位于港西与桥西交界处，跨横港而筑，东西向水泥平桥。东为港西，西为桥西。建于2015年。长6米，宽3米，置水泥桥栏。

美丽三号桥　位于港西、桥西、剪刀湾交界处，跨横港而筑，东西向水泥平桥。东为港西，西为剪刀湾。建于2015年。长6米，宽3米，置水泥桥栏。

美丽一号桥（2020）

第三节　供电　供水　通信

一、供电

民国初，境内村民晚上点豆油灯照明，光亮弱，生活不便。1940年前后，殿前街上有煤油供应，靠近镇区的村子换成煤油灯。潦里村、高田村生活贫穷，购不起煤油，仍靠豆油灯微弱的灯光照明。新中国成立后，汽油灯进入东山。1950—1970年，村民每逢婚丧大事可到街上租用充气的汽油灯办事，但经常出故障，仍很不方便。

1974年9月，望亭发电厂电源接通东山后，境内开始供电。但电力供应不足，村中经常停电，有些集体经济较好的生产大队配备发电机进行自发电，停电时为村民照明。

1985年，东山电力扩容，分4条线路输送，分别为针织厂线、东山（镇区）线、杨湾线、震东线。高田村、潦里村属东山线供电。1980年起，各大队（村）配备电工，设置村级电房和供电设施。1996年，农村进行电气化、标准化建设，调整用电布局，改善用电设备，推广安装触电保护器，村内1 188多户村民全部安装用电保护器。

1998年，东山全镇电网改造，用电设施和电力由镇供电所统一管理。其间，各村新增变压器，改造配用线路，设置路灯等。高田村、潦里村1 244家农户，全部换上新型电子式电能表。1999年，村内各主干道安装路灯，方便村民夜间出行。高田村、潦里村都建起村级供电房，配有较为完善的供电设备，落实专人管理。

2015年起，潦里村结合苏州市吴中区美丽乡村建设，加大对供电设施的投入。在境域中设置2座变电所（配电所），以满足村民用电需求。新建的电力线路，采用空中架设和电缆埋设相结合，重要街巷架设空线，并逐步改为地埋线，部分自然村完成三线入地工程，增设路灯630盏，全村主道与支道路灯亮化工程全覆盖。

二、供水

新中国成立前，境内村民生活饮用水均从湖港中提取，每至夏秋之交，久旱无雨，港河水小而混浊，村民饮用后经常闹痢疾、肠炎，小孩生痱子、脖瘤头（头上长脓包），健康得不到保障。20世纪80年代初，公社、大队号召鼓励社员在家前屋后开挖水井，并补贴经费。1980—1985年，高田、潦里新开挖水井80多口，生活饮用改港水为井水，村民健康状况得到好转。

1985年，东山镇政府投资50万元，打深井建自来水厂，主要供应市镇居民与靠近镇区的农村，高田村临近镇区的321户村民家中通了自来水。1993年，镇里又投资800万元，在岱松村太湖边征地18亩，建造地面水厂，取太湖水源，经过滤消毒，用大管道供应镇区及周边农村，并逐步向后山发展。2000年，高田村、潦里村都先后通上自来水，入户率100%。

2015—2018年，潦里村苏州市三星级康居村建设基本竣工，给水工程（主要水管线路改造）总投资211.21万元，改造自来水管道1.5万米，11个自然村均完成自来水工程改造升级。

三、通信

2020年，潦里村固定电话标准按80部/百户计，固定电话容量约1 090部。移动电话按90部/百人计，移动电话容量约4 640门。有线电视终端按80台/百户计，终端容量1 090台。电话由东山镇区邮电支局负责，村内根据具体情况设置户外电话交接箱，由交接箱接入各用户点。有线电视由东山镇广播电视站机房接入，有线电视入户率100%。

第四节　公共设施

一、永平储龙所

俗称救火会、洋龙间。位于港西村，建于1922年，建筑面积30平方米。门屋西向，大门上方用方砖镌刻"永平储龙所"5个大字。旧时潦里村房屋拥挤、家家门前堆放柴草，村民生活照明全靠蜡烛、油盏头，一不小心就引起火灾，祸及全村。每年秋冬季节，均发生火灾数起，造成重大损失，有时还危及生命。1922年，村民集资建造永平储龙所，购置双泵压式抽水救火车1台，10多名青壮年义务轮流值班，一遇火警，推车赶赴现场救火。该救火车重约300千克，出火警时须4名壮汉推行，10人揿动抽水救火车角上的4根铁杆（活塞杆），使活塞在水泵中来回转动，吸水喷水灭火。20世纪60—70年代，永平储龙所曾为漊里大队广播室。

二、社区服务中心

位于新环岛公路北面、东高田新村东侧。建于2010年，建筑面积600平方米。大楼共三层，楼下一层为漊里行政服务中心、益农信息社、全媒体信息服务站等服务机构。二楼为党员服务中心、调解室、民兵之家、退役军人接待室、党员先进事迹展示长廊。三楼为会议厅。2015—2020年，开展各类便民活动20多次。先后在服务中心举办洞庭碧螺春茶园肥药安全生产技术研究培训班、水产专家现场咨询指导座谈会、手机培训周直播观看等培训服务。

三、综合性文化服务中心

又名高田老年活动室。位于高田新村，建于2009年，占地面积900平方米，建筑面积600平方米。上下2层，1楼为婚宴中心，可摆放30多张八仙桌，为村民举办红白大事提供方便。2楼辟有棋牌室、茶室、书报室等。周一至周五，全年（非疫情防控期间）对村民开放。

四、新时代文化实践站

又称漊里婚宴中心、老年活动室。位于漊里上横村马家港畔，为皮件厂旧址。建于2020年，建筑面积800平方米。共3层，宽敞明亮，交通方便。一楼为婚宴大厅，

综合性文化服务中心（2020）

可摆放 20 多张桌子，免费给村民举办婚宴。2 楼为老年活动中心，辟有图书室、棋牌室、茶室。3 楼为新时代文明活动实践站。全年对村民开放。

五、体育健身场

位于港西村。建于 2015 年，占地面积 1 000 平方米，配置有室外健身路径器材 1 套（9 件），内有单体杠、双杠、跑步机、牵引器、太极推手、蹬力器、扭采器等。村民每日参加体育健身活动人数较多。

六、船坞

位于港西村口，建于 2015 年。东临门前港，西至港西胜利桥，南靠渡水港，北至东面停车场，占地面积约 10 亩，可停船 150 只。该船坞分成 3 座，每座船坞左右两旁都安装有 8 盏路灯夜间照明。潦里港西、桥西以内塘养殖为主，各类船只较多，原都停在进村的门前港中，港道狭窄、弯多，船只进出极为不便，安全事故频发，且影响环境卫生。2015 年，村里在美丽乡村建设中，征用渡水港畔村民部分鱼池建成船坞，为村民停船提供方便。

七、停车场

位于港西村口。建于 2015 年，东起潦里东港，西至桥西果园，南靠船坞，北连港西村口小横港，占地面积约 15 亩，可停放汽车 250 辆左右。近 20 年来，随着村民生活水平提高，购买小轿车的村民不断增多，停车难成为潦里村的新问题。2015 年，

港西停车场（2020）

村里在第一期美丽乡村建设中，征用村民的部分鱼塘与菜地，在港西村口辟建东、西2处大型停车场，方便村民停车。

第五节 美丽乡村建设

2015—2018年，潦里村11个自然村全部完成美丽乡村建设，成为苏州市三星级康居村。建设工程分4年实施：2015年，完成前门头、港西、桥西康居村建设。2016年，完成东高田、高田新村康居村建设。2017—2018年，完成中横、上横、施巷港、后门头、花园潭、银湖新村康居村建设。

村庄整洁、有序、文明、优美，村容村貌焕然一新。2017—2020年，潦里村先后获江苏省生态村、江苏省卫生村与苏州市健康村、苏州市文明村等荣誉称号。

一、前门头、港西、桥西康居村

3个自然村为康居村建设第1期工程。2015年8月启动，11月竣工，总投入1 141.1万元。新建交通设施方面：修缮道路1.7万平方米，新建桥梁3座，停车场2 800平方米。建设村庄卫生设施方面：安装路灯87盏，消防设施586套，监控3套。建垃圾中转站1座、建筑面积30平方米，新置垃圾箱20只，水冲式公厕1座、建筑面积20平方米。在环境提升方面：墙面粉刷8.15万平方米，疏浚河道2万平方米，新筑石驳岸880米。铺设雨污水管道5 000米，绿化面积200平方米。新建健身场1处（1 000平方米）、老年活动室1处。受益村民586户。

二、东高田、高田新村康居村

2个自然村为康居村建设第2期工程。2016年1月启动，12月竣工，总投入930万元。新建交通设施方面：新筑及修复石驳岸1 150米，道路硬化1.6万平方米。建设村庄卫生设施方面：安装路灯150盏，铺设电线、污水管网5 000米。建水冲式公厕1座（20平方米）、垃圾中转站1座（30平方米），安置垃圾箱20个。环境提升方面：民居墙面改造粉刷4.02万平方米，村庄绿化2 000平方米。新建停车场1处（3 000平方米）、小游园1个（300平方米）、健身场1处、活动室1处。受益村民238户。

三、中横康居村

该自然村为康居村建设第3期工程。2018年竣工，总投入535.6万元。新建交通设施方面：疏浚河道150平方米，新筑与修复石驳岸477米，安装栏杆100米。道路硬化5 418平方米，安装路灯41盏。建设村庄卫生设施方面：建水冲式公厕2

高田新村住房（2020）

座（40平方米），安置垃圾箱10个。环境提升方面：民居墙面改造粉刷9.69万平方米，村庄绿化500平方米。新建小游园1个（200平方米）、健身场1处（100平方米）。受益村民198户。

四、上横、施巷港、后门头、花园潭、银湖新村康居村

5个自然村为康居村建设第4期工程。2019年8月启动，2020年9月竣工，总投入1 788.6万元。增加交通设施方面：道路硬化1.83万平方米，建停车场1处（50平方米）、桥梁1座。建设村庄卫生设施方面：安装路灯190盏，消防设施402套，监控5套，三线入地402户。建垃圾中转站1处（20平方米），设垃圾桶95只。环境提升方面：墙面粉刷9.25万平方米，修复围墙300平方米，农田砌挡浪石墙150平方米，村庄绿化1 200平方米。河道清淤2.2万立方米，筑驳岸1 260米。空间优化方面：建小游园2座，宣传栏5处。受益村民402户。

中横村整治前（2017）

中横村整治后（2018）

附　口述采访：潦里的康居村建设

时间：2020年7月31日上午

地点：潦里村村委会办公室

访问对象：施洪林（1973年生，潦里村党委书记）

执笔者：杨维忠

陪同人：许阿四、张才生

执笔者： 施书记，你们村的美丽乡村建设在东山镇及吴中区，乃至苏州市都是名列前茅，如今的潦里村房新、路洁、港清、夜明，被誉为东山镇宜居乡村的典范，请你谈谈潦里村5年前的村容村貌。

施洪林： 潦里村的美丽乡村整治建设工程是2015年开始的，到2020年底基本结束，11个自然村全部通过上级部门验收，村容村貌发生了翻天覆地的变化。村民们自豪地说，今日的潦里村是东山的威尼斯。可在5年前，潦里村的环境脏乱差，是东山环境卫生较差的一个村。

潦里村位于东山镇南的镇村接合部，常住人口近1 350户，是个传统的渔业养殖村。5年前的村容村貌是村中房屋拥挤，道路狭窄，路旁建筑垃圾乱堆乱放；港河淤塞，水流不通，生活垃圾塞满港道，终年臭不可闻；村内基础设施薄弱，几乎没有公共活动空间。最典型的中横村，占地面积0.04平方千米，有198户村民，村中住房密集，露天粪坑集中，道路高低不平，天好苍蝇满天飞，落雨路上粪水流，村民戏称自己住在粪坑角。

执笔者： 2015年，你担任潦里村的党总支书记，这一年村里的美丽乡村整治建设起步，你既是领导者，又是亲历者，更是见证人。你们有哪些成功的经验？

施洪林： 经验谈不上，只能说一些具体做法，因每个村的实际情况不一样，只能是作参考。

首先是搭建好班子，建立组织。书记任组长，也是建设工程总负责人。在班子中，落实1名副书记与2名副主任专职重点做村民的协调工作；配备2名村干部与5名老党员、老队长专职蹲点监督协调，解决施工中遇到的实际问题。安排12名人

桥西村整治前（2015）

员服务于工程建设。

其次是尊重民意，加强宣传。刚开始有些村民不理解，不配合，甚至有抵触情绪。我们先是通过各种途径详细宣传美丽乡村规划整治给村庄环境和村民生活带来的益处，然后全体村干部分工入户做宣传动员工作，调查村民的整治意愿。在做好村民思想工作后，按步建设村内公共活动场所，改造墙角护边，在村民家前屋后闲置空地上筑砌小花坛，安置健身设备等。在实施中，村里与198户涉及房屋、墙角、屋地关系的村民签订整治协议，得到村民的信任和支持。

再次是重点清障，循序渐进。工程建设中，对公共场地和村民家前后屋建筑垃圾、堆积物、违章建筑的清理，是建设工程的关键。该项工作因涉及许多村民的切身利益，难度也很大。党委、村委10名主要干部，连续20天上门逐户做思想工作，使清障工作顺利展开。共清除脏乱差点位100多处，清运垃圾200多车。村域清障完成后，村里循序渐进，协力推进，建设工程取得成效。

最后是全村共治，让村民满意。通过美丽乡村环境整治，村内原来的垃圾场、粪坑群，建成1 000多平方米公共活动场地。原来的污水港、臭水沟、积水潭，变成驳岸整齐、河水清澈的港道。原来狭窄的泥泞小道，筑成宽阔的沥青路。在港西村口，新建占地面积25亩，可停放250辆汽车和150艘船只的停车场与船坞。美丽乡村整治工程全部竣工后，村委会回访，请全体村民测评，满意度达到96%。

执笔者：美丽乡村建设是一项涉及农村千家万户的大事，工作中也有阻力，你体会最深的是什么？

施洪林：我感到农村的环境整治建设虽是一项惠民工程，但也要人性化服务，

桥西村整治后（2019）

把群众的利益放在首位，这样才能得到广大村民的拥护，取得事半功倍的效果。

濮里村路弯、弄窄、转角多，村民的住房大多建在路旁。为保护自己的新房子，不少村民在墙角摆上大石头，以免被经过的电动车、三轮车撞损。这样既阻碍交通，又影响村貌。清障时如果强行把墙角护石清除，群众不满意，再说村民建一幢新楼房很不容易。在建设过程中，村里想办法购买了大批三角铁，每段锯成1.2米长，把沿主要村道100多幢楼房墙角包护起来，村民非常满意，其他工作开展也顺利了。

近年来，随着农村生活水平的提高，绝大多数村民生活都烧煤气，但也带来一个大问题：建房废弃的木料、木柴到处乱丢，造成白蚁泛滥，在村中乱飞，新房子里也时有发现，造成村民惊恐。在村庄环境整治中，我们把消灭白蚁作为重点来抓，既清除白蚁滋生繁殖的木柴，又请专业人员教授防治方法，白蚁绝迹，村民都安心了。

在村庄安装路灯时，我们不留一处死角。村里在党50年的老党员俞六宝、张有根家住桥西村的一条偏僻小弄里，开始因弄堂短没有安装路灯。村党委主要领导在看望慰问他们时，发现了这一情况，及时为这几家住户装好了路灯。

执笔者：濮里村环境整治成效显著，宜居环境好，尤其是益农信息社受到大家的称赞，国务院副总理汪洋及省部级领导都来视察过，请你讲讲首长们来村里视察的经过。

施洪林：2016年9月6日上午，国务院副总理汪洋在农业部和江苏省、苏州市主要领导陪同下，来到濮里村视察，在村委办公大厅听完汇报。汪洋副总理还亲自移动鼠标，操作键盘，检查村里的益农服务工作，给予较高评价。汪洋副总理一行原定在濮里村视察15分钟，结果视察了约25分钟才离开。2016—2018年，全国30多个省的副省长都到过我们村视察和交流美丽乡村建设工作。

第六节　环境保护

2015年，建立村环境保洁指挥所，由村党总支书记施洪林任组长，党总支、村委干部为组员，包管11个自然村的环保工作，每半年进行公示，接受村民监督。2020年，村环境保洁指挥所制定《濮里村人居环境整治实施方案》《濮里村清洁户、文明户等评选活动实施方案》与《濮里村清洁户评比条例》《濮里村文明户评比条例》《濮里村卫生清洁户奖励办法》等村规民约；通过电子大屏幕、微信公众号等，播放宣传标语，还入户发放倡议书1 400余份，加大舆论宣传引领力度，增强村民环境整治意识，树立"濮里是我家，环境卫生靠大家"的共同理念。党总支、村委组建党员干部卫生攻坚小组，开展"夏季战役""秋冬战役""净美家园迎国庆"等专项爱国卫生活动。

2015—2020年，党总支、村委班子带头，根据村干部包干责任制，全体下村劳动。结合河长制工作要求，集中清理乱堆乱放杂物2580处，清运垃圾杂物1860吨，清理小广告580处，清淤河道6条，取缔露天粪坑23处。通过联合整治，优化了生活环境，提升了村容村貌。

一、道路保洁

2015年起，村里投入资金，建垃圾中转站2座，添置垃圾桶280只，做到垃圾分类、日产日清。村里聘请保洁公司维护村庄环境的长效管理，对村内主要道路配备8名专业保洁人员，采用日常保洁和集中整治相结合的方式，每日清扫村级主、次干道和支路2次，实行全日制工作制度。同时，保洁公司和村委会各派出1名巡查员，不定时巡查村庄环境卫生，对保洁员工作进行绩效考核，并将考核成绩与薪酬挂钩，提高了保洁员的工作积极性。2020年，8名保洁员工作责任到位，都受到奖励。

二、河港保洁

漾里村为水网地区，境内分布有4条南北流向与2条东西流向的主要港河，由6名村干部任河长。马家港，河长顾子云。施巷港，河长朱伏琪。莫厘港，河长朱尧祺。洋桥港，河长李文华。叶巷港，河长顾涛。漾里横港，河长陈文香。配备河道保洁员8名，每日一次打捞漂浮物，保护河道常年净洁。

河港保洁（2020）

三、村庄保洁

落实"门前三包"责任制。根据《潦里村卫生清洁户评比条例》及门前三包完成情况,每年评选出卫生清洁户,并进行奖励。检查时间为每月25日,集中检查3—4个自然村村民住宅,3个月全覆盖。此外还组织不定期检查,各组临时集合,突然抽查。查看后计算分数,张榜公布得分情况。

评比方法:每月打分,凡获评清洁户积1分,获评文明户积1分,获评人居环境党员示范户积1分。党员或村民凡作为志愿者,主动参与村人居环境整治活动,每4小时积1分,8小时积2分,以此类推。奖励方法为每季度月底兑现一次,凡1积分可兑换价值25元卫生日用品(洗衣液、扫帚、肥皂等),村民可根据当月积分,至村委会兑换领取。2020年,全村共评出320户卫生清洁户,奖励卫生日用品1 000多件。

附一　潦里村清洁户、文明户等评选活动实施方案

为贯彻落实东山镇"大美东山、幸福东山"建设工作目标,引导广大村民参与人居环境整治活动,增强村民文明卫生意识,改善村庄环境面貌,建设美好家园,潦里村开展人居环境卫生清洁户评选活动,具体方案如下。

一、指导思想

全面贯彻党的十九大精神,以习近平新时代中国特色社会主义思想为指导,开展人居环境清洁户、文明户等评选活动,引导广大村民参与村庄治理,形成人人参与、个个尽责的良好局面,让村民的获得感、幸福感、安全感更充实。

二、具体评选过程

组建潦里农村人居环境整治领导小组,每月对本村村民进行检查评比。

中横村村貌(2018)

文明户（2020）

    1. 检查范围：按卫生管理措施要求范围实施。

    2. 检查方法：检查组成员统一集合，每月25日例行检查1次，每次3—4个自然村，3个月全覆盖。此外还组织不定期检查。坚持平时检查和实地查看相结合的方法。查看后计算分数，张榜公布得分情况，并存档作为考核各组工作的重要内容。对环境卫生工作较差的农户提出整改要求，限期整改到位。

    三、评选标准

    1. "清洁户"按照《潦里村清洁户评比条例》评选。

    2. "文明户"按照《潦里村文明户评比条例》评选。

    3. 清洁户、文明户挂牌后自觉接受社会监督。

东山镇潦里村村委会
2020年1月

附二　潦里村清洁户评比条例

一、评比标准

庭院无垃圾污物、积水；室内物品摆放整齐，地面、家具、门窗无污迹积尘；

家庭成员每人一把牙刷、一条毛巾；房前屋后杂物堆放整齐，家禽圈养；垃圾存放袋中，及时倒入垃圾箱内；积极参与村、组环境卫生整治；室内外环境优美。总分为100分，达到90分以上的家庭为清洁户。每个月由漳里村人居环境整治工作小组进行评定。

二、检查评比细则

1.公共卫生：道路宽敞整洁，路面及两侧无垃圾、无堆积物；河道净洁，河面无杂草、无漂浮物；河中无障碍物，河岸无垃圾；其他公共场所保持干净整洁无垃圾。

2.室内外卫生：屋外地面干净整洁，无白色垃圾、无杂草、无乱堆乱放物品；室内物品摆放整齐，门、窗、家具无污迹；室内光线明亮，空气清新；室内外墙面无蜘蛛网；使用卫生厕所；无露天粪坑；屋前屋后布置绿化，环境优美。

东山镇漳里村村委会
2020年2月

第七节　文明新风

一、修桥铺路

1981年3月5日下午，漳里大队40多名团员青年，在团支书许补元的带领下，带着扫帚、铁铲和木桶、扛篮等工具，兵分3路，把全村4条主要道路、12个弄堂口、5条阴沟和3个井场打扫干净，积肥近10吨。

二、紧急救人

1984年7月28日中午，东太湖突降雷阵雨，湖面上瞬时电闪雷鸣，下起倾盆大雨。正摇船进港避雨的东山镇漳里村退伍军人许秋生，突然听到前面传来微弱的呼救声。他透过雨雾，发现30多米外的湖面上一只木船在打转，一个人两脚朝天栽倒在船舱里。原来是本村青年俞晓惠不幸被雷电击中，双目紧闭，脸色灰白，生命垂危。许秋生紧摇几橹，一步跳上打转的木船，根据自己在部队学到的战地急救知识，立即把雷击病人放平在船舱中，然后双手紧压他的胸部，又口对口对他进行人工呼吸，王家泾村的宋永康见后也上船相助。约10分钟后，俞晓惠终于"啊"的一声喊了出来，脱离了生命危险。

三、身残志坚

2014年2月15日，东山镇举行第二届"感动东山"年度人物颁奖活动，漳里村朱建奋等8位道德模范受到表彰。朱建奋幼年遭受事故,双腿膝盖以下被截肢,失去行走能力。但他并未消沉,读完初中后,他在镇上租了一间简陋的小店面,通过为乡亲们修鞋,以解决自己的生活收入。朱建奋的修鞋技术好,坚持以服务为主,收价较低。他的优质服务和质朴行为,受到乡亲们的交口称赞。

"感动东山"年度人物颁奖词说:修过的鞋子带着多少人日行千里,而他自己却举步维艰。娴熟的手艺为他人增添足下美丽,而他自己却困守方寸之间。当命运的绳索无情地缚住双脚,当别人的目光叹息生命的不幸,而他依然充实而有尊严地生活着。

四、敬老爱小

2020年12月,漊里村李伟家庭被吴中区委宣传部、区精神文明建设指导委员会办公室、区妇女联合会,评为吴中区2020年度"最美家庭"。6年前,妻子金建芳的母亲不幸中风,病瘫卧床,夫妻两人尽心照顾母亲。家庭生活虽然不易,李伟却没有放松读书,他利用空余时间读书学习。在父亲李伟的影响下,女儿金洁读书成绩优秀,多次获得学校奖学金。

五、先进荣誉

国家级 2017年,漊里村获全国益农信息社百佳荣誉称号。

省级 2012年,漊里村获江苏省卫生村荣誉称号。

2016年,漊里村获江苏省科普惠农服务站荣誉称号。

2017年,漊里村获江苏省人力资源和社会保障厅授予的省级创业型社区(村)荣誉称号。

市级 2011年1月,漊里村获苏州市依法治市领导小组办公室、苏州市司法局、苏州市民政局联合授予的民主法治村荣誉称号。

2012年,漊里村获苏州市生态建设领导小组办公室颁发的第三批苏州市生态村荣誉称号。

2015年,漊里村获苏州市科学技术协会颁发的苏州市科普示范村荣誉称号。

2017年,漊里村获苏州市全国"互联网+"现代农业工作会议保障工作先进单位荣誉称号。

2018年,漊里村获苏州市精神文明建设委员会颁发的2015—2017年度文明村称号。

区(县)级 1958年,红星大队青年队、第6生产队;胜利大队第5、第10、第13生产队获震泽县先进生产队荣誉称号。

1959年,红星大队第7、第11生产队和胜利大队第9、第13生产队获震泽县红旗生产队荣誉称号。

1980年,漊里大队获吴县先进单位荣誉称号。

参加村运会（2020）

发春联（2020）

志愿者帮助村民（2020）

1981年，高田大队武装基干民兵排，获吴县民兵工作三落实先进单位荣誉称号。

1986年，高田村获1984—1985年度吴县文明单位荣誉称号。

1988年，高田村、潦里村获1986—1987年度吴县文明单位荣誉称号。

1991年，潦里村获1990—1991年吴县文明单位荣誉称号。

1994年，潦里村获1992—1993年度吴县文明单位荣誉称号。

1996年，潦里村获1994—1995年度吴县文明单位荣誉称号。

2011年，潦里村获吴中区爱国卫生运动委员会、吴中区人力资源和社会保障局联合颁发的吴中区2009—2010年度爱国卫生先进集体荣誉称号。

2012年，潦里村获苏州市国土资源局吴中分局颁发的2012年度吴中区土地管理先进村荣誉称号。

2014年，潦里村获吴中区第三批全民健康生活方式行动示范社区荣誉称号。潦里村民兵营获吴中区民兵工作先进单位荣誉称号。

2015年，潦里村民兵营获2014年度吴中区先进民兵营荣誉称号。

2017年，潦里村获吴中区2016年度现代农业发展先进单位荣誉称号。

2017年，潦里村获中共苏州市吴中区委员会、吴中区人民政府颁发的2014—2016年度文明村镇荣誉称号。

2017年12月，潦里村获中共苏州市吴中区委员会、吴中区人民政府颁发的2014—2016年度文明村镇荣誉称号。

2018年，潦里村民兵营获中共吴中区委员会、区人民政府、区人民武装部授予的2017年度先进民兵营荣誉称号。

2019年，潦里村获吴中区爱国卫生与健康促进委员会颁发的爱国卫生先进集体荣誉称号。

2020年，潦里村获吴中区精神文明建设指导委员会授予的2017—2019年度吴中区文明村荣誉称号。

2020年，潦里村民兵营获中共吴中区委员会、区人民政府、区人民武装部授予的2020年度先进民兵营荣誉称号。

镇级 2009年，潦里村获东山镇第一届"东兴杯"经济增长奖。

2010年，潦里村获东山镇2009年度"四好"妇代会称号。

2011年，潦里村获东山镇2010年度人口与计划生育工作先进集体称号。

2016年，潦里村获东山镇2015年度先进集体称号。

2017年，潦里村获东山镇2016年度先进集体称号。

扫雪防滑（2018）

环保志愿队（2019）

向村民宣传垃圾分类（2020）

送戏下村（2020）

2020年，潦里村获东山镇2019年度先进集体称号。
2020年，潦里村获东山镇2020年度先进妇联称号。

第十章 社会

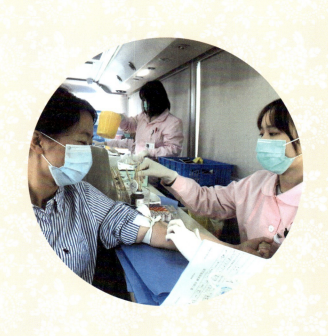

潦里村与东山镇西相连，村内教育、文化、卫生等社会事业相对集中，逐年发展，村民就近入学和就医。老年人生活和医疗有保障，村内少数特困户与残疾家庭生活得到救助，优抚、赈济、救灾等社会公益事业逐年发展。

　　古时村民以同姓相聚，筑宅港道两岸为村落。家庭以祖孙三代共同生活为多，2000年后两代人生活的小家庭渐多。旧时男女婚嫁全由父母包办，讲究门当户对。新中国成立后，提倡婚姻自由，男女青年自由恋爱结婚为多。村民勤劳俭朴，性格憨厚顽强，在长期的生产和生活实践中，形成一方特有的民风民俗。其中，有岁时、生产、礼仪等习俗，也有独特的方言、谚语等。

　　村内文化教育、医疗卫生、社会保障不断完善。勤俭节约、邻里相助、孝敬老人等社会风气不断发扬光大，涌现了一批"最美家庭"和先进个人。

第一节　教育文体

一、学校

高阳书院　明代嘉靖、万历年间，许怀耕长子许志问经商发迹，在村内筑豪宅高阳古里，内建高阳书院，以教育本族子弟。《东山镇志》载：明代画家董其昌早年未发达时，在茭田许家教过书。

茭田国民学校　1915年，西茭田前门头建办茭田国民学校。该校由宋铭勋倡办，洞庭东山旅沪同乡会诸董捐资，吴县教育部门补助，学生50多人，4年后停办。

潦田小学　1925年，绿野桥猛将堂（今属中横村）建办潦田小学，3年后停办。

新中国成立后，村内办有潦里小学、高田小学及红星中学。1990年，新建的东山中心小学，位于潦里与镇区接合部，其教师和学生大部分源于潦里小学。

潦里小学　位于潦里村上横头、庙场头等地，1950年建办。始名新潦小学，1966年更名胜利小学，1976年更名潦里小学，1992年并入东山中心小学。该校共有3个校区，港东嘴角头校区（1—2年级）、庙场头校区（3—4年级）、上横头校区（5—6年级），全校共有12个班级。

1992年并入东山中心小学，学生482个，教师16人。历任校长有郁初卿、黄克明、沈德楠、范敬国。40多年中，潦里小学为东山中学、木渎中学、苏州中学输送了不少优秀学子。潦里小学毕业生中的佼佼者有计齐根（南京大学博士）、顾荣士（浙江大学博士）、邱惠清（同济大学教授、博士生导师）。

高田小学　位于高田村大操场，1956年建办。1966年更名为红星小学，1976年更名为高田小学。校区占地面积477平方米，其中建筑面积250平方米。1992年

潦里小村民参加儿童节活动（2020）

并入东山中心小学时,有1—4年级共7个班级。学生185名,教师6名。主要教师有孙明明、张惠珍等。

二、大学生

表 10-1　　1998—2020 年潦里村本科及以上学历大学生一览表

序号	姓名	性别	考取高校	录取时间
1	朱培兴	男	扬州大学	1998
2	李文华	女	天津理工大学	1999
3	刘利平	男	武汉理工大学	2000
4	邱方亮	男	东南大学	2001
5	徐晓强	男	南通大学	2001
6	张巧明	女	苏州大学	2001
7	万定珍	女	扬州大学	2001
8	陈琳文	女	徐州师范大学	2002
9	邱方燕	女	徐州师范大学	2003
10	顾菊华	女	扬州大学	2004
11	许菁	女	南京师范大学	2004
12	顾秋明	男	南京工程学院	2004
13	许华臻	女	南京工业大学	2004
14	孟寅靓	男	天津理工大学	2004
15	宋海萍	女	江苏教育学院	2005
16	高利新	男	南京信息工程大学	2005
17	万琳	女	南京农业大学	2005
18	万敏	女	英国诺丁汉伦大学	2005
19	俞琴	女	江南大学	2005
20	俞海燕	女	苏州大学	2005
21	席新芳	女	南京中医药大学	2005
22	陈凤莲	女	江苏大学	2005
23	朱云龙	男	南京信息工程大学	2006
24	施燕龙	男	南通大学	2006
25	高炯贤	男	常州工学院	2006
26	朱慧	女	南京财经大学	2006
27	周雪荣	男	西北工业大学	2006
28	金燕芬	女	南京炮兵学院	2006

续表

序号	姓　名	性别	考取高校	录取时间
29	邓小旭	男	江苏大学	2006
30	邱玲燕	女	中国矿业大学	2007
31	俞志兴	男	苏州科技学院	2007
32	郑　伟	男	江苏工业学院	2007
33	金　艳	女	安徽工业大学	2007
34	孟尤倩	女	扬州大学	2007
35	韩康康	男	淮海工学院	2007
36	施军军	男	苏州科技学院	2007
37	陈　燕	女	南京工程学院	2008
38	俞　芬	女	东南大学	2008
39	江志伟	男	南京师范大学	2008
40	顾龙姣	女	常熟理工学院	2008
41	李　宏	女	徐州师范大学	2008
42	郑晓岚	女	三江学院	2008
43	宋山洪	男	南京工程学院	2008
44	顾雅君	女	江苏大学	2009
45	俞　超	男	苏州科技大学	2009
46	周　萍	女	南京中医药大学	2009
47	许莉莉	女	山东大学	2009
48	李　斌	女	苏州大学	2009
49	李　龙	男	南京理工大学	2010
50	屈燕林	女	北京林业学院	2010
51	杨高翔	男	北京林业学院	2010
52	朱　斌	男	盐城师范学院	2010
53	施　燕	女	南京晓庄学院	2010
54	许凤燕	女	苏州科技学院	2010
55	施怡浩	男	苏州大学	2010
56	孟雅洁	女	南京财经大学	2010
57	朱静晗	女	金陵科技学院	2011
58	郑菊凤	女	苏州大学	2011
59	陈　刚	男	盐城工学院	2011
60	朱惠娟	女	南京林业大学	2011

续表

序号	姓名	性别	考取高校	录取时间
61	顾雅萍	女	中国美术学院	2011
62	金刚	男	江苏开放大学	2011
63	席磊	男	常州大学	2011
64	李佳芬	女	西安工业大学	2011
65	韩桂芳	女	云南大学	2011
66	杨高鸣	女	扬州大学	2011
67	朱奕	女	江苏师范大学	2011
68	顾婷燕	女	盐城师范学院	2011
69	朱琴	女	南京师范大学	2011
70	施建妹	女	宿迁学院	2012
71	朱伏琪	男	江苏大学	2012
72	江佳逸	女	西安翻译学院	2012
73	宋晓菲	女	南京师范大学	2012
74	金毅君	男	南京航空航天大学	2012
75	施彦红	女	苏州大学	2012
76	李瑶	女	淮阴师范学院	2012
77	陈志耀	男	重庆大学	2012
78	顾晶昌	男	英国纽卡斯尔大学	2012
79	马琳琳	女	江苏第二师范学院	2012
80	陈敏	男	江苏理工大学	2013
81	周斌	男	三江学院	2013
82	丁贤斌	男	河海大学	2013
83	顾旻良	男	盐城工学院	2013
84	张琦	男	苏州科技学院	2014
85	俞萍	女	南京邮电大学	2014
86	陈晴佳	女	江苏师范大学	2014
87	宋子奇	男	南通大学	2014
88	许文轩	男	南京财经大学	2015
89	许佳雯	女	江苏师范大学	2015
90	郑飞	女	淮阴工学院	2015
91	金艳煜	女	苏州科技学院	2015
92	金成凯	男	金陵科技学院	2016

续表

序号	姓　名	性别	考取高校	录取时间
93	邱一枫	女	无锡太湖学院	2016
94	朱佳昕	女	盐城师范学院	2016
95	朱云龙	男	苏州大学	2016
96	朱越伊	女	盐城工学院	2016
97	陈怡杰	男	南京理工大学	2016
98	顾玉枫	女	常州工学院	2016
99	施　强	男	苏州大学	2017
100	顾晓良	男	苏州大学	2017
101	郑　虹	女	淮海工学院	2017
102	顾雅妮	女	苏州科技大学	2017
103	张　婷	女	常熟理工学院	2017
104	顾文冶	女	苏州大学	2018
105	蒋志杰	男	扬州大学	2018
106	顾鑫磊	男	苏州大学	2018
107	金诗曼	女	苏州大学	2018
108	张若瑜	女	苏州科技大学	2018
109	金诗莹	女	南京信息工程大学	2018
110	刘天阳	男	南京林业大学	2018
111	郑　弈	男	南京信息工程大学	2019
112	许秭豪	男	徐州工程学院	2019
113	沈晶芳	女	金陵科技学院	2019
114	陈华东	男	江苏师范大学	2019
115	邱夕航	男	北京化工大学	2019
116	柳晓华	女	盐城师范学院	2019
117	张燕晴	女	苏州大学	2019
118	柳心愉	女	香港恒生大学	2019
119	金　轩	男	苏州大学	2019
120	郑　霁	男	东南大学	2019
121	陈婕怡	女	南京晓庄学院	2020
122	孙正华	男	江苏师范大学	2020
123	秦益飞	男	江苏科技大学	2020
124	俞　琴	女	南京财经大学	2020

续表

序号	姓　名	性别	考取高校	录取时间
125	于晨迪	女	盐城师范学院	2020
126	顾艺君	男	南通大学	2020
127	郑东玮	男	南通大学	2020
128	张宇婕	女	南通大学	2020
129	韩煊怡	女	宿迁大学	2020
130	李晨怡	女	华东师范大学	2020
131	朱俣良	男	常熟理工学院	2020

表 10-2　　　　　　　　　　潦里村历任大学学历干部一览表

姓　名	性别	职　务	学　历
施洪林	男	党委书记	大学专科
顾建福	男	党委副书记	大学专科
施建荣	男	党委副书记	大学本科
陈伯林	男	经管站站长	大学专科
李文华	女	党委委员	大学本科
朱尧祺	男	党委委员	大学专科
陈文香	女	村委委员	大学专科
朱伏琪	男	党委委员	大学本科
顾　涛	男	村委委员	大学本科
刘明刚	男	民兵营长	大学专科
朱春燕	女	社保协管员	大学专科
金　芬	女	农技员	大学本科
万本茂	男	原党总支书记	大学专科
朱连兴	男	原党总支书记	大学专科
俞福荣	男	原党总支副书记	大学本科
许红娟	女	原党委委员	大学专科

三、文体设施

施巷港村宣传长廊　位于施巷港西侧、高田村通往东山镇区主道西侧，建于2015年。长250米，宽2.5米，以绘图为主，图文并茂。内容涉及"百行德为首""凡事法为先"与"保护生态环境，倡导文明新风"等，共66幅图画。法制专栏主要有介绍社会主义核心价值观、二十四孝等内容。环保专栏绘有东山自然景观和四季果品。

高田新村宣传栏（2020）

高田新村宣传栏 位于高田新村与东山商城交界处，2016年建。长30米，宽2米，有6块宣传专板组成。主要内容为东山镇"善行义举榜"中6位道德模范人物的先进事迹，有江苏省"师德模范"吴金根、50余年为乡亲行医的"江苏好人"夏兴根、几十年如一日照顾患病女儿的韩志萍等。

港西法治墙 位于港西、桥西交界的门前港两侧，2016年建。有4大块宣传墙面，面积100平方米，图文并茂，以宣传法治为主，有学法、用法、护法、法治4大类内容。

中横健身场 位于中横村，东横港西侧，2018年建，占地面积200多平方米。配置有室外健身路径健身器材1套，内有单杠、双杠、跑步机、牵引器、太极推手、蹬力器、扭采器、天梯等。旁有《全民健身路径功能示意图》，介绍健身路径主要功能及锻炼方法。

中横健身场（2020）

前门头健身点 位于前门头村，2018年建，占地面积100多平方米。配置有室外健身路径健器材1套，内有单杠、双杠、跑步机、牵引器、太极推手、扭采器等。

东高田健身点 位于东高田新村，2018年建，占地面积80多平方米。分2处安置，配置有室外健身路径健身器材1套，内有单杠、双杠、跑步机、太极推手、扭采器、牵引器等。

四、文体团队、表演

宣传队 1966年，胜利大队、红星大队成立毛泽东思想宣传队，共41人。胜利大队宣传队22人，排演革命样板戏《红灯记》（锡剧）与"天大地大不如党的恩情大""北京的金山上光芒照四方""翻身农奴把歌唱"等歌舞、说唱节目。红星大队宣传队19人，排演样板戏《智取威虎山》及表演相声、说唱等节目。分别至各生产队及东山镇区演出。1970年停办。

舞龙队 男子青龙队，成立于2010年，由12名男子组成。青龙长12米，每逢春节、国庆和庙会，在高田村、东山镇区与莳山进行舞龙表演。女子黄龙队，组建于2011年，有10名青年女子组成。黄龙长10米，表演时舞龙女子统一着黄色服装，英姿飒爽。2011—2020年，先后在东山旅游节、民俗风情节、碧螺春茶文化节与庙会上表演10多场。

文艺队 分港西、上横、西高田、东高田、石柱头5支队伍，有2000多人参加表演。表演节目有出猛将、打腰鼓、挑花篮、扭秧歌、打莲厢、舞花环等。东高田猛将文艺队有100多人参演，有舞龙、锣鼓、腰鼓、莲厢、花篮等10个小组。2019年农历六月廿四日，赴莳山演出，数万人观看。

健身广场舞队 2008年，社会兴起健身广场舞，漖里村一批中老年妇女，自

女子黄龙队（2019）

莲厢队表演（2015）

扇子舞表演（2019）

发组队，傍晚集中在村域广场、操场、老年活动室等公共场所跳广场舞，分健身舞、交谊舞、街舞等，既锻炼体质，又增进友谊。后门头广场舞队，25人，成立于1998年，每年至东山镇荷花节参演。2002年，获东山镇"鑫叶杯"广场舞比赛前三名。东高田广场舞队，22人，2011年建办，多次到镇里参加表演。2020年，全村有5支广场舞队伍，约120多人参演。

第二节 医疗卫生

1922年夏，潦里西荄田旅沪商人金锡之在东山春在楼创办时疫医院，免费为乡人就诊给药。1947年7月，东山连旬暴雨，太湖洪水泛滥，因淹死的牲畜来不及掩埋而引起瘟疫，潦泾乡乡公所设医药站，编号第9站，职员郑先生负责送药防疫。每周一次，接受东山寿亲义庄免费发送的长春丹、天中茶、米帕林、痧药水等防疫药品，及时发送全村各家。新中国成立后，政府重视卫生事业，村级医疗机构与设施不断增多与完善。

一、村（大队）卫生所、合作医疗站

1969年，胜利大队、红星大队设立大队合作医疗，称大队卫生所（后改称合作医疗站）。836户社员全部参加合作医疗。资金来源为社员每人每年出1元钱，集体（大队）从公益金中出资2元钱。方法是社员到大队卫生所看病，每人每次收诊费0.05元，药费全部由大队卫生所报销。大病转到公社医院或外地医院治疗，住院医药费报70%。如果年终超支，大队卫生所再给予补助。节约部分转入下一年支出。社员看病基本不出大队，生重病治疗得到保障。1970年，胜利大队卫生所就诊病人150多人次，大病转院12人。

1969年，胜利大队合作医疗室设在港西猛将堂。1971年，迁至中横张家弄许宅。1969—1971年，红星大队合作医疗室设在高田猛将堂。

1976年，东山公社、大队联办合作医疗，公社设合作医疗办公室，经费统一使用。潦里大队、高田大队社员至医疗站看病，个人交诊费1元，大队出1元，公社财政补助1元。社员生大病转外地医院治疗，个人负担30%，大队、公社医疗部门各负担35%。

1977年，潦里大队卫生室被吴县卫生局命名为示范卫生室和洞庭公社中草药先进典型合作医疗站。7月，赤脚医生许福兴出席吴县合作医疗赤脚医生先进代表大会。9月，许福兴被选为苏州地区卫生革命先进个人。

1980—1997年，潦里村（胜利大队）、高田村（红星大队）赤脚医生、保健医生有许福兴、宋明兴、朱彩英、陈伯荣、李根娣、周玲珍。东山镇卫生院还委派医

生吴瑞林到高田村指导，共同承担医疗业务。2003年11月，潦里村、高田村合并，卫生服务社区站搬迁至新潦村新农村小区，由保健医生俞林峰、俞才林、朱兴康、沈本男统揽医疗业务。

二、血吸虫病防治

20世纪50—60年代，潦里地区港河交叉，不少小港小渠水流不畅通，河边水草丛生，为钉螺滋生繁殖地。村民常年饮用此水，或在河浜旁干活，血吸虫病感染率高。1949年前，村内血吸虫病患者许毛二、施小狗、陈阿三等，均因无钱治疗而亡故。

查螺灭螺 1956年，胜利、红星高级社贯彻执行国家积极防治血吸虫病的方针，向广大社员宣传血吸虫病的危害和防治的科学知识，组织群众开展查螺灭螺工作。对境内浅河浜、小沟渠、沼泽地等发现钉螺的地方，采用开沟填埋、沤塘泥浆、药物喷杀等方法灭螺。

1964年10月，洞庭公社在新潦片召开血防大队长会议，研究部署新潦、渡桥、东山3个片，24个大队的灭钉螺工作。1965年春，胜利大队16个生产队查出钉螺面积1.14万多平方米。其中，小河浜约8 100平方米，占70%以上。红星大队11个生产队查出钉螺面积1.25万平方米。其中，河滩、围圩田9 370平方米，占75%以上。对所有查出的钉螺滋生地，洞庭公社卫生院组织医务人员投放五氯酚钠药粉灭螺。同时，开展粪便化验，一般生产队社员每人3送3验，重点队人员6送6检，查治血吸虫病患者等综合性防治工作。1965年冬，胜利大队对境域粪坑进行普查，全大队放置河边、路旁与家前屋后的422只粪坑，有387只粪坑中存在钉螺，占80%以上。一些埋在港畔的粪坑，雨季粪便溢出，流入港道，血吸虫病又不断传染。发现问题后，公社血防组协助大队把港边粪坑移至岸上隙地，禁止在港河中洗刷马桶，号召社员粪坑加盖，有效控制了血吸虫病的传染。

1970年春，东山潦里地区茭白港口芦荡里发现大面积钉螺，约有2千多亩。钉螺是血吸虫繁殖的温床，也是血吸虫病的传染源。吴县县政府从全县34个公社、镇抽调1.5万人，2个月内筑圩1.55万米，筑土方22.4万余方，把茭白港口发现钉螺的芦荡全部筑圩围起来，然后在血防专业人员指导下，一次性投放"五氯酚钠"100吨杀灭钉螺。经过多次反复杀灭，终于彻底消灭了钉螺，送走了"瘟神"。为纪念这次大规模的灭钉螺运动，这只围圩被命名为"血防圩"。

1971年春，胜利、红星大队负责抓血防工作的大队干部和生产队血防卫生员31人，到晨光大队参加公社召开的血防工作第二战役誓师大会。4月，胜利大队立即行动，召开各生产队副队长、妇女队长、血防员会议，研究部署结合农业生产，进行查螺灭螺工作，全大队复查河港、滩涂、圩田等钉螺滋生地1.2万平方米，对查出的1200平方米尚有少量钉螺的河沟进行药物灭杀。

治疗血吸虫病 1966年10月起，国家对农村血吸虫病检查和防治实行免费治疗。

各大队凡检查出血吸虫病患者，集中一个月进行封闭式治疗，生产队还给予工分（误工补贴）。胜利大队血吸虫治疗站设在上横猛将堂南搭建的医疗棚内，查出有血吸虫病的32名患者分批治疗。每批治疗时间半个月，医药费全免，生产队按出勤照记工分。治愈出院时，每人1次发5元钱改善营养。1966—1967年，胜利、红星大队有65名患者入院治疗并治愈出院。1967年冬，大队普查及治疗血吸虫病基本结束，个别未治愈的晚期患者，直接送东山地区人民医院中心治疗组医治，半个月后出院。

附一　口述采访：农村合作医疗站与治疗血吸虫病

地点：潦里施巷港25号

时间：2020年7月24日下午

访问对象：许福兴（1946年生，原胜利大队合作医疗站赤脚医生）

执笔者：杨维忠

陪同人：许阿四、张才生

执笔者：老许，你是胜利大队合作医疗站第一任赤脚医生，也是20世纪70年代农村治疗与消灭血吸虫病的见证人，想请你谈谈当年农村合作医疗和消灭血吸虫病的治疗过程。

许福兴：先说说我当赤脚医生的过程和当时的情况吧。我是1965年参军入伍的，在部队是连队卫生员。1966年到过越南前线参战，在战场上救护伤员负过伤，立过功。1968年，我退伍回到原籍东山胜利大队务农。1969年，农村各大队创办合作医疗站，因我在部队任过卫生员，大队党支部挑选我来负责这项工作。

赤脚医生是社员们对土医生的俗称，不是真的赤着脚替村里人看病。也就是医疗站办在农村，医务人员不脱产，同生产队社员一样每天计工分，年终参加所在生产队分红。合作医疗站是20世纪70年代农村的新生事物。1969年春，大队派我先到东山人民医院学习3个月，结束后又到木渎吴县人民医院进修3个月，回来就开始给村民看病了。

执笔者：你能具体谈谈村里合作医疗站的面积、设备、药品和赤脚医生的工作情况与收入吗？

许福兴：胜利大队的合作医疗站设在港西猛将堂，共3间房子，约120平方米。中间是门诊室，右边为药品室，左边为简单的诊疗室。只有听诊器、体温计、血压计和吊盐水瓶的架子等简易医疗设备。药房里常备30多种药品和针剂。药品每月至东山人民医院购买，费用大部分是大队支付。

医疗站有3名工作人员。当时农村生活贫穷、艰苦，劳动强度大，患各种疾病的人多，医疗站里经常人满为患。一年365天，我们天天上班，有时夜里还要出诊。病人多时一天80多人就诊，并且大多挤在下午，30多平方米的门诊室无法挤下这么多人，病人排队就诊，我们也站着替患者看病。

赤脚医生，顾名思义就是拿工分的医生。因各个生产队报酬有高有低，赤脚医

社区医疗站（2019）

生的年终收入也不同，有时相差还比较大。我们医疗站3名工作人员都记生产队最高劳力工分，1970年，我全年记工分4 230分，这年我们生产队年终分配每工（10分）0.70元，我全年获酬296.1元。医疗站一名姓朱的负责接产的女医生，她记生产队半劳力（妇女）的最高工分，全年2 580分，她们队报酬高一些，每工（10分）分0.95元，虽工分记得少，收入却与我相近。

执笔者：20世纪70年代，农村合作医疗最大的成绩是送走了"瘟神"，确保农民身体健康。当时你们村血虫病患者有多少，是怎样治疗的？

许福兴：1973年春，国家大张旗鼓开展"送瘟神"运动，为患者免费治疗血吸虫病。胜利大队2 500多人，有65人大便中查出患血吸虫病，多数为18—50岁的男性，也有少量女青年和中年妇女，主要是常年下水劳作接触钉螺的原因。

医治血吸虫病各大队都搭简易棚治疗。胜利大队医疗棚搭在上横大坟头，约有100平方米。病人主要是吃药，1天1包，1个疗程为半个月。服了治血吸虫的药对人的心脏有一定的影响，所以患者集中治疗，白天和夜里都不能离开，若发生危险好及时抢救。病人治疗期间，生产队每天照记全额工分，结束后我们大队每人发5元营养费。65个患者分2期治疗，半月后在他们的大便中查不出血吸虫卵，就算治愈了。只有第8生产队的蒋阿传年纪比较大，1个疗程下来大便中还有虫卵，后来转到公社医院去再治疗半个月。

执笔者：听说为了给患者治病，你自己也传染了血吸虫病，请你说说当时的辛苦程度和后来自己的治疗过程。

许福兴：胜利大队血吸虫病医治室，我是主要负责人，也算主治医生吧，每天要工作10多个小时，给患者发药、测体温、听心脏，遇到服药后心跳衰微的患者还要进行抢救。最艰苦的是化验大便，当时条件差，化验时要把粪便掏稀，又脏又臭，经常恶心呕吐。不料60多个病人前后2期治疗结束后，我自己也检查出患了血吸虫病，可能是在给患者治疗期间不小心传染的，后来也到公社办在五七农场的血防治疗医院住院半个月治疗，病愈后出院。

执笔者：血吸虫是"瘟神"，过去造成"万户萧疏鬼唱歌"的悲惨景象。1973年前后国家大规模开展治疗血吸虫病后，村里还有人患血吸虫病吗？

许福兴：血吸虫从患者的粪便排出，钻入钉螺后才能繁殖，人要是赤脚下水劳动，血吸虫钻入人体内危害健康。灭杀钉螺是消灭血吸虫病的关键。1973—1985年，县、镇卫生部门每隔3年就要组织血防工作人员对潦里一带的钉螺易生地进行复查，一经发现立即采取措施扑杀。1986年冬，潦里村、高田村在上级卫生部门部署下，出动100多人，用了84个劳动日，进行冬季复查钉螺工作，复查面积1 500平方米，未查到钉螺。1995年春，东山卫生部门再次组织人员对钉螺滋生地复查，2个村复查小河浜32条，面积近3 000平方米，均未查到钉螺。血吸虫失去了寄生的钉螺，就无法生存，自然消亡了。

三、大病风险医疗

1997年，潦里村、高田村实行大病风险医疗，该医疗由东山镇政府组织，参加者出少量的钱，依靠集体财政支持，对生大病者住院提供资助。1997—1998年，每人每年收费8元。1999—2000年，每年每人收费10元。2005年，每人收费40元。2010年，每人收费140元。2015年，每人收费200元。2020年，每人收费420元。潦里村所收医疗基金：2003年为47 730元，2010年为51 426元，2020年为62 076元。

村民参加农村大病医疗保险逐年增加。2003年10月起，潦里村凡男满60周岁、女满55周岁，均可参加农村大病医疗保险，全村参保人数为4 773人。2020年，全村参保人数为1 551人。2020年，村民看病金额凡超过6 000元，社保卡自动结算报销，补贴到个人市民卡上。为保障村民身体健康，享受医疗改革成果，2016年起，村里每年出资组织男60周岁、女55周岁以上老人，到东山人民医院进行免费体检。2020年，潦里村1 233名老人参加免费体检，其中男554名、女679名。

老年村民购买健康意外险。2020年，村里为1 233名60周岁以上老人购买意外险，每人每年40元。

第三节　村民生活

新中国成立前，潦里村人穿的是蒿黄衣（常年在芦荡劳作而染成黄色），吃的是五更饭（每天凌晨早餐后摇船入太湖干活），住的是冷摊屋（屋顶没有望砖而四季透风），出门寸步难行（四面是港河）；收入低微，几乎终年不购荤菜，不添衣裤；文化落后，迷信盛行，不文明的语言多。新中国成立后，村民的衣食住行、收入消费、文化生活发生了巨大变化。

一、衣食住行

衣　民国时期，境域内绝大多数村民都穿粗布衣服，仅少数有钱人家夏穿绸服，冬着皮袄。一般村民仅逢年过节才穿新衣、着新鞋，平时均穿缀满补丁的旧衣裤，"新三年，旧三年，补补缝缝再三年"是村里人昔日生活的真实写照。尤其是潦里村男子，因常年穿蒿黄色的衣服，又缺少替换，一到街上，就能被认出是潦里人。冬天北风呼啸，贫困者则穿单衣夹裤或破棉袄，腰里束根草绳，在寒风中瑟瑟发抖。家境较好一点的人家，也大多穿家织的夏布粗衣，冬天防寒性能差，夏季散热慢，穿着很不舒服。

20世纪50—60年代，男女服装布料以卡其布为主。男子穿对襟上衣、束腰长裤、圆口布鞋；女子穿斜（大）襟罩衫、半长裤、圆口搭襻头鞋，后期改为方口，称"北京鞋"。

农家院（2020）

摆席（2020）

农家村宴（2020）

潦里民居（2020）

70年代后，男女服装布料以的确良为多，流行的确良衬衫、涤卡中山装、列宁装等，布料色彩以蓝色为主。

80年代起，以毛绸织物为主，男女流行穿西装、夹克衫、羽绒服、毛呢大衣、毛绒衫等。90年代以来，服装品牌繁多，男女服装由购布料自做改为购买新衣，款色新颖、色彩鲜艳。年轻一代追求高档名牌，老年妇女欢喜色彩醒目、彰显个性。

食 饮食平时为一日三餐，农忙时凌晨摇船入湖捞草，增加一餐，称"五更饭"。村中有"潦里人，多吃半世，少睡半世"之谚，意思为潦里人终年辛劳，比一般人每天多吃一餐，少睡半夜觉。以米饭、粥食为主，辅以面食。一般早餐吃粥，中午吃饭，晚餐饭、粥相间，以饭为多，称吃夜饭。1959—1961年，粮食歉收，人均口粮不足100千克（稻谷），副食品奇缺，不少人吃不饱肚子，至莼菜塘挖莼菜根、芦荡挖芦根充饥。1963年后，社员分配口粮逐年增加，温饱问题得到解决。

1960—1990年，村民平日菜肴以自种蔬菜为主，过节、祭祖及红白大事才上街买鸡鸭鱼肉等荤菜。春节时村民家一般都杀头肥猪过年。20世纪90年代以后，主食用量逐年减少，副食品增多，村民家饮食一般荤素搭配，讲究营养，逢年过节菜肴更加丰盛。2020年春节，潦里村村民相约至饭店包桌吃年夜饭的较多。

住 潦里村11个自然村，传统住房都建在港河边，过去大多为平房，冷摊瓦、泥地皮，房屋简陋，质量较差。90年代起，村民开始翻建楼房，房屋质量不断提高，绝大多数为混凝土钢架结构。2000年，东山镇农村翻建楼房资料统计，1990—2000年，潦里村翻建楼房523幢，高田村翻建楼房411幢。21世纪初，潦里村一部分较富裕的村民，率先开始建造别墅。住房面积发生很大变化，50—70年代，村民人均住宅面积不足15平方米。1978—1990年，人均住房面积30平方米。1990—2000年，人均住宅面积70平方米。2001—2020年，人均住房面积在100平方米以上。

行 过去，村民出行以摇船及步行为主，有"进村出村靠支橹"之说。60—70年代，村民出行从水路改为陆路为主。80年代后，村里普遍购买自行车、电动车、摩托车，除老年人步行外，年轻人出行大多以车代步。2000年后，汽车在农村悄然兴起，2020年，全村拥有汽车1 100多辆，大部分为小轿车。同时，电动三轮车在村中普及，每天上午或傍晚，长辈开着三轮电动车到学校送接晚辈上学、放学，成为水乡一道亮丽的风景线。

附　口述采访：我的晚年很称心

时间：2020年7月25日上午

地点：潦里桥西村朱根林家

访问对象：朱根林（1928年生，村民）

执笔者：杨维忠

陪同人：许阿四、张才生

执笔者：朱老伯，你今年已93岁高龄，身板硬朗，眼不花、耳不聋，思维也很清晰。你经历了新旧社会两重天，也是新中国站起来、富起来、强起来的见证人，想先请您谈谈过去的日子。

朱根林：我们朱家祖祖辈辈是潦里村的庄稼人，靠养鱼为生。有根福、根林、根兴、定男老弟兄4人，我排行老二。解放前靠租富户的鱼池过日子，家里人口多，常常吃了上顿无下顿。当时村里流传一句话，叫"日吃托塔米，夜烧活芦柴"，意思吃的是放在手心里的一点米，烧的是刚从芦荡里割来的活芦柴，可想日子过得有多苦。1949年7月里太湖发大水，租来的鱼池全被大水淹没，鱼逃了个精光，但鱼塘租钱不能少，日子实在过不下去了，兄弟4人出门打工活命。那年我已22岁，在外睡的是破庙，吃的是猪狗食，打了一年短工，勒紧裤带省了点钱，回家路上被太猢狲（湖匪）全抢光，到家里抱着亲娘哭。直到1950年土改，我家分到了2只鱼池，日子才安定下来。

执笔者：1980年前，农村体制为人民公社三级所有，生产队为基本核算单体，社员参加队里集体劳动，年终分配，当时的生活过得怎么样？

朱根林：我生有3个儿子和1个女儿，全家6个人，全靠夫妻2人参加生产队劳动挣工分过日子。我们夫妻2人，出一天工挣工分16分。我是全劳力，得10分；妻子半劳力，得6分。1975年，生产队每工报酬0.5元，夫妻两人劳动一天得0.8元。记得这一年除去春节和雨雪天，2人共参加劳动320天，分红应得256元，而6个人一年米、柴、油预领 360 多元，透支 100 元。一年到头几乎不上街买菜，只是到了年底生产队抽干鱼池，分点洋土白鲢（卖不起价钱的鱼）进门，其余全靠自留地上种点菜、屋里养几只鸡过日子。那时大家最向往的生活是"楼上楼下，电灯电话，穿了硬壳皮鞋走上走下"，村里人还当山歌唱。直到大约是 1984 年，生产队分鱼池联产承包后，我家劳力多，也肯吃苦，勤劳致富，日子才像太湖里的芦根——节节甜。

执笔者：你晚年的日子过得称心吗，生活来源主要是靠子女，还是靠政府，有啥感想？

朱根林：2000 年前后，我家洪兴、补兴、兰兴 3 个儿子都造起新楼房，楼房前有花园，楼后有车库，接我去住，可我住不惯，还是原来桥西的老屋方便，也热闹。儿女们都很孝顺，要给我生活费，我不想要。现在政府每月给我 800 多元，加上老伴 600 多元，2 个人 1 个月 1 400 多元生活费足够了。逢年过节子女硬要给个 1 000 或 800 元钱，我们也就收下了。媳妇、女儿烧了好吃的菜，总要送点来给我们吃。早上老伴上街买菜，我起床吃茶，收音机里听段早书。我们下午睡个觉，看看电视，傍晚坐在港西桥畔同老邻居们聊聊天。吃穿不愁，健康长寿，年轻时做梦也没有想到，我的晚年的生活这样称心。

二、收入消费

收入　旧时，村民主要靠养鱼、育蚕、卖芦苇及经营少量圩田为生，鱼池埂上种蔬菜卖钱补贴家用。高田村靠近镇区的村民，参与些商贸活动，以增加收入。新中国成立初，村民种田、养鱼等农渔业生产，抵御自然灾害能力差，生产水平较低，收入没有保障，只能维持温饱。

1960 年，红星大队年终分配，人均 90.5 元。当年全大队有 170 户得分红，211 户透支。胜利大队人均分配 89.7 元，155 户有分红，279 户透支。

1970 年，红星大队人均 123.7 元，301 户得分红，155 户透支。胜利大队人均 124.7 元，327 户有分红，162 户透支。

20 世纪 80 年代，农村实行家庭联产承包责任制，发展村办企业，漳里大队、高田大队农户收入连年提高，购置"三大件"（自行车、缝纫机、手表）、"新五件"（电风扇、电视机、收音机、洗衣机、电冰箱）者逐年增多。

2000 年，漳里村人均纯收入 5 518 元。当年拥有汽车 3 辆、摩托车 40 辆、电脑 3 台、电话 450 门、手机 200 部。高田村人均纯收入 5 620 元，当年拥有汽车 11 辆、摩托车 122 辆、电脑 3 台、电话 380 部、手机 150 部。

2003 年，高田、漳里两村合并后，农业、工业生产同步发展，村民经济收入每 5 年翻一番。2004 年，人均收入 6 257 元。2010 年，人均收入 1.19 万元。2015 年，人均收入 2.66 万元。2020 年，人均收入 3.72 万元。

消费　村民衣食住行消费水平不断提高，2000 年起，漳里村村民日常生活消费人均达 4 500 多元。除生活必需品与住宅外，耐用高档消费品包括电视机、洗衣机、电冰箱、电脑等普及率全村达100%。小轿车普及率达80%，平均每3.5人就拥有一辆汽车。楼房、别墅普及，住房面积增加。2020年，全村房屋面积37.38万平方米，户均275平方米，人均72平方米。外出旅游逐渐普及，村内每年至外地旅游的村民（包括60周岁以上，村里出资组织外出旅游）占50%以上。

第四节　社会保障

一、养老敬老

为村民免费量血压（2020）

2003年10月起，潦里村凡男满60周岁、女满55周岁的903名老年村民均享受基本养老金，所发标准为每人每月120元。以后，农村基本养老金逐年递增，2007年1月，增加到每人每月130元。2009年4月，增加到每人每月140元。2010年1月，增加到每人每月180元。2020年，增加到每人每月560元。

从2003年起，村里男60周岁以下、女55周岁以下的村民参加农保。2020年，潦里村有1935名参加养老保险的村民领到养老退休金。其中，享受城保退休金的有1060人。

2008年，村里凡年满90周岁的老人，每人每月发放50元尊老金，全年共计600元。2011年，年满80周岁的老人，每人每月发放50元尊老金。同时，90周岁以上老人尊老金，每月增加到100元，全年共计1200元。2013年起，年满75周岁以上的老人，年底送上100元尊老金。

2017年开始，村里多方面提高老年村民的尊老待遇，一是分年龄档次继续提高对老人的尊老金，其中，70—79岁，每人每月增发100元；80—89岁，每人每月增发200元；90岁以上，每人每月增发300元。二是每年重阳节，给70岁以上老人送重阳糕、长寿面等慰问品。

2020年，全村1551人参加农村大病医疗保险，参保率达100%。为保障村民身体健康，享受医疗卫生事业改革成果，2016年起，村里每年出资组织男60周岁、女55周岁以上的老年人,到东山人民医院进行免费体检。2020年,村里为1 543名(其中男743人、女800人)60周岁以上老人购买意外险,每人40元。

二、助残帮困

20世纪90年代初,东山镇好来日化厂、制胶日化厂、标准件厂、蓄电池隔离板厂为福利工厂,安排一部分有劳动能力的残疾人员进厂就业。高田村、潦里村有80%的残疾人被安排进厂工作,帮助他们自食其力解决生活困难。1990年起,村里对一部分失去劳动能力的残疾人进行定期补助救济,每年5月份的助残日,发动村民募捐资助残疾人员。

2014年起,村里重残而生活特困家庭给予重点生活救助,每户每月300—1 000元。2018年,村里有重残、重病人员32名,全年补助金额20.6万元。2019年,村里重残人员35人,全年补助金额24.5万元。2020年,村里重残人员31人,全年补助金额22.6万元。

潦里村残疾青年朱建奋,幼年遭受事故,双腿膝盖以下被截肢,失去行走能力,村里帮助他在东山镇区租了一间小店面,以修鞋解决自己的生活问题。朱建奋修鞋技术好,坚持以服务为主,只收取较低的价钱,受到大家称赞,被东山镇评为第二届"感动东山"年度人物。

三、扶贫救济

1995年起,村里对特困户、低保及低保边缘家庭,由党员干部结对帮困,解决他们的生活困难,帮助他们发展生产,增加家庭经济收入,改善住房条件。2007年起,村里在上级民政部门的支持下,对村里无业三级智残、低保户、低保边缘等3类生活困难村民,每月给予生活补助,补助金额逐年增加。对特困残疾人生活费进行补助,2007年,每人每月为300元;2010年,每人每月增至420元;2015年,每人每月增至900元;2020年,每人每月增加到1 045元。

2020年,村里共救助、补助重残、精智残、低保、低保边缘、无业等5类生活困难村民70人,其中,特残8人(5户)、精智残(无业)8人、低保24人(12户)、低保边缘30人(28户)。每月救助、补

益农信息社上门服务(2020)

助金额 63 224 元。

第五节　传统习俗

一、岁时习俗

烧头香　正月初一，慈云庵烧头香。慈云庵，又名莫厘峰观音庵，位于东山之巅莫厘峰。每年除夕半夜，村人成群结队从施巷港到镇上，又从雨花坞攀上莫厘峰，争烧头香，祈求全家安康，生活节节高。女子文艺宣传队表演自编自演的歌舞、说唱等文艺节目，欢度节日。

献路头　正月初五，传为财神爷生日，家家晨起放爆竹，置供桌，接财神，村人称为"献路头"。银湖路店铺夜半接财神，仪式隆重。黎明燃放爆竹开市，柜台招牌前点粗大金字蜡烛。祈盼新年招财进宝、生意兴隆。村中接财神习俗年年红火，祈盼生活像芝麻开花——节节高。

出獠反　正月初九，出獠反。当日夜晚，獠里人都手提红灯笼，沿马家港、施巷港而上，路人越聚越多，最后形成一条"火龙"，绕着东山古镇转，景象极为壮观。

出獠反（2018）

据说清代时潦里的税捐特别重，村人实在活不下去了，于是聚众到王衙门前的太湖府衙请愿减税，俗称"潦反"，并且一代代传了下来。2000年后，演变成一场健身运动与旅游项目。

吃野粥 正月十六，对着鹊巢临时支灶，将米、豆类、杂果等熬煮成粥，称之"烧野粥"。据说旧时东山人春季多病，至山涧旁搭灶烧野粥，吃野粥后能去病消灾。2000年以后，这一习俗有所发展，是日不少城镇游客到村中农家品尝"野粥"，以求全家安康。

披红 二月十二，俗称百花生日。剪红彩绸系在庭院或门前花木枝头，亦有用红纸条粘裹在枝上，谓之"赏红"。据说百花仙子喜红色，"赏红"后花仙子降临院中，春来花儿开得旺。作为传统习俗，2020年，农家别墅庭院里花木大多盛行"披红"。

端午节 五月初五，俗称"端阳"。家家户户门头悬挂菖蒲、艾草、蒜头。妇女头上插艾叶、榴花。吃粽子、黄鱼，饮雄黄酒，并将酒喷洒室中，可祛虫毒。孩子头戴虎头帽，脚穿虎头鞋。男女佩辟瘟丹、雄黄荷包及用网袋装的独囊大蒜或樟脑丸，辟邪除秽。2000年以来，端午节村中开展以纪念屈原为主要内容的爱国主义教育。

伴观音 亦称"陪观音"。六月十八，传为莫厘峰观音菩萨生日，是日傍晚，村人成群结队，从法海坞天井湾或雨花坞四角亭攀登大尖顶观音庵，汇成进山朝香大军。他们边唱边舞，通宵达旦，烧头香，求阖家平安，至第二日清晨下山，曰"伴观音"，2020年仍盛行。

荷花节 六月廿四，村人成群结队到莳山赏荷花，进高香。步行、乘车、坐船，赶到莳山十里荷塘观赏荷花。潦里村上横、港西、东高田、后门头、前门头5尊猛将神，全被抬出庙堂，每尊猛将用2条船连起来，上铺木板，把猛将神像抬上船，开往莳山赏荷。荷花节上表演舞龙、逗狮、荡河船、扮大头娃娃等各种文艺节目。2019年荷花节，潦里村5

荷花节水上表演（2019）

尊猛将都坐船到葑山赏荷。

乞巧节 七月初七，传说这天牛郎织女鹊桥相会，牛郎、织女星九天重逢。过去村妇供瓜果斋牛郎织女，向织女乞巧穿针之艺。方法是取鸳鸯水（河水和井水）置庭院中，待日间中午，盆中浮引线（缝衣针）而视其影，以别巧拙。若针浮于水面，将视为巧妇；若针沉于盆底，将戏为笨女。该习俗作为一种游戏，受到大众青睐。

插"三牛" 七月三十，当晚村里各家各户门前都点插地香于庭阶，名"九四（狗屎）香"。相传元末张士诚名九四（一说名九思），据说苏州时对吴中百姓不错，后来张为朱元璋所败，百姓为纪念他而烧此香。是晚村里儿童把棒香遍插茄子、北瓜、莲蓬上，名曰"茄牛""瓜牛""莲牛"。孩子们提着"蓬牛"在村中夜游，乐此不疲。2020年仍

莲牛（2019）

盛行。

重阳节 九月初九，又称老年节、敬老节。相传重阳登高可避灾祸。是日吃重阳糕，糕上插有三角形彩色小纸旗。村中年轻人大多陪伴老人们去莫厘峰、三茅峰、寿坟山登高赏景。关爱敬重老人是当今践行的美德，这一习俗有新的内涵，2020年重阳节，村里向老人发敬老费、重阳糕、平安梨等。

掸尘 十二月中旬后，家家准备过年，办年货（包括吃、穿、用及送礼的礼品），磨糯米粉、蒸糕，称"年糕"。全家男女老少一起动手打扫屋舍，洗刷门窗，名为"掸尘"，有除去一年来的污垢，迎接新一年到来之意。如今生活水平提高，过日子天天像过年，备年货有所省略，但年前掸尘的风俗仍在村中盛行。

廿四夜 十二月廿四，做"廿四团"送灶神，并祭以各色果品，又以饴糖为供。据说一年中，人们每做一件事，说一句话，家里灶王爷都知道得一清二楚，故有"人在做，天在看"之谚。傍晚，家中主妇用糖水轻洒灶间，然后默默祷告一番，"甜言蜜语"哄灶神上天说好话，回地保平安。2000年后，家家使用煤气灶，是日进行一番安全检查。

祭祖 十二月二十九，小年夜。村中家家祭祖，称"搬年碗"。漖里村先祖大

多为南宋时从北方迁来,旧时"搬年碗"都向北摆放供桌,点燃香烛后朝北面跪拜,寓意宗族来自北方,不忘故乡家园。2020年,村里除夕"搬年碗"供桌都朝南摆放了。

除夕 十二月三十,大年夜。傍晚起,家家吃年夜饭,酒菜丰盛,席间说吉利话,吃鱼称"年年有余",肉圆、虾圆称"团圆",蛋饺称"元宝",青菜、黄豆芽叫"长庚""如意"。

祭祖(2019)

父母以红纸包钱给小孩,称"压岁钱"。晚饭后全家围坐一起看"春晚",看到开心时全家哄堂大笑,其乐融融。除夕夜半以后燃放鞭炮、焰火,连续不断至黎明。2020年,为保护农村环境,村中除夕燃放爆竹的家庭明显减少,只有往年的一半人家。

迎新年(2019)

二、生产习俗

（一）渔俗

造船 漊里人世代以养鱼、捕鱼为生，家家有船，打造船是一生中的大事，十分隆重。造船过程中要办3次酒席，第一次是"开工酒"，宴请造船工匠；第二次是"定星酒"，船造好底，上船梁时宴请船匠；第三次是"下水酒"，相当于造船完工酒。最后一次酒席，邀请的亲友、客人最多。在新船的船头钉上利市钉和红绿绸，贴上写有吉利语的红纸对联，选择好吉日良辰，在爆竹、鞭炮声中，推船徐徐下水。来吃下水酒的亲友，都要送馒头（取其"发"）、定胜糕（取其"胜"）、甘蔗（取其"节节高"）等礼物祝贺。船下水以后，便开始宴请宾客。

漊里人打造的木船，以生产为主，旧称"漊撒子""下荡船"，即常年在湖荡中作业的船。木船长7米，宽1.5米，两头翘，中间凹，船身轻，速度快，可载重2吨多。这种木船虽小，但结构很复杂，有20多个部件组成。

造船忌讳有三：一是船顶头不能撒尿。传说每条新船下水，湖神娘娘都会派水仙来保平安，船头撒尿将吓走仙人。二是竹篙不能露出船头，枪打出头鸟，篙子出头，将浪打船头，在太湖中行船会遇到危险。三是筷子不可搁在碗上，要平放。要是吃好船宴饭筷子搁在碗上，意味着日后船将遇到"搁浅""触礁"等事。21世纪后，这些造船忌讳大多无禁，只是船顶头撒尿很不文明，仍被禁止。

鱼汤饭 过去村里人养鱼均为一家一户，一般都是夫妻劳作，每逢年底牵捕或干池（把鱼塘用水车车干），须要10多人协作。如干池须8个人轮班，连踏3天3夜水车。牵捕或干池后，东家要用鱼宴盛情招待帮助干活的人和亲戚，俗称"吃鱼汤饭"。桌上菜肴全部为鱼鲜做成，最出名的是鲢鱼头豆腐汤，鱼汤中放入少量胡葱、辣酱，乳白色的浓汤里青翠碧绿，泛起点点红光，加上喝几口白酒，既鲜美可口，又驱寒去湿。2020年，此风俗仍盛行，但鱼汤饭变成鸡鸭鱼肉齐全的酒宴，有的还把鱼汤饭办到饭店或宾馆。

（二）蚕俗

养蚕在漊里已有数百年历史，过去有"春蚕半年粮"之谚，也形成许多蚕俗。

养蚕之前，有敬蚕之俗。旧时正月东山唐子岭上有以漊里人为主的"抢会"习惯，据说第一个冲到岭下桑地的预示蚕花丰收。"抢会"结束后，村里把参赛的小猛将轿背上所插的蚕花旗（纸制小黄旗）分散给各户供于灶间，以保当年养蚕吉利。

清明前一日，采"百草"与粽子水洗门槛，洗后将养蚕顺利。家中敬蚕神、贴蚕猫图、防鼠害蚕（用红纸剪成猫形窗花贴于墙壁，以吓老鼠）。孵种时蚕娘身穿棉袄，将蚕种焐在胸口孵化，称"暖种"。家里揿蚕种后，闭门谢客，大门上套红纸印成的"蚕花榜"，告诫旁人，无须往来。养蚕期间忌生人入屋，恐带来邪气，实为防病菌传染。忌开油锅、忌食蒜韭、忌蚕室四周锄草。酱油、豆腐不能直呼其名，说成红油、素肉。忌说死（死蚕只能悄悄拣出，不能言传）、姜（避僵蚕之讳）、油（避油蚕之嫌）、葱（以免犯冲）等。

蚕眠称"睡觉"，每眠一次，长大一倍。三眠后，用米粉做成实心无馅茧团蒸食，名"茧收"，寓意收成到手。上茧龙后村人恢复串门，互相祝贺，称"望山头"。采茧以后，蚕家门户洞开，称"蚕开门"。

1990年后，农村产业结构调整，潦里村已不再养蚕，但一些蚕俗仍保留，如春节猛将会插蚕花小旗，立春家中贴蚕猫图，以及"大眠头""望山头""蚕开门"等养蚕形成的俗语仍流行。

三、礼仪习俗

（一）婚礼

苏州市"非遗"保护项目。潦里村婚俗隆重吉祥而内涵丰富，从男女青年定亲至完婚有一整套过程。

订婚 村里人称之为"定亲"或"攀亲"，如今称"订婚"。通常是男方主动提亲，若女方同意，男方请媒人（今称"介绍人"），约期"相亲"。双方中意者，选定吉日，办定盘酒。男方送订婚礼，俗称"送小盘"。女方回盘，俗称"行盘"。聘礼有毛料、绒线、金首饰（戒指、耳环等）。订婚后，男女双方开始走动。男称"毛脚女婿"，女称"未过门媳妇"。如今自由恋爱，双方看中，到民政部门登记后直接结婚。

通路 含通"路"之意。选定结婚日期（村里人称"好日"）的半年前，男家先送"通路"（通知女方婚期的礼金），使女方有充分的时间办嫁妆。结婚前一天，白天男方派人去女家抬嫁妆，俗称抬"行嫁"。其中箱梯、甘蔗是必有之物，寓意"步步高"和"节节甜"。现男方送"通路"有房屋、轿车、大额存折等。也有女方陪嫁轿车、金首饰、大额存折的。

迎娶 男家称讨新娘子，女方名嫁女儿。男方雇用鼓乐队（旧时抬花轿，现开轿车）去女家娶新娘子。迎亲车队少则几辆，多则数十辆，车队到门口鸣放爆竹，女家闻声，紧闭大门，屏息无声。几经恳求，门内提出要钱，称"开门钱"。亦有要烟、要糖果的，意在热闹嬉笑一番，增添喜庆气氛。满足女家送嫁亲戚（主要是青年人、孩童）要求后，大门洞开。新娘经梳妆打扮，对在场的亲戚长辈逐个道别。有母女抱头哭泣的，谓之"哭嫁"，乃吉利之举。结婚是人生大事，也是一生中最大的喜事，应该高兴。如今女儿嫁出门，很少再有"哭嫁"，都是笑着同亲人告别。

结亲 新娘娶到男家，当夜"拜堂"及祭拜祖宗，以及向公婆、长辈行礼。过去，有新娘到男方堂屋后，几个小时喜娘不扶之出轿门，谓之"捺性子"，即给新娘来个"下马威"，到夫家后不可任性，要遵"三从四德"，这是封建糟粕，现已绝迹。是夜新娘由小姐妹陪伴睡在新房内，新郎则另睡他处，称"嫁郎先嫁床"。第二天为结婚正日，男方大摆喜筵，诸亲好友都来祝贺吃喜酒。新娘的父母、兄弟都光临男家，称作"做新亲"，含新成亲戚之意。男家陪席的叫"陪新亲"，从这天起，两家成为亲戚。一般新婚夫妇当晚返女方家吃晚宴，称"回门"，也有次日去女方家吃回门酒的。

闹新房 该习惯为婚礼当日高潮。男家通过闹新房讨吉利,增加欢乐气氛,增进亲友感情。俗语说"闹新房无大小",过去认为新房越闹越发,常有过分之举,使新郎新娘无所适从。2000年以来,已演变为请新郎新娘介绍恋爱经过、婚后打算或做些咬苹果之类的小游戏取乐。

(二)喜庆

煮蹄髈(2020)

六朝 小孩生下第6天,称六朝,主人家办"六朝酒"宴请亲友,亲戚送"奶水盘",主要以猪蹄髈、鲫鱼、鸡蛋、云片糕等礼品相送。2020年,村中小孩过"六朝",亲戚送贺礼都要以现金为主,一般送200—500元不等,也有送千元,甚至万元的。主人家过去回赠红蛋,现在以回送大米、食油等为主,既经济又实惠,不浪费。小孩生下满一月,称满月,做"剃头团子",分送给"六朝"贺礼的亲朋好友和左邻右舍。

生日 人到四十岁为分界,前称过生日,后名做寿。潦里一带很重视过生日,家中有人到诞辰之日,必吃面、食蛋糕相贺,以祈长寿。年龄整十的生日,如50、60、70岁等称大生日,其他生日称小生日。以30岁生日为重,因"三十而立",又有"三十不做,四十不发"之说。2000年后,村人普遍给儿童过生日为多,点蜡烛、吃蛋糕、唱生日歌。

造房 吃上梁酒与完工酒最为热闹。新房上正梁之日,亲朋好友送鞭炮和糕、团、面、馒头、粽子等,俗称"上梁盘"。上梁仪式完成后,工匠以及亲友都到东家吃面,晚上备丰盛酒席招待客人,称吃"上梁酒"。新屋建造基本结束后,主人办"完工酒"答谢,邀请范围较广,除亲友、工匠外,凡帮助造屋出过力的人和左邻右舍都在邀请之列。酒席摆在新造的房子里,还要猜拳行令,热闹一番,表示祝贺,并寓意新屋落成后兴旺发达。2000年后,村里完工酒等都在饭店或酒楼举办。

做寿 村中年满60岁,经济条件尚可之家均有做寿习俗。临近寿辰,诸亲好友送寿礼祝贺。有寿烛、寿桃、寿面、寿糕等。寿辰那天,寿翁家备丰盛筵席,招待宾客,谓之"吃寿酒"。有些庆寿之家还请鼓乐队吹打,增加热闹气氛。2020年做寿,亲朋好友以送现金为多。寿酒依然丰盛,或在家中自办,或至饭馆宴请。

(三)丧葬

送终 人将寿终时,子女等须侍奉床前,若子女远在他乡,急电召至,以同亲人见最后一面。死者气绝,将床帐撤去。点烛引路,死者由孙儿捧头,儿子捧脚,遗体转之客堂。然后头朝南,双脚绑绳朝北,称停灵。双脚绑绳,据说恐死者复活吓人。头侧前遮布帏,点长明灯。家人轮番哭丧,寄托对亲人哀思。当晚亲友陪夜,吊唁。从20世纪90年代起,吊唁以现金为主,称"代箔",含代烧锡箔以悼念之意。

做寿桃(2020)

过去吊唁仅数元或数十元,现一般300—500元,近亲有吊数千元的。

出殡 旧时为土葬,死者葬至棺材入土。出殡时,路边点烛烧纸,谓送亡者上黄泉路。子孙穿白衣,头戴白冠,着麻鞋,由人扶着哭送。吊唁者与死者平辈以下,发给白腰带,给死者送行。结束后,送葬之人每人持2支点燃的棒香,返回丧事之家,喝糖水、赤豆粥。晚吃夜饭,过去以豆腐为主,称吃"素饭"。约从2000年起,素饭鸡鸭鱼肉兼备,与婚宴无多大区别。出殡后,家中悬遗像,摆"坐台",台点一盏"七灯",一直不熄,直七七四十九天而终。

旧时茭草编织放纸钱的库篮(2016)

断七 死者入殓后,亲属守孝,49天,每7天分别称头七、二七、三七……其时须禁欲、素食、不理发、不掸尘,家中不搞任何娱乐活动。过年、若参加婚嫁宴会不得坐首席,每天凌晨祭饭、哭早,称"做早饭"。三七由女儿做三七饭,叫"换饭"。五七为招魂日。"断七"后撤坐台、除孝。进入新世纪后,这些祭供活动大多已不存在,仅摆 1 月 "坐台" 以祭。

落葬 选择墓地，择吉日开兆，称 "破土"。将棺材（今为骨灰盒）放入穴中，叫 "登位"。墓前设碑、立墓志铭，记述死者生卒年月、后裔名字。葬后 3 日，事家须上坟祭供、哭亲，称 "上新坟"。2020 年，亲人遗体火化后，骨灰盒直送东山镇公墓安葬，由公墓工作人员书写逝者姓名并刻碑竖立墓前。

第六节　方言　谚语

一、方言

苟歇：现在。
齐巧：正好。
即开：刚才。
葛辰光：过去时。
野段：偏僻荒凉。
当中横里：正好中间。
出客人家：当官或经商之家。
庄户人家：农事为生之家。
擦刮腊新：崭新。
舌葛乱盘：乱说一通。
刮拉松脆：说话干净利索。
浮头噼啪：冒冒失失。
珠裤头：内短裤。
盆子眼：眼光短浅。
长衫不束腰：高攀。
五黑愣登：肌肉发达。
皱皮拉东：衣着不整齐。
插蜡烛：办事过程中出问题。
把细：小心。
捉死做：不会变通。
水蟹：善干水里农活。
强头歪脑：不听话。
懊悔：后悔。
落习柴：坏事。

险家伙：差点儿。
碰着发：心血来潮。
吃生活：挨揍。
舞受舞受：心神不定。
梗梗叫：闹别扭。
跌角翘：唱反调。
煞念：过瘾。
横戳枪：斜刺里闪出。
投五投六：没目标瞎撞。
一天世界：一塌糊涂。
扳要：一定要。
速劈：速度快。
突头呆：一时愣住。
交关：非常多。
弗作兴：不应该。
假使道：如果这样。
划灵子：暗示。
痴花野迷：敷衍。
度死日：得过且过。
喇叭腔：办事没着落。
做人家：节俭。
舒齐：准备好。
霍肉：贴心。
呆板数：肯定。

险家伙：差一点。

二、谚语

盘塘老鸦吃死食。
鱼汤饭好吃网难抬。
多吃半世，少困半世。
浮浮一太湖，捞捞一夜壶。
看看在眼前，摇摇几十里。
潦里人苦命人，采罢莼菜采野菱。
莼菜荡里烂手丫，野菱窝里戳坏脚。
小满枇杷黄，太湖银鱼肥。
寒鲫夏鲤，赛过补药。
西风响，蟹脚痒。
江里桃花漂，龙门鲤鱼跳。
四五六，蟹长壳；八九十，鱼长肉。
养鱼怕个洞，种花怕条缝。
水深大鱼到，水浅小鱼逃。
菊花黄蟹肥壮，一立冬蟹无踪。
二月夜雨，渔家饭米。
鱼有鱼路，虾有虾路，泥鳅黄鳝各有路。
桃子枝头熟，鲢鱼胜过肉。
小暑黄鳝赛人参。
黄豆花开，鱼虾食来。
人冷穿袄，鱼冷钻草。
强捉鳗鲤善捉鳅。
药补不如食补，食补多喝鱼汤。
水清无鱼，湖清无草。
夜里池塘田鸡叫，明朝晴好气温高。
发尽桃花水，必是旱黄梅。
夏雨隔鱼塘，黄牛湿半边。
早上雌鸭叫，大雨马上到。
田鸡呱呱叫，长工坐八轿。
太湖里摇船总有碰头日。
过了淀山湖，勿忘屋里苦。
雨打五更头，晒干鱼塘头。
早阴晴，午阴雨；半夜里阴不到明。

晴不晴，看星星；满天星，明天晴。
若要晴，望山青；若要落，望山白。
东北风雨太公，西南风热烘烘。
三朝雾露发西风，若无西风雨不空。
春霜不隔夜，连夜雨来洒。
夏寒多旱，夏雾多雨。
白露日的雨，到一处坏一处。
小暑一声雷，依旧返黄梅。
处暑十八盆，有一盆无一盆。
早立秋凉飕飕，夜立秋热吼吼。
秋天怕夜晴，夜晴天亮阴。

第十一章 人物

元代末年，许氏从水东（今临湖）迁居西茭田，明中期经商发家，成为东山首富之一，为潦里人物之始。清代徐氏、金氏、俞氏家族中亦有名贤和文人，他们的事迹广为后人传颂。甲午海战中，徐氏叔侄为抗击日本侵略者英勇献身，他们的功绩永垂不朽。本章记述历史人物、革命烈士及省级劳动模范，并对历届县（区）以上的党代表、人民代表（政协委员）和复员退伍军人，以及在社会主义建设中取得个人荣誉的村民进行表述。

第一节 人物传略

许廷璧（1509—1598） 字完之，号怀耕，明西茭田人，商人。祖安二、父必能均贾于南京，家道富庶。许廷璧20岁赴南京随父经商，有心计，家业隆起，有声于宁。40岁后弃贾回家养亲，孝闻乡里。回乡后他把自己经商之术传授给里人，发现族中善贾的年轻人，推心置腹乐为交友。晚年他出资与人合伙经营，家业更加富裕。许廷璧尤好施与，村人有难相求，他必尽力周给。法海寺、莳山寺修缮，他均出重资以赞助。壮岁喜读书，通大义，说古谈今，谆谆不倦，村人皆乐听之。子二，长志问，次志闻，皆儒商。

许志问（1550—？） 字裕甫，一字冲愚、冲宇，明西茭田人，"钻天洞庭"代表人物之一。家庭兄弟分工，兄志问好读书，以期获取功名；弟志闻善经商，以维持家业。志问入南京国子监读书后，参加科考屡次落榜，他突然醒悟，大丈夫立世不必拘于章句之间，于是弃儒行贾，与弟志闻合力经营，家业大振。兄弟俩以南京为大本营，协力同心，运筹帷幄，遣人北走燕齐，南贩闽广。明末辽左、京师、临清、徐州、南京、长沙等地，都有许氏经营的店肆商号。明万历、天启年间，茭田许氏以巨富称雄东山，时东山言富者必首推翁许两家。

许志闻（1552—1593） 字弘甫，号少耕，明西茭田人，志问之弟，"钻天洞庭"代表人物之一。志闻少承父业，曾携货北走齐燕，南贩闽广，艰苦创业。"家富于财而好行其德"，凡上门有求者，志闻无不尽力而为，鼎力相助。万历十六年（1588），岁大饥，灾民载道，志闻捐粟二百石以赈灾，又会同东山诸赋长，按户济粮，埋锅施粥，救活灾民千人。惜积劳成疾，英年早逝，卒后兄志问为之撰《少耕公行略》。

许元恺（1598—1683） 字德先，明末清初茭田人。许明臣之子，志闻之孙。苏州府学生，明末参加复社。专精举业，延名儒宿学为师友。家中置驿馆，宴请名士，岁无虚日。士大夫凡过往洞庭东山，必为东道主。宅中有紫逻阁，环境清幽，备文房之具，为宴请之处。先后宴请的名流有申时行、朱国桢、温体仁、杨廷枢等。每月邀友朋至阁中会课，第其甲乙。张溥举办复社，元恺亦参加焉。

许元功 字茂勋，号更生，明末清初茭田人。许明达之子，志问之孙。明崇祯年间太学生。清兵入关，中原祖业尽毁于兵火。中年遭丧乱，家计窘迫，仍酒歌淋漓，钟情于诗画。晚年自号更生，或画兰数笔，或写诗数首，自乐其中。与名士钱谦益、归庄等友善。病将卒，以生平诗稿一束，封后授二子曰："必嘱灌溪（李模）作序。"门生私谥曰静曜，并名其集。著有《静曜隐君集》数卷。

许章光（1636—1707） 字紫眉，号晦堂。清茭田人，诗人。读书怀古，好持议论。与翁巷、翁澍以诗见称于吴伟业，作诗立意落落于异人，以平淡入幽沉，雅健老境而多变离奇，有苏东坡诗之风骨。年过七旬，仍苦捉笔，故生平著作极富，作诗2 000余首，著有《晦堂杂诗》等。然子孙不才，弗守其遗书，诗作大多失散。

许炳光（1640—1666） 字紫雯，号雯山，清茭田人，章光弟，诗人。清初遭时事变化而尽失家业，生活困苦，仍不废吟咏。侨居松江南桥，自号海翁，以诗称于时。其兄章光子孙不肖，诗稿售于市，炳光收录其散诗汇编成卷，序而藏之。年过八旬，仍手抄蝇头细书四大本，间有改动字句，每字必注明原见于何处。著有《芙蓉亭集》《海滨馀稿》等。

许永镐（1663—1729） 字既受，号在亭，清西茭田人，许志闻裔孙，许礼耕长子，许振光之孙。县诸生，以岁贡选授金坛县学训导，怀宁县学教谕，后授福建延平县丞。年70岁，仍意气勃勃，不畏崎岖而在任，以慈祥称。后去任归山，闽地人书颂之，百姓称其为"土地公公"。他在金坛教学时，张中丞抚闽，建紫阳书院以教育士子，月课宣讲，中丞命许永镐理之，且亲书"孝弟人家"匾额以示嘉誉。著有《训饬士子文注疏》。

俞榛（1713—1767） 字振林，号广成，清茭田丰乐桥人，儒商。弱冠赴临清经商，20年后归里。乾隆九年（1744），撰《东山俞氏世谱》，记载俞氏迁山500年间家族世系。父俞涟，乾隆年间朝廷恩锡寿翁。儒学世家，俞榛及子正蒸、孙世塘、玄孙昌铨，四代均为太学生。世塘字楚珍，号琢亭，河南宜阳县丞。昌铨字掌纶，号薇园，候选府照磨。

徐景颜（1865—1894） 清茭田人。早年肄业于北洋水师学堂，每次考试成绩均列前茅。多才多艺，凡箫、笙、琴、竽等乐器均会吹弹，能创作曲谱，在水师学堂中以才子称。熟读《汉书》，又善于论事，遇事有独到见解。25岁时被参将副水师提督丁汝昌看中，留身边任事。光绪十八年（1892），中日甲午海战爆发前夕，他正在东山探望母亲，接到水师急令，要他火速归队，徐景颜有些不忍。母明大义，催儿速归。徐景颜知战端一开，随时可能为国捐躯，晨起至母房内拜别，持箫入卧室，据枕吹箫。箫声凄厉，若泣若诉，哀动四邻。少许，徐景颜掷箫索剑，上马而去。1894年，在黄海大东沟洋面上与日海军作战时阵亡，遗骸散落海岛。衣冠遗物归葬东山莫厘峰下莫家坞口将军墓。

《乡志类稿》中关于徐景颜的记载（民国）

徐梁（1873—1894）　字希颜，清芰田人。北洋舰队"来远号"大副、游击将军。光绪九年（1883）投考北洋水师学堂，习期满，各科成绩名列前茅，受到北洋大臣李鸿章接见，授以五品军功赏赐，并委以把总补用，充任水师平远舰械司，继又被调至康济舰代理大副。光绪二十年（1894）四月，中日甲午海战起，时徐梁给假回东山与翁家小姐完婚不到两月，接到舰队急令，遂告别新婚妻子，挺身北上。六月，调署北洋海军右翼左营守备兼来远舰大副。八月十八日，在黄海大东沟洋面上巡逻，突遭日舰炮击，双方发生激战。"来远号"鱼雷舰重创日军主力舰后，不幸被日舰围攻、击毁。遗骸与船只断裂的碎片被炮弹气浪抛至数里外的荒岛上。事后清廷抚恤，加游击衔，衣冠遗物归葬东山莫厘峰下莫家坞口将军墓。

金锡之（1881—1960）　名基应，东高田人。东山雕花楼主人。幼年，读私塾于家乡。少年时，由同乡席微三带至浦东川沙典当为学徒。民国初，任上海日商取引所(交易所)理事长。以后自立门户，设公茂纱号，经营棉花、棉纱、棉布和美孚石油。一度被推举为上海纱业公会会长。其经营发迹时，家财号称百万。1921年，在东山施巷港老宅建造春在楼，又名雕花大楼，至1925年竣工，造价17万银圆（是年黄金价每两49.5元，折算黄金3 741两）。被誉为"江南第一楼"。1937年，日军侵华，金锡之沪地工厂大部被日军飞机炸毁。他仍在沪从事经营纱业，但境况日衰。抗战胜利，改从事证券交易，以养家糊口。1947年，蒋经国在沪"打老虎"时破产。

金锡之像（民国）

俞亢咏　民国时芰田人（后居翁巷席家湖），儒商。生于书香世家，好读书，常常手不释卷，经商之余，精研西洋文学，译述甚富，尤爱英国文豪毛姆作品，曾翻译上百万字的毛姆作品。20世纪30年代，他曾在上海编《小说月刊》发行。任过洞庭东山旅沪同乡会秘书与《洞庭东山旅沪同乡会三十周年纪念特刊》编辑委员。

俞云林（1928—1979）　港西人，解放军正营级干部。1951年入伍，后随部队南下，至福州军区守备师服役，任福建三明军分区干部科科长（正营级）。在部队服役23年，荣立三等功10次。1974年转业至上海无线电三厂工作。

张祖林（1939—2014）　高田村人。东山镇经营管理办公室主任。江苏省劳动模范。东山农村经济改革中，他起草《东山镇完善农村经济承包责任制的意见》，并组织实施。操作过程中，张祖林认真做好服务指导，并解答农民提出的政策性问题，受到广大农户的好评；帮助企业建立规章制度，加强财会人员和企业经营者培训，推动企业内部管理水平提升，1990年，东山镇25家乡镇企业通过验收，其功不可没。张祖林多次被评为市级农经先进工作者，1990年被评为吴县劳动模范，1991年被评为江苏省劳动模范。

第二节 人物简介

郑根大 生于1946年，高田村人，江苏好来日用化工厂厂长。江苏省劳动模范。1986年，创办东山制胶日化厂，经过几年的努力，该厂从一个只有10多名工人的小厂，发展成有500多名职工及一定规模的江苏好来集团。办厂初期困难重重，他克服困难，凭着一股韧劲，带领职工办起江苏好来日用化工厂，累计为国家上缴税收4000多万元。企业发展后，他关爱残疾人员，将东山镇200多名残疾人员安置到厂内就业，受到社会和当地群众的好评。1993年，被评为苏州市劳动模范。1995年，被评为江苏省劳动模范。全国乡镇企业家协会常务理事。

许福兴 生于1946年，潦里村人。江苏省作家协会会员。1965年参军入伍，曾参战，荣立三等功1次。1968年复员，任胜利大队赤脚医生。后至东山人民医院工作。1984年走上文学道路，在《文学青年》刊物发表短篇小说《三进剃头店》。先后在人民作家网、太湖网发表中短篇小说《草草收场记》《六六》等。在《新华日报》《苏州杂志》发表《医治》《二凤》《买鱼种》《俭妹》《水乡》等文学作品。散文《太湖捞水草》入选《全国诗歌散文集》。短篇小说《两度鬼门关》《怀念连长汤海春》入选部队出版的回忆录。出版有《飘云下的绿色流水》等2部长篇小说。

许阿武 生于1947年，潦里村人。东山人民医院外科主任、院长助理，副主任医师。1968年参军入伍，1975年至徐州医学院学习，毕业后分配至徐州市解放军第88医院外一科工作，任主治军医。1978年起，至济南军医学校修业深造，参与"大网膜包肺术的实验研究与临床应用"，获军区科技进步四等奖。1986年，至上海解放军第二军医大学长海医院肝胆外科进修。1989年转业至东山人民医院工作。1996年，晋升高级职称。1998年，获吴县市一级医院外科学科带头人证书。

邱惠清 生于1948年，潦里村人。同济大学教授，博士生导师，同济大学机械工程与能源工程学院机械系副主任，工程机械研究院总工程师。曾获上海市教学科技成果一等奖、上海市育才奖和同济大学教学名师称号。长期从事机械振动、工程机械智能化、环保设备研究。主要研究成果有上海市自然科学基金项目"旋振能量磨粉磨机理研究和机型开发""应用模糊优化技术，开发超微粉磨系统""有机垃圾生物减量化处理"等。主持及参加纵向横向科研项目40多项。发表科技论文50多篇，获国家发明专利10项。他设计的上海外滩国际金融服务中心移动幕帘，属国内第一个大型建筑外移动幕帘，成为上海市的动态标志性建筑。

张伟兴 生于1958年，高田村人，空军高射炮某团政治处主任。1978年入伍，1982—1985年，任团军械修理所雷达技师。1985年在部队历任团政治处干事、股长、营教导员、政治处主任、团政委，空军某旅政治委员。2006年，被解放军总政治部评为全军优秀党务工作者。1986—2008年，在部队荣立三等功6次。1988—2006年，被解放军总参、总政、总后等通报表彰8次。2006年，解放军总政治部授予张伟兴全军优秀党务工作者荣誉称号。2009年转业至地方工作，历任苏州市国资委副主任、党组成员，市政府国资委副主任、纪检组组长，市委巡视组长。2016年起享受省级劳动模范待遇。2017年，被江苏省纪委、省人力资源社会保障厅表彰为全省纪检监察系统先进个人。

姜利荣　生于1960年，高田村人。1981年毕业于苏州丝绸工学院，1987年加入中国共产党。历任苏州市科委对外交流中心副主任，苏州市科委技术市场管理办公室主任，苏州市地震办公室主任，苏州市科委党组成员、副主任。苏州市建设局党组成员、副局长，后兼苏州市地震局局长。2007年，任苏州市机关事务管理局党组书记、局长。2017年—2020年，任苏州市人大常委会环境资源城乡建设工委主任。苏州市第十六届人大代表。中共苏州市第十二届代表。

张伟宏　生于1963年，高田村人。1982年参加税务工作。1986年加入中国共产党。1991年电大财政税收专业毕业，2000年中央党校大学毕业。历任吴县税务局秘书股副股长，吴县市国税局办公室主任，苏州市国税局直属局党组成员、副局长。2018年起，任国家税务总局苏州工业园区税务局党委委员、副局长等职。

附　在党五十年党员简介（按入党时间先后为序）

金勤荣　生于1938年，上横人。1957年3月参军，解放军某部战士。1956年3月入党，1961年9月复员回原籍务农。曾任洞庭公社机电站站长。

江泉方　生于1937年，桥西人。1956年3月参军，解放军某部战士，曾参战。1960年9月入党，1961年9月复员回原籍务农。曾任胜利大队团支部书记。

张有根　生于1937年，桥西人。1960年9月参军，解放军某部战士。1962年11月入党。1961年9月复员回原籍务农。曾任胜利大队第4生产队队长。

宋本官　生于1940年，港西人。1960年9月参军，解放军某部班长。1963年11月入党。1968年3月复员回原籍务农。曾任东山乳胶厂厂长。

顾连兴　生于1942年，中横人。1964年3月参军，解放军某部班长。1966年3月入党。1968年3月复员回原籍务农。曾任胜利大队民兵营长。

宋根官　生于1944年，港西人。1964年3月参军，解放军某部战士。1966年8月入党。1968年3月复员回原籍务农。

朱益林　生于1944年，港西人。1967年3月入党。曾任胜利大队党支部书记。

陈积财　生于1945年，港西人。1965年10月参军，解放军某部班长，曾参战。1967年5月入党。1970年1月复员回原籍务农。曾任胜利大队第7生产队队长。

朱兰生　生于1943年，港西人。1965年3月参军，解放军某部战士。1968年5月入党。1969年3月复员回原籍务农。曾任胜利大队第5生产队队长。

顾泉法　生于1944年，港西人。1964年12月参军，解放军某部战士。1968年

7月入党。1969年3月复员回原籍务农。曾任胜利大队党支部委员。

郑和兴，生于1944年，前门头人。1965年9月参军，解放军某部战士。1968年9月入党。1971年3月复员回原籍务农。

朱福兴　生于1944年，上横人。1965年9月参军，解放军某部战士。1969年5月入党。1971年3月复员回原籍务农。

柳阿多　生于1944年，前门头人。1965年1月参军，解放军某部战士。1969年6月入党。1971年3月复员回原籍务农。

郑惠林　生于1949年，前门头人。1969年4月参军，解放军某部副班长。1970年7月入党。1973年1月复员回原籍务农。

徐生男　生于1940年，前门头人。1970年9月入党。曾任红星大队党支部副书记。

俞六宝　生于1947年，桥西人。1969年12月参军，解放军某部战士。1971年3月入党。1975年3月复员回原籍务农。

张才生　生于1949年，后门头人。1970年1月参军，解放军某部战士。1971年4月入党。1975年3月复员回原籍务农。曾任高田村党支部委员、村委会主任。

郑如珍　女，生于1932年，东高田人。1971年5月入党。曾任高田村党支部委员、村妇女主任。

第三节　人物名录

表11-1　1955—2020年今潦里境域退伍、复员军人表（按入伍时间先后顺序排列）

序号	姓　名	出生年月	入伍时间	退伍时间	职务履历	所在自然村
1	俞云林	1928.8	1951.3	1974.3	科长	港西
2	朱定男	1933.12	1955.3	1958.3	刘伯承警卫员	中横
3	叶福林	1934.1	1955.3	1958.3	杨得志警卫员	后门头
4	张补男	1934.3	1955.3	1958.3	班长	中横
5	朱泉林	1935.1	1955.3	1958.3	战士	港西
6	顾阿林	1935.12	1955.3	1958.4	战士	港西
7	顾学林	1935.8	1955.3	1958.4	战士	后门头
8	顾如兴	1936.2	1955.3	1958.4	副班长	中横
9	金勤生	1936.2	1955.3	1958.3	副班长	港西
10	俞雪林	1936.9	1955.3	1958.4	战士	桥西
11	江泉方	1937.5	1956.3	1961.9	班长	潦里

续表

序号	姓　名	出生年月	入伍时间	退伍时间	职务履历	所在自然村
12	张有根	1937.11	1957.3	1961.9	班长	桥西
13	金勤荣	1938.7	1957.3	1961.9	战士	上横
14	俞荣传	1941.5	1960.3	1964.11	战士	港西
15	宋本官	1940.1	1960.9	1968.3	班长	港西
16	顾凤根	1940.3	1960.9	1968.4	战士	港西
17	顾三化	1944.9	1963.2	1968.2	班长	港西
18	俞五宝	1944.1	1963.3	1966.1	战士	港西
19	顾连兴	1942.12	1964.3	1968.3	班长	中横
20	张洪生	1942.12	1964.3	1968.3	班长	上横
21	宋根官	1944.6	1964.3	1968.3	战士	港西
22	柳阿多	1944.4	1965.1	1969.3	战士	前门头
23	金巧泉	1944.8	1965.1	1969.1	战士	桥西
24	陈积财	1945.1	1965.1	1970.1	班长	港西
25	许福兴	1946.2	1965.1	1968.5	战士	施巷港
26	朱福兴	1944.11	1965.1	1971.3	班长	上横
27	朱兰生	1943.11	1965.3	1969.3	战士	港西
28	席永林	1944.1	1965.3	1969.4	战士	前门头
29	张夫根	1944.3	1965.3	1968.3	战士	中横
30	朱洪福	1944.8	1965.3	1969.3	战士	上横
31	顾泉法	1944.2	1965.5	1969.3	战士	港西
32	顾洪生	1943.5	1965.9	1969.1	班长	上横
33	郑林根	1944.1	1965.9	1969.1	班长	花园潭
34	郑和兴	1944.2	1965.9	1971.2	战士	前门头
35	于本大	1947.8	1968.4	1970.1	班长	前门头
36	柳福兴	1947.7	1969.12	1975.3	班长	前门头
37	俞六宝	1947.9	1969.12	1975.3	战士	桥西
38	张才生	1949.8	1969.12	1975.3	战士	后门头
39	朱连生	1948.4	1969.3	1971.3	战士	东高田
40	施福荣	1947.1	1969.4	1973.1	战士	后门头
41	陈林根	1947.9	1969.4	1973.1	战士	桥西
42	郑惠林	1949.7	1969.4	1974.1	副班长	前门头
43	许补元	1949.11	1969.4	1973.1	班长	中横

续表

序号	姓　名	出生年月	入伍时间	退伍时间	职务履历	所在自然村
44	金才发	1949.12	1970.1	1974.2	战士	上横
45	张德庆	1947.8	1970.1	1975.3	战士	中横
46	席永根	1948.3	1970.12	1975.3	班长	银湖新村
47	席二狗	1949.8	1970.12	1975.3	副班长	上横
48	俞夫林	1950.12	1970.12	1975.3	战士	前门头
49	宋阿二	1951.7	1970.12	1976.3	班长	上横
50	张寿福	1951.9	1970.12	1976.3	副班长	中横
51	唐阿五	1952.3	1970.12	1976.3	战士	东高田
52	俞三男	1952.8	1971.1	1975.3	副班长	花园潭
53	顾根兴	1952.8	1971.1	1976.3	战士	中横
54	张甫根	1951.4	1973.1	1976.3	班长	桥西
55	俞小林	1951.11	1973.1	1976.3	战士	港西
56	周妙发	1951.12	1973.1	1977.3	战士	前门头
57	顾福林	1952.6	1973.1	1977.3	班长	前门头
58	朱根才	1952.11	1973.1	1976.3	战士	东高田
59	邱荣林	1954.2	1973.1	1978.3	副班长	后门头
60	顾正根	1954.7	1973.1	1978.3	班长	银湖村
61	陈布兴	1954.12	1974.12	1980.1	班长	东高田
62	施永良	1955.1	1974.12	1980.1	班长	中横
63	顾夫林	1953.7	1975.1	1977.3	战士	中横
64	金巧福	1957.9	1976.12	1981.1	班长	东高田
65	顾定法	1956.3	1976.12	1981.1	班长	桥西
66	金财发	1956.12	1976.3	1980.1	战士	桥西
67	王兴财	1957.4	1976.3	1980.1	战士	东高田
68	顾阿六	1958.1	1976.3	1980.1	战士	前门头
69	许夫林	1957.1	1977.1	1981.1	战士	港西
70	席银福	1958.12	1978.12	1984.1	班长	东高田
71	许三男	1959.8	1978.3	1985.1	战士	前门头
72	郑福兴	1960.4	1979.1	1983.1	战士	中横
73	高琴方	1960.6	1979.11	1985.1	战士	后门头
74	金胜利	1961.5	1979.11	1982.1	战士	上横
75	宋荣	1961.11	1979.11	1986.1	班长	施巷港

续表

序号	姓 名	出生年月	入伍时间	退伍时间	职务履历	所在自然村
76	俞巧男	1961.6	1979.11	1984.1	班长	银湖新村
77	张福男	1960.6	1980.1	1981.1	战士	上横
78	江玉泉	1961.11	1980.11	1984.1	战士	上横
79	张新龙	1963.4	1980.11	1986.1	班长	前门头
80	施林芳	1963.5	1981.11	1987.1	战士	前门头
81	柳兴林	1963.5	1981.11	1986.1	副班长	前门头
82	施建刚	1963.6	1981.11	1986.1	战士	中横
83	俞富荣	1963.3	1982.1	1994.11	专业军士	银湖村
84	顾夫荣	1962.1	1982.1	1985.1	战士	施巷港
85	顾补荣	1963.5	1982.11	1986.1	副班长	上横
86	朱孝荣	1963.9	1982.11	1987.1	班长	港西
87	柳 兴	1964.5	1983.1	1992.12	战士	前门头
88	朱建荣	1965.3	1984.1	1988.1	班长	港西
89	许年扣	1965.2	1985.1	1990.2	班长	后门头
90	陈 荣	1967.1	1985.1	1990.3	班长	港西
91	郑兴全	1968.4	1985.1	1990.12	上士	前门头
92	顾爱荣	1972.6	1985.1	1990.12	下士	港西
93	唐胜根	1968.6	1986.1	1990.12	班长	前门头
94	俞伟林	1968.11	1987.1	1991.12	上士	后门头
95	陈伯根	1969.8	1989.3	2005.1	少校	桥西
96	徐永林	1972.9	1990.12	1994.12	上士	东高田
97	郑建明	1972.6	1991.12	1994.12	下士	花园潭
98	朱建刚	1973.1	1991.12	1994.12	战士	中横
99	顾新奇	1973.1	1992.12	1995.12	班长	银湖新村
100	施洪林	1973.8	1992.12	1995.12	副班长	前门头
101	许春方	1973.9	1992.12	1996.12	班长	中横
102	邱方正	1976.11	1993.12	1996.12	中士	后门头
103	李业勤	1972.1	1993.12	1998.12	上士	东高田
104	金和根	1975.12	1993.12	1996.12	下士	上横
105	柳 荣	1974.12	1994.12	1997.12	下士	前门头
106	周昭洪	1975.11	1995.12	1998.12	下士	后门头
107	杨长国	1976.3	1995.12	1998.12	上士	银湖新村

续表

序号	姓　名	出生年月	入伍时间	退伍时间	职务履历	所在自然村
108	施建荣	1977.1	1996.12	2001.12	副班长	前门头
109	俞福荣	1977.12	1996.12	2001.12	一级士官	前门头
110	顾建福	1979.2	1996.12	1999.12	战士	施巷港
111	朱华明	1978.2	1997.12	2000.11	上等兵	桥西
112	郑华民	1978.11	1997.12	1999.12	战士	前门头
113	宋斌勇	1981.6	1999.12	2001.12	上等兵	上横
114	金玉明	1980.4	1999.12	2001.12	战士	东高田
115	金兴华	1981.4	1999.12	2001.12	上等兵	上横
116	邱正林	1980.3	2000.12	2005.12	士官	后门头
117	金益民	1982.1	2000.12	2002.12	上等兵	中横
118	霍志华	1984.8	2000.12	2005.12	一级士官	前门头
119	刘建龙	1982.9	2002.12	2004.12	上等兵	中横
120	邱荣华	1984.1	2003.12	2005.12	战士	中横
121	郑勤荣	1984.12	2003.12	2005.12	上等兵	前门头
122	张方斌	1983.12	2003.9	2019.7	少校	中横
123	金　岳	1985.11	2004.12	2009.12	班长	后门头
124	顾大荣	1986.2	2005.12	2007.12	战士	银湖新村
125	朱　瑜	1988.5	2005.12	2007.12	上等兵	银湖新村
126	于晓林	1987.1	2006.12	2008.12	上等兵	银湖新村
127	顾文杰	1989.11	2007.12	2012.12	下士	上横
128	俞　军	1989.2	2008.12	2013.12	战士	施巷港
129	金　芬	1989.9	2008.12	2010.12	战士	东高田
130	朱尧祺	1991.8	2009.12	2014.12	下士	中横
131	席劭家	1992.1	2010.12	2015.12	下士	前门头
132	俞　峰	1992.3	2010.12	2012.12	上等兵	上横
133	朱　奇	1991.11	2011.12	2013.12	上等兵	中横
134	朱　晓	1992.11	2011.12	2013.12	副班长	桥西
135	金　日	1992.8	2012.12	2014.12	上等兵	东高田
136	柳嘉荣	1994.4	2012.12	2014.12	上等兵	前门头
137	柳海良	1994.4	2012.12	2017.12	下士	前门头
138	刘明刚	1995.3	2013.9	2015.3	上等兵	银湖新村
139	席　俊	1993.8	2013.9	2018.9	下士	前门头

续表

序号	姓名	出生年月	入伍时间	退伍时间	职务履历	所在自然村
140	秦佳俊	1995.7	2014.9	2019.9	下士	前门头
141	许文斌	1995.7	2014.9	2019.9	下士	中横
142	顾悦超	1996.6	2014.9	2016.9	战士	港西
143	朱孝亮	1996.4	2015.9	2017.9	上等兵	桥西
144	金成凯	1996.1	2016.9	2018.9	上等兵	上横
145	张伟德	1996.9	2016.9	2018.9	上等兵	前门头
146	顾晓东	1997.1	2016.9	2018.9	上等兵	施巷港
147	朱叶庭	1998.12	2017.1	2019.9	上等兵	中横
148	顾旻良	1994.11	2017.9	2019.9	上等兵	前门头
149	施尧斌	1997.6	2017.9	2019.9	上等兵	东高田
150	金逸辉	1999.4	2018.1	2020.9	上等兵	桥西
151	郑浩杰	1999.7	2018.9	2020.9	上等兵	前门头
152	施彦彬	2000.6	2018.9	2020.9	上等兵	前门头

第四节 人物荣誉

一、劳动模范

张祖林，1990年被评为吴县劳动模范，1991年被评为江苏省劳动模范。

郑根大，1993年被评为苏州市劳动模范，1996年被评为江苏省劳动模范。

张伟兴，2016年享受省级劳动模范待遇。

二、部队立功人员

1955—1974年，俞云林在部队服役，荣立三等功10次。

1967年4月20日，许福兴在战场上英勇顽强，抢救负伤战友，荣立三等功1次。

1986—2008年，张伟兴在空军部队政治工作出色，荣立三等功6次。

1998年，许秋生在部队荣立三等功1次。

三、区（县）以上党代表、人大代表、政协委员

金惠华，吴县第七届人民代表大会代表（1990—1995），吴中区第三届政协委员（2011—2015）。

许秋生，吴县第九届人民代表大会代表，吴县市第二届人民代表大会代表，吴中区第一届人民代表大会代表，中共吴中区第二届党员代表大会代表。

施洪根，苏州市第十三届人民代表大会代表（2004—2006）。

郑兆林，吴中区第三届人民代表大会代表（2011—2015）。

李文华，吴中区第四届人民代表大会代表（2017—2021）。

四、市、区（县）获奖，出席先进会议

市级 1976年9月，许福兴出席苏州地区卫生革命先进集体（个人）代表大会。

2005年1月，许福兴在结核病防治中成绩显著，获苏州市卫生局颁发的先进个人荣誉称号。

2010年2月，金惠华获苏州市2009年度旅游行业先进个人荣誉称号。

2012年4月，许秋生获苏州市民政局行风建设先进个人荣誉称号。

2017年1月，李文华获苏州市农业委员会苏州市先进个人荣誉称号。

2017年2月，李文华获苏州市全国"互联网+"现代农业工作会议保障工作先进个人荣誉称号。

2017年3月，陈荣获苏州市社区教育优秀志愿者荣誉称号。

2020年10月，施建荣获苏州市"最美劳动者"荣誉称号。

区（县）级 1965年3月，红星大队贫协主任于老虎、胜利大队贫协主任张和兴出席吴县贫下中农代表大会。

1969年10月，许福兴出席吴县第二届活学活用毛泽东思想积极分子代表大会。

1970年8月，胜利大队党支部书记许兴元出席中共吴县第四次代表大会。

1974年1月，红星大队党支部书记郑兴根、胜利大队机工许补元，参加吴县第二次贫下中农代表大会。

1976年7月，许福兴出席吴县合作医疗赤脚医生代表大会。

1977年4月，许福兴出席吴县农业学大寨先进集体（个人）代表会议。

1980年10月，胜利大队第10生产队妇女队长邱阿六出席吴县第五次妇女代表大会。

2001年8月，许秋生被中共吴中区委员会、区人民政府评为优秀退伍士兵，出席代表大会。

2003年6月，许秋生被评为中共吴中区优秀共产党员。

2006年6月，金惠华获吴中区2004—2005年度优秀共产党员荣誉称号。

2013年3月，金惠华获苏州市吴中太湖旅游区创建国家AAAAA景区个人突出贡献奖。

2014年，顾建福、董利华获吴中区人民武装部优秀民兵干部荣誉称号。

2016年，施洪林获吴中区计划生育协会优秀会长荣誉称号。

2017年1月，朱伏琪获吴中区2017年度爱国卫生先进个人荣誉称号。

2017年3月，金惠华被评为2015—2016年度吴中区地方志工作先进个人。

2018年6月，陈伯林获吴中区统计局吴中区先进个人荣誉称号。

2019年12月，朱伏琪获吴中区健康委员会办公室先进个人荣誉称号。

2020年4月，李文华获吴中区人大常委会吴中区优秀人大代表荣誉称号。

2020年12月，顾建福获吴中区综合治理联动工作领导小组办公室吴中区"最美网格员"荣誉称号。

第十二章 著述 诗文

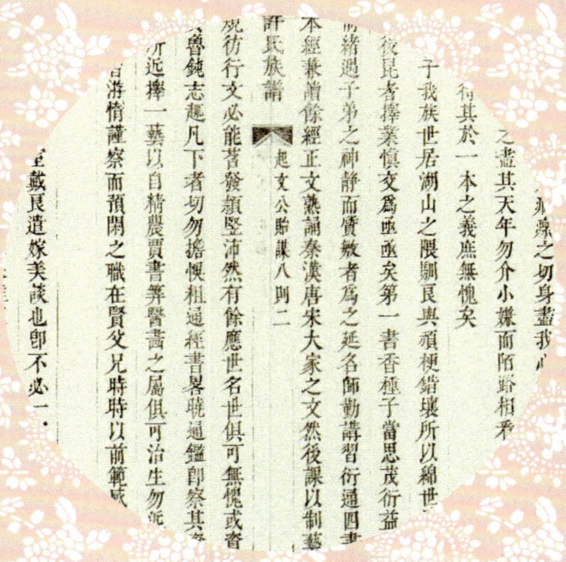
之切身盡我
之盡其天年勿介小嫌而陌路相看
得其於一本之義庶無愧矣
子我族世居湖山之隈馴良與頑梗錯壞所以綿世
後昆者擇業慎文爲亟亟矣第一書香種子當思茂衍蕃
緒遇子弟之神靜而質敏者爲之延名師勤講習衍通四書
本經兼讀餘經正文熟誦秦漢唐宋大家之文然後課以制藝
許氏族譜
起文公貽謀八則二
規彷行文必能著發穎豎沛然有餘應世名世俱可無愧或資
魯鈍志趣凡下者切勿擔悞粗通經書畧曉通鑑即察其
近擇一藝以自精農賈書算醫畫之屬俱可治生勿
游惰謹察而預閑之職在賢父兄時時以前範威
戴艮遺嫁美哉也即不必一

本章录自清《太湖备考》《乡志类稿》《洞庭东山志》等，以及村内许氏、徐氏、俞氏、金氏族谱与家谱。部分资料录于《新华日报》《吴县报》等报纸杂志。

第一节 著 述

许元功 《静曜隐君集》（见金友理《太湖备考》卷十四）。

许浚 《许子诗存》《许子文存》（见金友理《太湖备考》卷十四）。

许振光 《得闲草》《鼓缶集》《秣陵游草》（见金友理《太湖备考》卷十四等）。

许章光 《碎琴堂集》二卷、《山雠集》一卷、《还山吟》一卷、《晦堂杂诗》五卷。（见金友理《太湖备考》卷十四）。

许炳光 《芙蓉集》二卷、《海滨馀稿》二卷（见金友理《太湖备考》卷十四）。

许彩 《金陵咏古》《桂荫堂诗》（见金友理《太湖备考》卷十四）。

许霖 《东耕草诗文》二卷（见金友理《太湖备考》卷十四）。

许冰素 《逊雪居诗草》（见同治《苏州府志》卷一百三十九）。

许永镐 《训饬士子文注疏》二卷（见金友理《太湖备考》卷十四、《许氏族谱》）。

许树榴 《寄庵诗钞》（见金友理《太湖备考》卷十四、叶承庆《乡志类稿》）。

许起 长篇小说《飘云下的绿色流水》，2004年吉林人民出版社版。长篇小说《援越青春》，2013年广陵书社版。

第二节 诗 文

一、诗选

陪钱牧翁登朱珩璧缥缈楼

[清] 许元功

好山何必峰全露，最喜初登雾未开。
林屋云霞常映带，石公风雨欲飞来。
白蘋渔艇炊烟出，红叶人家夕照回。
对酒放歌应不惜，凄凉直北是苏台。

《太湖备考》卷十

曹坞李花

[清] 许章光

午烟十里春蒙蒙，芳姿斜照青溪中。
双横石板莹如玉，伊人却限西与东。
梅花有香桃有色，岂若李根具仙骨？
墓门屋角翻素波，青山红寺非畴昔。
穿林不认粉蝶飞，出笼不见驯鹤归。
愿尔结实百千斛，普救出中廉士饥。

《太湖备考》卷十一

茭田八咏并序

[清] 许树榴

西茭田村，吾始祖富一公始迁之地也，由元至明，世有隐德，嘉隆时渐繁盛，至万历、启、祯间称极盛焉。仍耕公延名儒宿学，以切磨砥砺，置驿设醴，岁无虚日。四方名流之游洞庭者，必以高阳为东道主，一时名振海内。自流贼劫临清，鼎革后又遭海氛不靖，家道贫落，至今时而衰极矣。亭台屋宇半为茂草，所存者亦倾圮不堪，抚今追昔，怆然于怀，缘吊陈迹以成八咏。

放生河

仍耕公构亭于河滨，令家人持钱买鱼虾放生于河，今亭废碑存。

残碑犹记放生河，想见当年种德多。
寄语零星诸水族，依然此处乐哉窝。

宝和堂

三公俱入阁，其余西席俱掇巍科。而文定申公又为姻戚云。

宝和堂势实巃嵷，满座佳宾尽钜公。
最是当时推极贵，瑶泉文肃体仁翁。

翼振堂

冲愚公建，康熙年间废。

堂名翼振好巍然，昼诵书诗夜管弦。
痛煞后贤轻弃废，斯基今已变桑田。

紫逻阁

先后居西席者杨忠文、钱吉士、徐云于、徐君和、严任夫、张天如诸君，邀友朋会课，第其甲乙，取佳篇付之梓人，以传海内。

载籍如林藏此阁，文章甲乙曰评删。
而今欲考当时笔，尽在皇明文选间。

乌桕阁

茂勋公所建。为人不求闻达，惟缔交名士，虽寒暑吟咏不辍。

高阁凌云静不华，秋来霜叶烂于霞。

主人素志轻轩冕，日日欣看笔吐花。

三惜斋

亭假山名"独占鳌头"，杨忠文先生应试，见一蟹横行于上，是科遂为解元。

三惜斋前有小亭，玲珑砌石似银屏。

一桥俯枕澄泓水，嫩绿平铺是荇萍。

橘庄园

竹君公所构。董文敏、陈眉公、王心一、归震川诸公时泛舟惠顾。董公更见厚，遂结朱陈云。

颜得园名号橘庄，震川椽笔胜琳琅。

沿堤一带森森柳，日系公卿高士舫。

乡评堂

凤皋公明敏朴诚，一时士大夫皆与谛交。抚院王公题诗给匾。

接物持躬一味诚，事闻当道得荣旌。

达尊有二人争羡，德协乡评名不泯。

《乡志类稿》

二、文选

《许氏家谱》序

[明]王鏊

盖闻笃亲惇族，莫善于谱。苏允明有言，其初一人之身耳，而其后服尽，遂成路人。先其势而图之，使无忽忘焉。此谱之所以不可已也。读菱田许氏家乘，始于崇宁，详于至正。试问崇宁以前，有能举名氏以对者乎？问南渡以降，传几叶，衍几宗，某某为何许人，能知什之一二者乎？洞庭赘婿之外，其黄庐大宗一支，有能悉其族属者乎？即洞庭一派，出在平湖者，为徐为何，有能问其出入者乎？凡此者，其初皆一人之身也。夫其烬于兵火者，已成梦幻；其散于四方者，又为不可知之人。独此一乡环萃之，若而人而复悠悠忽忽，委诸草莽，纵累叶云仍悉如水面浮泡，自起自灭。笃亲惇族之谊谓何，南耕君修谱之意抑所谓先其势而图之者欤！於戏！古人能令疏者亲，而今人且令亲者日疏，我躬是阅毛里，几不相属离。而南耕君独眷，怀五世之上，昭穆伦次，憨不遐遗，推斯思也。崇宁以前，南渡以降虽名氏世次不可复稽，而精神未始不相接矣。以此垂训子孙而不勃然兴亲睦之思者，岂人理哉？彼魏氏之笏、王氏之毡，世家竞侈为荣观，曾不若此家乘一帙，薪传于不穷，足为门风鼎吕也。

赐进士及第、明光禄大夫、柱国少傅兼太子太傅、户部尚书、武英殿大学士、同里王鏊撰。

《许氏族谱》卷一

许怀耕墓志铭

[明] 冯梦祯

吴中最胜处为洞庭两山，其人民淳朴习儒而好客，然贾迹遍天下，而游屐亦来四方。余游两山，主东山许生志问，其父怀耕翁年且八十，而视炯趾安，风貌甚古，余甚敬之，年八十一而逝。余方婚，仲子未及吊翁之丧，而志问匍匐西湖，乞铭翁墓。嗟乎！翁孝友忠笃，有先民之遗行，是宜得铭惜余非其人耳。按汤孝廉有光状，翁讳廷璧，字完之，号怀耕，世居东山。曾祖安，祖行，父必能，母顾，家世积善，以至于翁，垂髫侍父贾金陵，即称心计，冠而孤，弃贾养母以孝闻。母不乐厚费，翁属族人忠谨者，以馈进母日享甘脆，而不知其出于翁。如是十馀年母卒，毁瘠如礼，岁时伏腊必悬两尊人像中堂前，二子道说艰难，诲之成立，言与泪俱。家世善贾族人能贾者任之，推心置腹人乐为用，业以益饶。翁性坦直，与人交洞见底里不侵，然诺徇人之急，解人之争，人卒负之，不形于色。尤好施予，有求于翁，无不量力周给，不伤人意。法海、灵祐、莳山诸浮屠下逮津梁、道路，力可治者，悉出

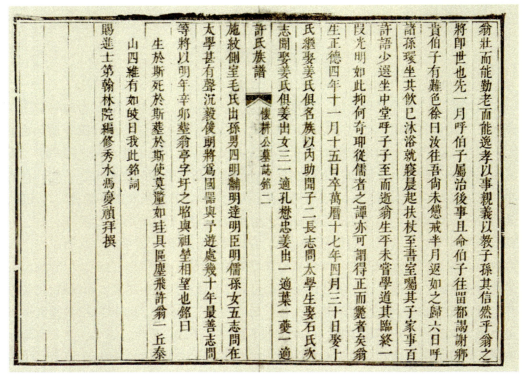

冯梦祯《怀耕公墓志铭》（清）

重资修葺，积而能散，翁实有焉。性善饮，或对客达旦，虽沉酣无酒。过壮岁喜读书，能通大义，至古人兴废，感慨道说，谆谆不倦，人乐视之。晚年构亭榭、联耆旧，结社其中，日歌呼乐，饮弗倦，人谓翁壮而能勤，老而能逸，孝以事亲，义以教子孙，其信然乎。翁之将即世也，先一月呼伯子，属治后事，且命伯子往留都谒谢乡贵。伯子有难色，徐曰："汝往，吾尚未备戒。"半月，返如之，归六日，呼诸孙环坐共饮，已沐浴就寝，晨起扶杖至书室，嘱其子家事百许，语少，选坐中堂，呼子，子至而逝。翁生平未尝学道，其临终一段光明如此，抑何奇耶！从儒者之谭，亦可谓得正而毙者矣。翁生正德四年十一月十五日，卒万历十七年四月三十日，娶卜氏，继娶姜氏，俱名族，以内助闻。子二：长志问，太学生，娶石氏。次志闻，娶姜氏。俱姜出。女三：一适孔懋忠，姜出。一适叶一夔，一适施纹，侧室毛氏出。孙男四：明黼、明达、明臣、明儒。孙女五。志问在太学甚有声，沉毅俊朗，将为国器。予游处几十年，最善志问等，将以明年辛卯葬翁亭字圲之昭，与祖茔相望也。铭曰：生于斯，死于斯，葬于斯，使莫厘如珪，具区尘飞，许翁一丘，泰山四维，有如皎日，我此铭词。

赐进士第、翰林院编修、秀水冯梦祯拜撰。

《许氏族谱》卷一

新设江南太湖营记

[清] 王绍绪

尝闻设险山川，盛王不废，而厚德渐摩，兵萌益以永息。粤稽太湖为东南巨浸，《禹贡》所云"震泽底定"是也。界连两省，波撼三州，周遭八百余里，势宽三万六千顷，上承宣、歙以及润州、荆溪诸水，下达吴淞各路，汇归于海，其间支流繁汊，八达四通，难以枚举。考自春秋以迄元明，皆为用兵之地，或借此以习水师，或为饷道，为间道，其出入隘口，纪之志载，班班可考。湖之中有峰七十二，高下远近，参差布置，最为稽察难周之地。康熙二年间，巨寇如赤脚张三，盘据于中，殊费当事忧，后相继授首。四年间，浙督赵题设江浙太湖营，以游击兼辖驻扎西山，巡查防范，稍云宁谧。而终缘汛广兵单，不敷防御，间有宵小窃发之事。雍正二年甲辰八月，恭逢皇上披图览胜，念太湖辽阔，敕江南督臣查、抚臣何、提臣高等会议，部覆准以浙江湖滨一十六汛，分归浙江游击掌管，驻扎西山。虽浙员仍辖本山汛务，江南另设参将一员，驻扎东山，以备弁八员隶之，分驻险要，共领兵九百三十九名，巡船三十一只，派汛分防，星罗棋布，议列周祥，仰见圣天子设险山川，安益图安之至意。予愧疏庸，蒙上宪知遇，以壁垒新开，务在经营，首善题准调任斯营。是冬之杪，即扁舟莅此。其时衙署有司方在鸠工，暂僦民居为休息地。百务未备，次第详请举行外，时减从轻舟，往来于波涛之上，履查汛口，改易增添，以期至当，故冒严寒风雪，殊不为苦也。各兵渐次募足，亦暂税僧舍民庐以蔽风雨，而尤以新集之兵，纪律未娴，抚恩示法之下，时更惕惕。至乙巳春仲，衙舍营房落成，始与士卒庆栖息焉。睹维新之轮奂，仰灿烂之榱题，益念天恩，报称愈难。惟勤阅兵徒，严查汛口，闾阎有安枕之风，萑苻无藏迹之地，庶几不愧厥职。急谋训练，绅士好义，捐湖亭旁隙地为教场，聚训三月而步伐娴。制、题两宪临营阅验，犒军士，一时树里湖光、槛前山色，莫不以军容之肃穆、万姓之欢呼，更觉滟潋青葱矣。顾洞庭昔蒙圣祖巡游驻跸，为千秋奇遇。兹设营之初，蒙两台节钺按临，宣布圣泽，自益山水秀灵，炳耀耳目，能使宵小不轨皆潜消默化于畏威怀德之中。故两载于此，盗警无闻，民歌安堵，实荷庙算精详，宪画周晰，及诸同事协力共勷，予不过奉奔走而已。兹仰沐恩纶，移协苕郡，伏思川左微材，谬承德意，顾斯营缺略，殊多未备，漫尔匆匆言去，愿后之贤者恕予不逮，裁过益损，更图善后之宜，以掩疏陋，庶三万六千顷湖光及七十二峰山色内，益沐皇仁宪德于无既矣。将鼓棹启行之际，深愧始事无善，因述创始之由以记。

《太湖备考》卷十二

"潦反"颂

鹿 子

非常怀念东山的"潦反"。

儿时，在新年与其说是喜欢锣鼓、猛将会、拜年钱，还不如说是看"出潦反"。前者喧闹，乱哄哄，反而平凡，"潦反"则不然！

总是在马家弄口一家南货铺里，祖母正襟危坐，四周挤满了人，满街烛光中摇曳着黑压压的众人。我坐立不安地在祖母身边打转，等候"潦反"，倾听她老人家说掌故：古时候，潦里人造反，夜间提着灯笼出来，后来失败了，但潦里人不甘心，到每年正月初八便集合全村人口出来提灯满街走。祖母想了好半天，就像你们学堂里"出提灯会"一样，纪念纪念。但是你不许叫潦反，他们听见了要打你！祖母为我发出警告。

那么叫什么呢？

出灯。出灯，灯来了，在千万人的渴望中过来了，先听得锣鼓声，那声音不再刺耳，却使心扑通扑通地共鸣起来。我伸着脖子从人做的屏风中向前探视，红灯点点，街灯大亮，遥远的一条火龙慢慢地蜿蜒过来。它经过池塘和土丘，荒陵和小桥，村落和田地，带着满身的泥土气，行进到大街上来了。

而我，当它到达面前的时候，连呼吸几乎也停止了。

呵！你看那些灯，那些又大又圆又光亮的油纸灯，擎在他们苗壮的手里，就像一片躯干修伟的红灯树，一颗颗饱满的果实在上面发着红宝石的光芒。你看他们的行列，没有经过人工的苦练，步伐并不整齐，但阵容绝不散漫。他们一个挨一个，塞满东山狭窄的街道，默默地向前进行，独似一支凯旋的铁军。你再看看他们一个个又红又黑的脸庞，他们泛着笑，仇恨、骄傲、愉快凝合在一起的笑。不，他们没有笑，是由苦难和哭泣变成这个样子，他们愤恨他们多少年来一年一度的"潦反"，是一年中苦难的遭遇的总发泄，无言的愤怒的抗议。那是他们为"出客人"提出的备忘录，提醒别忘记他们的苦难和力量。灯点完了，拖着疲乏的身子回去，上弦月为他们照路。在破烂的床上，他们躺下，养足精神，第二天再起来开始接受又一个年头的苦难生活！

他们很厉害，归途中人们欣赏之余开始讨论。一人说潦里人嘛——另一个和着，我们孩子们便唱：潦里人，石揩臀，伸出拳头就打人。人们笑着，叱喝着。于是就寝，做着一连串红灯的梦……不幸，人长大了，事情懂得较多，对"潦反"尤感悲哀。那些善良的人们，为了活下去，曾经反抗帝王的专制而倒下去，他们用红灯起事，红灯照耀着他们殷红的鲜血，红灯照耀着失败者逃回家。而后世的子孙，却用红灯来纪念他们的死者，而更聪明的士大夫们轻轻地为他们这"愚蠢"的举动加上"潦反"两字。意思是说："潦里人造反，造反是要杀头的啊！"造反没造成，帝王终给推翻了，应该是老百姓欢天喜地共庆"五谷丰登，天下太平"的时候了，但，但……

不要悲哀你们死难的祖宗，他们死得有价值！——让你们知道愤恨。不要怕听"潦反"和石揩臀，伸出拳头就打人。他们不了解你们，你们粗犷、热诚而无虚伪，同他们隔着深深的沟，活得爽朗痛快，应该引以为荣，人是应该敢说敢笑、敢打敢骂的。不要仇视那些"出客人"，他们活得比你们更可怜，你们挨饿可以束紧肚带，他们挨饿还不得不请客送礼！你们受到欺侮能够反抗，了不起死掉拉倒，他们给人打了左面耳光之后还要把右面送过去，做一辈子真正的奴隶，还怕会老，会死，连对主子哼一声都不敢。不要诅咒这苦难的年头，吃不饱饿不死还给抽壮丁受侮，拿出声音来，跟大家说，同"出客人"联合起来向上面说，让你们活下去，让"出客人"活下去，让中国人活下去！

举起你们的灯来，你，潦里人；你，东山人！走向"潦反"的行列，把队伍结成钢铁一般，在这可诅咒的地方，击退这可恶的时代！

[作者简介]严庆澍（1919—1981），笔名唐人、鹿子，东山马家底花墙门人。香港《新晚报》编辑、记者及负责人。第五届全国政协委员，中国作协会员。著有长篇小说《金陵春梦》。

载《莫厘风》1948年第3期，有删改

为了让城市人民吃到鱼

——记洞庭公社红星大队抗灾夺鱼事迹

杨维忠

你喜欢吃鱼吗？随着市场鲜鱼供应不断增加，当你喝到可口的鱼汤时，可曾想到辛勤的渔农？这里，记的是吴县洞庭公社红星大队拨乱反正、抗灾夺丰收的故事。

事情从两年前说起，一次，红星大队党支部书记郑兴根带着几条鲜鱼到上海送亲戚，走在繁华的淮海路上，不断有人探问："鱼卖吗，多少钱一斤？"当听说是送人的，都失望地走了。老郑接连看了几家菜场，见摊位上除了蔬菜、豆制品、咸鱼外，几乎没有鲜鱼供应。他隐隐感到，城市人民要吃鱼，而市场缺少鲜鱼供应。

城市为什么缺鱼呢？他清楚记得，1969年全大队产鲜鱼4 300担，可前几年在"渔农不吃商品粮"口号的影响下，鱼产量锐减。1970年，红星大队450亩鱼池被耙平种田，结果得不偿失，粮食产量虽然增了一点，鲜鱼产量却年年减少。1973年，鱼产量下降到2 322担，只完成国家下达任务的2/3。一个以养鱼为主业的大队，完不成国家下达的任务，社员收入减少，面子上也过不去，老郑心里很难过。党的十一届三中全会召开后，党支部组织大家开展"我们渔业大队重点究竟应该抓什么"的讨论。社员们各抒己见，有的说："我们大队有1 075亩鱼池，只400来亩农田，水产是大头，养鱼要放在首位。"也有人说："现在是种粮食吃香，搞水产是不务正业，要是抓了鱼减了粮，会不会被上面说成丢了'以粮为纲'？"针对一些人的思想顾虑，党支部组织大家重温毛主席"以粮为纲，全面发展"指示，正确理解党中央"农、林、牧、副、渔并举"的方针，联系本大队实际，重新调整生产计划，把内塘养鱼放在首位。

思想上拨乱反正，行动上雷厉风行。1977年春节前夕，全大队460多名男女劳力，每天3点钟起床，冒着寒风，敲开薄冰，摇船到10里水路外的太湖边，挑泥垒堤，开挖鱼池，一直干到天黑才回家。30多名基干民兵组成突击排，吃住在工地上，早晨提前上工，扫积雪、排积水，为大伙做好准备工作。全大队干群苦干加巧干，奋战半个月，新开挖了170亩鱼池。开春放养鱼苗后，又加强水产管理，落实专人负责，养鱼生产有了新起色。

1977年9月11日，正当鲜鱼上市前夕，洞庭公社遭到8号强台风的袭击，太湖水位猛涨到4.2米，红星大队地处太湖边的230多只鱼池危在旦夕。面对灾情，60多名党员干部和基干民兵组成抗洪突击队，冒着狂风暴雨，带着防洪物资，摇船摸黑赶到遇险的鱼塘边，分成20个小组，在各险工池段巡逻。夜黑得伸手不见五指，雨淋得人睁不开眼睛。突然，在四圩守卫的民兵营长邱福兴，听到近处有"哗哗"的流水声，他用手电一照，2号鱼池裂开了多道口子，一段堤埂冲垮了2米多，洪水直往圩子里涌。二号圩内有110亩鱼塘和农田，如果不及时堵住缺口，后果不堪设想。他立即向指挥部发出险情信号，抱起一块门板，跳进3米多深的洪水中。激流一下把他冲进鱼池里，他爬上堤埂，又扛起一根一人多长的木桩，在民兵陈永林、金秋生的帮助下，3人合力打下木桩、插下门板，阻缓了洪水的流速。这时，党支部副书记徐生男带着增援组赶到了，20多名抢险队员都跳入水中，打桩、运泥、叠包，大家齐心合力，忙了大半夜，终于堵住了二圩的多处缺口。强台风刮了3天3夜，红星大队的党员干部和民兵在风雨中搏斗了3个昼夜，排除了20多处险情，全大队的鱼池没有受到损失。

强台风使太湖水位猛涨，也给养鱼生产带来更大的挑战。太湖中的鱼草全深淹在3米多深的湖水中，割草捞草都非常困难。此时，正是池鱼食草旺季，俗话说"一天不饱，三天不长"，池鱼每天须喂大量水草。面对新的困难，红星大队干部社员发扬战天斗地的革命精神，每天五更摇船到太湖中，一个个跳入深水里，潜入水底，把水草一把把、一捧捧捞上船，积少成多，捞满一船后摇回家喂鱼。初秋清晨，湖水刺骨，钻出水面，眼睛酸痛，冷得人直打寒战，但他们咬牙坚持着，每天要潜入水底150多次，把一船水草捞满摇回家，保证了成鱼的吃食，完成了国家下达的2 700担鲜鱼上市任务。

1978年盛夏，红星大队内塘养殖又经受了高温干旱的严峻考验。7月中旬，半个多月的持续高温，晒得池水热得像三四十摄氏度的温水，造成鱼塘里的成鱼大量浮头，不断被晒死。困难吓不倒红星大队的干部群众，全大队500多名劳力又投入抗旱保鱼的斗争。干群苦战一周，开挖了62条沟渠，长730多米，把太湖水引进池内，集中16台抽水机，连续打水15个昼夜，解除了旱情。

太湖大片干涸，近湖水草旱死或长得稀疏，又给渔业生产带来新的威胁。红星大队干群又发出向太湖深处进军的口号。他们每天半夜2点多钟出门，把船摇到50里外的浙江一带南太湖捞草，下午3点回家。沿岸水浅，草船摇不动，他们又都跳下淤泥中，推船前行。不管刮风下雨，还是酷暑炎热，90多只捞草船天天出动，满载而归。同时，他们还采用种、养、割、捞多种办法，在太湖边撒种了3 000亩绿麦草，饲养了500多头猪，割了15万吨旱草，保证池内成鱼饵料的充足。

经过精心管理，虽灾情频发，红星大队今年渔业生产仍丰收在望。10月中旬，全大队已牵捕鲜鱼3 100担，提前完成国家下达的全年2 800担任务，还有30多只鱼池没有牵捕上市，预计全年鱼产量4 200担。看着一网网鲜鱼车装船运，载往上海、南京、苏州等大中城市，红星大队的干部群众心里就像喝了鱼汤一样甜美。

（《新华日报》1978年10月29日，有删改）

席永根安心农业挑重担

杨维忠

东山公社高田3队队长席永根，是位1975年退伍的复员军人。刚复员时，他想自己在部队入了党，还当过2年班长，回家后到社办企业找个工作不成问题。可复员不到2个月，正当他进厂工作有点眉目时，大伙选他当了生产队长。他思想斗争了一阵子，感到自己是个共产党员，要服从组织安排，不辜负群众的信任，不能当了几年兵，就不安心搞农业生产，于是他定下心来挑起了生产队长的担子。当时高田3队集体经济非常薄弱，全年总收入只有4万多元，年终人均分配水平只有102元。生产队为发放社员的口粮钱，1976年向国家贷款4 000多元。

一个经过部队多年培养教育的党员，带着大伙向国家伸手要钱，席永根心里难受啊。他当生产队长后，决心要组织大家改变队里的落后面貌。席永根经过一年多的观察和了解，发现队里贫穷的原因，一是主业内塘养鱼没有搞好，二是没有多头齐下抓副业。找到原因后，他带领全队苦干一春，把队里3只池底浅、多年养鱼产量较低的鱼池，普遍挖深了1米多；把全队34亩高低不平的稻田，整理成一亩一方的平整农田；还发动大家利用湖畔、池埂的零星土地，种了15亩中草药，一季获利1 800多元；生产队有1条可装14吨货物的木船，长期搁置在港边"看码头"，没有派上用场。席永根安排4名社员，给社办企业摇运输，每月增收300元。俗语说"团子多了汤也稠"，他带领全队干群苦干了3年，生产队经济面貌有了很大改变。1979年高田3队总收入达到8.8万元，人均分配水平上升到202元，经济水平3年翻一番。席永根任队长的第2年，高田3队就抛掉了长期吃国家贷款的穷帽子。

随着时间一年年过去，高田大队同席永根一起复员的3名军人中，有2名先后进了社办厂工作。家里人见他当队长吃辛吃苦，收入与一般社员差不多，劝他还是走走路，飞出去算了。可席永根总是笑笑说："当过兵不是镀过金，当生产队长不是做做样子，这副担子放不下啊！"1980年，东山遭到历史上少有的大水灾，高田3队的产业大多在港湖边，被大水淹没了3只鱼池和大部分毛豆、芋头、茭白，一下损失3 000多元。灾害面前不低头，席永根又带领全队积极想办法补救，在36亩鱼池里增放了500多担肥料和大批新鲜鱼草。由于鱼塘饵料足，池鱼生长快，去年全队鱼产量达到400担，比1979年增加50担。同时，他还向兄弟队学习，试搞了500只河蚌育珠，新增收入4 000多元。入冬以来，水产地区农活较少，席永根又带着60多名青壮年，每天凌晨4点钟摇船出门，到20多里外的太湖滩上，给兄弟单位代收割芦柴，一春增收2 000元。

经过多项措施，去年虽是多灾之年，高田3队总收入却达到9万多元，人均分配水平预计将超过去年。看着生产队里的经济形势一年年好起来，社员们高兴地说，这样的复员军人越多我们越欢迎。

《吴县报》1980年12月20日

益农信息社引领驱动农民信息化

新华网南京10月19日电（周青　胡永春）　位于太湖沿线的东山镇潦里村，有一个集聚农业、气象、科技、有线电视、金融、邮政、医疗等部门的信息资源，整合了12316日常服务、村务管理、信息服务、技术指导、农民培训等功能的综合益农信息社，成为当地村民日常生活密不可分的部分，更是成为增产增收的"金桥"。随着互联网的日益渗透，苏州市吴中区一场农业全产业链革命性变化正在引爆，潦里村的益农信息综合平台是农民信息化的成果。

益农信息社成村民的"好帮手"

50岁的陈荣是潦里村的水产养殖大户，承包有数十亩蟹塘。今年7月，苏州遭遇连续暴雨，陈荣家的螃蟹突然死了很多。发生这一状况后，陈荣立即通过手机客户端上益农信息社内的水产科技服务平台，给苏州大学水产专家宋学宏教授发去求助信息，很快反馈意见传回："可能是连续阴雨导致水中缺氧，螃蟹的免疫力下降。

建议考虑添置增氧设备。"陈荣根据这一建议立即作出反应，家中的螃蟹莫名死亡的现象得到有效控制。

陈荣使用的这个平台，是吴中区东山镇益农信息社的一部分。该益农信息社集聚了农业、气象、科技、有线电视、金融、邮政等部门的信息资源，整合了12316日常服务、村务管理、信息服务、技术指导、农民培训等功能，成为当地村民名副其实的贴心好帮手。

为农民提供技术指导和信息服务是益农信息社的一项重要功能。漺里村濒临太湖，是有名的渔业养殖村，村里90%以上的村民从事水产养殖，养殖面积达1.3万亩。以往该村的大部分养殖户都是"看天吃饭"，气候异常年份，养殖户们经常损失惨重。村里建成益农信息社后，村民们终于有了靠山。

漺里村益农信息社依托村行政综合服务中心，在村级农技推广站基础上改建而成。该平台开辟的免费12316"三农"热线与远程视频技术诊断，组织了经验丰富的农技专家和高校科研人员，长期接受村民咨询，并提供及时的技术指导和方案援助，成为村民致富路上的引路人。

为村民带来经济收益达5亿元

互联网时代，信息就是资源和财富。如何让农民搭上网络顺风车，做好农产品电子商务文章，告别"提篮小卖"的传统营销模式，是苏州市吴中区农业部门一直研究的重要课题。吴中区农业局副局长陈江介绍，近年来，该区在益农信息社载体建设中把电商服务作为重点之一去培育，收到了明显成效。通过对接苏宁易购吴中太湖馆、苏农汇淘豆网等各类电商平台，吴中区搭建起了一个农产品进城、生活消费品、农业生产资料下乡双向互动的流通格局。

年近50岁的东山漺里村村民陈志清，今年家里承包了9亩鱼塘和10多亩枇杷与茶叶园，往年不熟悉市场行情，农副产品经常积压，损失惨重。益农信息平台开通后，他再也不用操心了，他高兴地说："我现在的秘诀就是每天关注村里的益农信息，尤其在销售方面，一揿按钮整个长三角地区的农副产品价格和市场行情就出来了，有针对性地营销赚钱就多。今年坐在家里就把所有农产品卖出去了，比去年多挣了近6万块！"对此，村民万敏也有同感，根据这些市场情报，万敏和老公择机出手大闸蟹和新鲜柑橘，多挣了不少钱。一根网线，架起了农业增产、农民增收的"金桥"。在吴中区，像陈志清这样受惠于益农信息平台而增收的村民还有很多。该平台建立以来，已经为当地村民带来直接或间接经济收益达5亿元。

打通信息为民服务"最后1千米"

村民口袋鼓了，还要安居乐业与生活和谐。而这依赖于健全科学的农村社会管理。苏州市吴中区把加强益农信息平台建设作为加强为民服务、提升村民幸福感和满意度的另一个重要抓手去抓，取得了明显实效。

东山镇从事农业种植和养殖业的村民较多。近年来，在镇域范围内打造了12个益农信息社，基本实现了乡村全覆盖，漺里益农信息社成效最好。这些益农信息社引进了农业银行、邮政储蓄、有线网络等服务商,让农民足不出户实现水电费和通信费缴纳、惠农补贴等查询和小额提现、医疗挂号等,还设立"村邮站"为农民提供物流代办和自提等服务,大大方便了当地村民们的生活。

益农信息平台覆盖的潦里村,每家农户可分配一个免费账号,通过村里提供的免费 Wi-Fi,利用手机客户端进行信息查询、在线培训和阅读等服务,农技部门也会将各类农业知识资料以视频、图片、文字等方式在每家每户的电视机上呈现,农民可以进行在线点播学习服务。借助村里的全媒体信息服务站,村民们又可以实时监督了解村务公开、村里动态。

谈及益农信息平台建设给村务发展带来的变化,吴中区东山镇潦里村村总支书记施洪林激动地说:"便民、惠民举措,如果始终'走在路上''停在嘴上',就会造成'末梢堵塞'。以前我们也干,但总感觉方向不明,方法不当,收效大打折扣。现在通过益农信息平台,很多棘手问题迎刃而解。我们的工作效率提高了,管理更接地气,村民们也更满意,和我们的距离也拉近了!"前不久,全国"互联网+"现代农业工作会议暨新农民创业创新大会在苏州吴中区召开,国务院副总理汪洋视察了潦里村益农信息社,给予了很高的评价。施洪林说:"这对潦里村来说确实是莫大的鞭策和鼓励!"

从田间到餐桌,从城市到农村,随着互联网的日益渗透,苏州市吴中区一场农业全产业链革命性变化正在迅速裂变。据吴中区政府负责人称,该区将乘着全国"互联网+"现代农业发展大会暨新农民创业创新大会东风,不断加快推进"互联网+"与区现代农业的深度融合,提升农业生产、经营、管理和服务水平。加快研究和制订吴中区农业信息化 3 年行动计划,以建设吴中农业信息化综合管理、服务平台和智慧森林防火平台为抓手,推进农业数据资源、农业地理信息、农产品质量监管和产销对接等应用系统建设,将会打破城乡数字鸿沟,有效解决信息进村入户"最后 1 千米"问题,从而实现用信息化引领和驱动农业现代化和新农村发展。

新华网,2016 年 10 月 19 日

第三节　家　训

《许氏家训》八则

[明] 许文起

一、祭祀。古语云:豺獭尚知报本,今戴齿发、袭衣冠,幸为太平人物,而忍忘霜露之感、苹蘩之荐,犹谓有人心乎?高祖有服祭典,追奉四世,此程子之训,

《许氏族谱》书影（清）

不以士庶杀也。守礼之家时祭之外，犹以月朔荐新为重典，而佐以脯醢，常馔须酌丰俭之中，垂可久之，则必诚必敬，勿数勿疏，宗子众子，趋跄行礼，对几筵而仰榱题奠，醊醴而羞肥脂，工歌祝赞之余，蔼然如睹祖先之临享焉，其敬爱一体之心，油然而生，即一二桀黠不驯者，斯时也有不潜消默化者乎？

一、丧葬。殡殓安葬，人纪之大端，为子之务也。今吴俗殷实之家，夸张炫饰，往往奢僭逾制，而棺衾窀穸凡附于身，衷而于礼者反疏忽而不讲，中下之家，力绌不能炫俗，虑人嗤笑，或惑于形家方隅利害，甘心暴露，以规后图，岁月久淹，多致叵测，有不忍言者，此末俗之至蔽也。惟我宗贤，痛惩兹弊，宁戚宁俭，取法古人。凡内外服亲，罢其佛事，减其祭品，代赍以襄事，去华返实，为益于亡亲最切，盍亦深思而力行之，何怵于悠悠之口而陷身大罪乎？

一、周给。六行以孝友居首，而即继之以睦姻任恤，凡以明人道之大端，缺一则馀皆伪也。原夫内外功缌之亲，孰非吾所当厚者乎？我族处裕席丰之家，宜切同胞之念，通族人之颠连无告，疾病困乏者，恻恻如痌瘝之切身，尽我心力以拯恤之，更为之多方区处俾之，尽其天年，勿介小嫌而陌路相看，勿以互诿而因循有待，其于一本之义，庶无愧矣。

一、教子。我族世居湖山之隈，驯良与顽梗错壤，所以绵世泽而勖后昆者，择业慎交为亟亟矣。第一书香种子当思茂衍益，弘前绪，遇子弟之神静而质敏者为之延名师，勤讲习，衍通四书本经，兼读馀经正文，熟诵秦汉唐宋大家之文，然后课以制艺，规仿行文，必能苕发颖竖，沛然有馀，应世名世俱可无愧。或资质鲁钝、志趣凡下者，切勿担误，粗通经书，略晓《通鉴》，即察其资性，所择一艺以自精，农贾书算医画之属俱可治生，勿近燕朋，勿习游惰，谨察而预闲之职，在贤父兄时时以前范感发其本心也。

一、婚嫁。伯鸾聘室，戴良遣嫁，美谈也。即不必一寒若此，而均费从易，均厚择益。迩来城中纳采，虽巨室不过数盒，一切纱笼帖架之颣，皆从删减，聘财不受，即以置田及嫁，亦无不赀之费，日用器饰外奁田若干而已。今山中犹事浮华，组绣花鸟，信宿淹腐舆台，络绎物命戕殒，结褵之家龟手重茧，恐不得当，炫丽匪道，绡绮蔽云。于是后者荣，前长者忮次，孔怀参商，妯娌毁誉，舅姑以是为高下，朱陈因之而交疏，及乎青闺抱恨，天性陵夷，往往而有。然山中率无奁田，虽其仪孔嘉，何补于实，故遂多累累变易者，抑吾又有感焉。择婿必佳女之天也，此间止视门第昌炽，便百计攀缘，订于襁褓，十数年中，贫富升沉，妍媸存没，贤愚成败，万有不齐，欲其得所付托，岂不难哉？故我为子孙计，婚不必靡以聘金为主，嫁不必饰以奁田为要，择婿不必富以贤才为急，缔姻不必早，以十三四为期，于以捐浮而享实息竞，而防骄消不可知之患，而贻百年之福其必由此矣。

一、戒优妓。山中无妓美俗也，数十年前优亦绝迹不至山，山有禁所以风俗朴素，见闻贞洁有未雕未琢之意焉。男子走四方，妇人守闺阃，夫死则不改嫁，有以处女守，有以婢妾守，有以日绩一缕、日啜一糜守，有以孤女遗孩累累乞食守，绝不知世间有再嫁之事，所以柏舟苦节他方，以为仅见者，山中平平无奇焉。今此风尚不变，然积渐衰矣。此虽不尽关优妓之故，而曼声妖致，泣月怀春，鲍鱼芳兰，岂能无染，且优中挟妓，其患滋多，白面儿郎、黄金公子，苟非卓立，鲜不云翳，遂有金巧狎游，交构互讦，樗蒲列局，作诸鄙戏，毁巢取予，狱讼横兴，究淫佚之所由，鉴荒亡之覆辙，未有不丧魄娥眉、销魂皓齿者也，切宜戒之。

一、禁斗讼。讼之不善，夫人知之也，而人之好讼者，何有以讼而贫者矣，有以讼而富者乎？有以讼而罚者矣，有以讼而赏者乎？有以讼而毁者矣，有以讼而誉者乎？有讼而仇者矣，有讼而德者乎？此皆必无之事、晓然之理，而人好讼者，盖以山中作客四方，饱风霜，炼筋骨，其渐染皆强悍之气，其贸易皆慷慨之风。故一言不合起，而按剑，而不知处桑梓之道，与走四方之概固不同也，洎乎居山知虎，见胥如鼠，官长以此中为金穴，奸人以山民为几窖，于是折骨剔血，罄而输之无何有之，乡田桑既已捐，妻奴既已馁，而还思前日毛发之憾、丝黍之争，果于我何利、何害、何荣、何辱，而乃至此乎，兴言及此，未有不为之翻然者也。

一、节饮宴。予不喜因果之说，至于杀生戒，则斤斤乎。以之盖有生而使之死，此不待计较，而知其有所不可也。或谓奉神享宾，非特杀不敬。夫吾所以敬之之道亦多矣，而必展敬于是乎？吾夫肆筵设席、罗列鼎俎、推陈取新、姻娅礼饮，尤为太甚，屑越委弃，暴殄狼籍，不但不惜物命，亦为不惜物力矣。今嘉会之则，礼饮不过八，泛饮不过五，此最得之。

《金氏家训》十五条

[明] 金 炤

菱田金氏为橘社金氏分支。《桐溪公家训》为橘社金氏第八世金炤在明隆庆六年(1572)所作,万历三年(1575)长至前三日书于祐室之左轩而附于《橘社金氏族谱》,全文如下。

一、积金以遗子孙,子孙未必能守。此古人名言也。世俗但知多积金帛,而于德之一字邈然不知,忍心害理,靡所不为。趱成家业,以遗不肖子孙,一旦仍复荡尽,究竟何益?切宜鉴戒。

一、古人云:"积善之家,必有余庆;积不善之家,必有余殃。"又云:"作善,降之百祥;作不善,降之百殃。"夫谓之曰:"余庆""余殃""百祥""百殃"者,言天道变化不测。如积善矣、作善矣,本当降福,然或商贾不甚得利,读书不早登科,致疑报施之爽,而不知天非无意,使其困苦之中益加努力,源远而流长,根深而末茂,自身而子,自子而孙,而曾而玄,富贵福泽,久而益昌,天岂果负于人耶?如积不善矣、作不善矣,宜若降祸矣。然或商贾则大获利,读书则早登科,天福恼人,夫岂无意哉?使其骄纵悖戾,稔其毒而降之罚也。福善祸淫,历历可证,莫谓天道微渺,遂生怠念。勉之勉之。

一、善字要认得。真善也者,吾心之生意也。故曰:"心如谷种,自有生意。"今人相见,就动问"一向生意如何",若心地刻剥,则无生意矣。故君子只在心上

《金氏家谱》书影(清)

做工夫。为臣尽忠，为子尽孝，为兄尽爱，为弟尽敬，为父知以义方教子，为夫知以刑于化妻。待宗族以厚，处乡党以和，勿起灭词讼，勿出入公门，不倚富欺贫，不恃强凌弱。凡百从天理良心做去，则天无不佑之矣。故曰："天之所助者，顺也。"

一、读书原不专为举业，希图出身。子弟中英敏可以上进者，固应使之力学，不宜暴弃。即资性迟钝者，也要教他明白道理，通达古今，庶知利害，学做好人，在商贾中亦自令人起敬。

一、延师训子，此蒙养之要务。必得人品端方、学问渊博者，乃可为子弟仪范。若止取口辨敏捷、供给省费者，多半逢迎取容，欺东家而谀子弟，非惟无益，为害不可胜言。慎之慎之。

一、处家以正道为主。世俗所惑者，毋得轻徇。三姑六婆盖与三刑六害同，人家奸盗之事，往往起于此辈。若一概不许入门，庶得净宅之法。

一、输纳钱粮，百姓急公之大节。况在今日，帑藏空虚，催科逼迫。若不先纳，必致受侮胥吏，反多杂费。语云："若要宽，先办官。"此语至言也。

一、节俭为治家之要。一应婚嫁丧葬之事，必须量力而行。其中冗费，断宜裁省。若只图好看，必致举债加息，贻害无穷。

一、立身务要端严。嫖赌二字，断不可涉。虽作客江湖，当以养父母、蓄妻子、撑持门户为身上要事，念念在心，则娼妓处荒淫自不忍为矣。至如赌博，乃贪心所使，人之品行无不于此败坏，家产无不于此荡尽，可不猛省而痛戒哉？

一、祖宗，子孙之所自出，人之本也。凡遇时节及忌辰，祭祀不可不虔。虽处艰窘，亦宜勉力，尽其诚敬。语云："明水可以荐鬼神。"又曰："鬼神无常享，享于克诚。"若祭而不诚，虽罗列珍错，犹不祭也。愿为子孙者勉之！

一、贫富自有分定，不可强求。人能稍读书，明些道理，不必妄为。但于一切世事中，孰为轻，孰为重，孰为末，孰为本，孰为缓，孰为急，孰为虚文，孰为真实，孰为有补于身心，孰为无关于伦理，孰为可行，孰为可止，逐一斟酌樽节而不至于妄费，则富者必能长保其富，贫者布衣蔬食亦可以终其身，而不失为善人矣。古人云："学则富，不学则贫。"富也者，非多积金帛之为富也，言人无所不备也。君子立身行己，每事务走正路，一言一动皆可以为人取法，此所谓无所不备。天下之富，孰大于是？

一、败坏风化，无如出会、台戏，斗殴、争讼、奸淫、偷盗俱从此起。习俗既久，一时难化，但本身不宜于中作倡。其间或有明白者，可谕以道理，使之潜消默夺，则有补于风化不小矣。

一、葬亲，人子之大事。死者以入土为安，故古有天子七月、诸侯五月、大夫三月、士逾月之礼。今吾山风俗，有几十年未葬者，或望有力以荣亲而不举，或兄弟推诿而不举，或泥于风水必欲择吉地而不举，或丁眷众多拘于年庚而不举，往往亲殁终身不葬，委于子孙而犹不葬，至为水火漂焚。噫！此真祖先之大罪人也。司马温公曰："夫人贵有子孙者，为死而形体有所付也。既不克葬，则与无子孙而死道路者奚异？《诗》云：'行有死人，尚或墐之。'况为人子孙，乃忍弃其亲而不葬哉？"此言恳恻，切宜鉴戒。

一、酒以合欢，亦以取祸。凡朋友亲戚会饮，决不可沉湎。古人云："德将无醉。"又曰："一献而宾主百拜。"岂非虑其纵恣猖狂而生祸哉？必也洗盏更酌，数巡即止，不致更深未休，夜半不辍，宾主有叫呶之失，童仆有守候之苦，穿窬有抵隙之虞，则所全者大矣。

一、兵犹火也，不戢，身其焚矣；讼犹兵也，不息，家其破矣。或有横逆加我，反而思曰："此果我之自取乎？抑人之妄加乎？"如我所取，正当反躬自责，负荆请罪之不暇，而何暇兴讼哉？设为人之妄加，其情颇轻，亦当凭众处开。若万不得已，始可诉之官府。然或曲直稍分即止，不可将顺风船尽使也。凡有讼端，切不可轻诉于人。其间或有巧言簧鼓，煽惑两边，反致不解。乡党中老成君子，或与一谈，必有和平中正之语，其纷遂息而祸不作矣。

已上十五条，大有切于身家，务要反覆体玩，庶修身立德，做个好人，而于谱有光多矣。不然，纵使河东柳氏、眉山苏氏之谱，后人不自树立，谱亦何益也哉？

《徐氏祠规》十条

原夫祠堂之建所以奉安祖先神位以伸报本追远之思也，务须扫除洁净，俾我子孙春秋享祀瞻拜。其下者咸肃容起敬，有洋洋如在之诚，慎勿视为公所莫惜，紊坏成规以获戾，先灵今约条件如左。

一、送主入祠捐银十两，以作修葺之费。先世久有成规，咸宜遵守。

一、朔望谒祠，三老分子孙在家者，远则不能尽礼，近者理宜咸集。

一、凡有亲知、宗党到山，不许送入借住。

一、凡有客故，棺椁不许借停，以及不用什物暂借堆贮。

一、凡兴工作合寿具，不许在祠内惊扰，违者罚银十两以示不敬之愆。

一、祠中器皿什物不得擅自借用，以致祭祀缺乏。

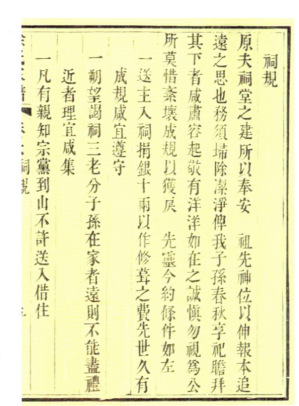

《徐氏家谱》书影（清）

一、不许演剧、宴饮、博戏并借居养病。

一、祭祀日不许在内伸说己私、明致喧嚷，并不得常日以俗事聚会讲议。

一、本宗设有年老无依者不许借住薰修致同庵观。

一、祠规定例六年一修，间年抹油，庶费用不繁而祠宇常新，亦遵春秋修其祖庙之意也。

以上各条，凡我子孙咸宜恪守，故违者合族攻之，以正其亵祖慢宗之罪。

第十三章 丛录

丛录分掌故杂记、民间传说两部分。其中掌故杂记15则，摘录自《吴县志》《太湖备考》《乡志类稿》《洞庭东山志》和村域采访。凡村中采录的掌故，均载供稿人。民间轶闻10则，其中地名来历5则，摘自《东山民间故事集》（海南出版社1997年版）。

第一节　掌故杂记

一、高阳古里

位于西芰田，明代富商许志问故居。其园规模宏大，面积达数十亩之广，今前门头、后门头等自然村均为原高阳古里园址。

高阳古里为许志问、许志闻兄弟所筑。许志问是明代与翁笠齐名的大商贾。明代万历、天启年间，许家财富达到鼎盛，被誉为"许百万"，在江湖上有"言富者必推翁许"之说。

东山芰田许姓原籍水东黄芦塘（今临湖镇），元至正初，许富一自黄芦塘来山定居，时东山已多出湖商贾者，称"钻天洞庭"。许氏迁山后，始以农耕为务。到五世许南耕时，开始外出经商，贾于四方，崭露头角。至南耕之孙许志问、许志闻兄弟时，许氏已成为山中富户，筑高阳古里于西芰田。高阳古里有宝和堂、放生河、吟坛、紫逻阁、乌桕阁、三惜斋、橘庄园、乡评堂、翼振堂等建筑或景观。许志问以经商起家，喜结纳四方贤达名流。凡到东山游览的文人雅士，必相邀至高阳古里家中款待。一时，远近篮舆画舫，争集其门，被誉为"湖山主人"。华亭董其昌、常熟钱谦益、嘉定李长蘅等，均为许家座上宾。董其昌还一度受聘于许氏，为其家教授裔孙。

《乡志类稿》

二、俞氏太学世家

南宋建炎初，俞氏迁居洞庭东山芰田丰乐桥，称丰乐桥俞氏。始迁祖名俞德，后世称德公。俞氏居山后以耕读传家，皆隐而不商。至11世俞洪桥，始出山经商，后洪桥裔孙有迁亳州、江宁、桐乡、崇明等处。16世俞榛入国子监读书，成为太学生后，清代这个家族3代出了19名太学生，被誉为芰田太学世家。

俞榛，字振林，康熙年间入南京国子监读书，为俞氏迁山后第一个太学生。俞榛的3个儿子也都是太学生。长子正蒸，字秉璋，卒时年仅31岁。其妻刘氏节衣缩食，靠替大户之家做女红，把世塘、世坤2个儿子也都送入南京太学读书。后世塘官河南南阳县丞。刘氏守节41年，卒后建贞节牌坊。俞榛次子正燕，字翼庭，他的2个儿子世行、世台都是太学生。世台为乾隆年间县丞。俞榛第3子世灼，字鉴庭，生亮、元、岐3子，也都是太学生，3兄弟均为八品县丞。

《俞氏世谱》卷一

三、太湖总练新署

位于潦里绿野桥旁,建于明嘉靖三十四年(1555)。江苏巡抚都御史曹邦辅以太湖多盗,奏请在东西两山设置营寨,以耆老为团长,选练乡勇,以护山抗匪。万历十六年(1588),总练新署设把总1员,领兵320名,备快船33只,巡防太湖。崇祯元年(1628),又增兵153名,增船20只。

崇祯《吴县志》

四、"猛将神"退湖盗

清顺治二年(1645)秋,明末败将卞胜、黄蜚飞舸啸聚,沦为湖匪,常抢劫烧杀东山,沿湖百姓,日夜不宁。时佥都御史路振飞葬母流寓东山,与席本桢义结莫逆之交。在路振飞的协助下,席本桢散财练兵,聚乡人之青壮子弟,谨斥堠,助守望,昼夜防范。一村有难,四方支援,更借沿湖潦里等村猛将会所用旌旗、钲鼓之属,分置队伍中,从湖边开往莳山。顿时旌旗蔽日,钲鼓喧天,军威浩大。湖匪遥望,见战将身躯魁梧,兵船威武,疑朝廷重兵救援,不敢侵犯,东山颇得多时安宁。

《太湖备考》卷八

五、董其昌墨迹

明代画家董其昌(1555—1636),字玄宰,号思白,又号香光居士,华亭(今上海松江)人。董其昌墨迹在东山颇多,何以能致此?知者不多。董其昌未发迹时,受聘于东山菱田村许氏家塾课徒,因其颇具才气,写得一手好字,常被人请去书匾题字额,故东山留下很多董之手迹。如"翠峰寺"匾额,当年曾悬于山门,及太平军进兵东山,毁于战火。民国初年重制,因旧迹无存,改用朱廷选所书,再悬于山门。翁巷村刘宅遂初堂,亦有董其昌所书《乐志论》,钩摹于屏壁间。又有漾桥"居仁里"三字,亦董所书手迹。当时山人未知其名之重,但喜其字好,且有求必应,故东山村间门巷随处留题,不足为奇。及至董其昌官南京礼部尚书,名闻朝野,于是皆奉为"墨宝"珍藏。

《洞庭东山志》卷十

六、江南太湖营参将署

位于东山菱田。清雍正二年(1724)建,设参将1员,管辖江南湖防。参将署购许氏故宅,改建后头门、两庑、仪门、大堂及内屋,83间,署外两旁营房134间,雍正三年(1725)二月落成,参将王绍绪有记。乾隆二十年(1755),江苏巡抚陈大受、江南总督尹继善等奏议,改江南参将为副将,兼辖浙江太湖,咸丰十一年(1861)毁。原参将署前门称前门头,参将署后门称后门头,其名称一直流传至今。

《太湖备考续编》卷四

七、蔡仙乡

旧时东山一个小乡，境辖第29、第30二个都，统28个图，包括东山武山与部分上山头村落，潦里的芙田、港西、上横、中横等村均属蔡仙乡。据孔贞行《蔡仙丹灶记》载："武山石上有蔡仙丹灶石，宽数十丈，上有圆穴，径尺余，横石中连，可置釜鼎。下一穴，圆径如上，高倍之，能容束薪"，蔡仙乡因此得名。蔡仙究竟系何人？唐《吴地记》载："经，后汉人，有道术，练大丹，服菖蒲，得仙。今蔡仙乡即其隐处也。"根据此则记载，蔡仙乡唐代已存在。东山潦里一带，旧名蔡仙乡，至清末才更改，取名之由，主要为蔡仙炼丹的遗迹。

《洞庭东山志》卷十

八、金锡之与春在楼

金锡之，名基应，清末东高田人。祖父金大保给人当保镖谋生，父亲金声和贩私盐有所积蓄，在东山购买几亩荡田，因地势较低，收成不佳。金锡之幼年在家乡读完私塾，14岁时由同乡席微三带至上海浦东川沙典当为徒，后来又转至棉纱行当学徒。民国初年，金锡之自立门户，在上海开设公茂棉纱号。不久，又分设东、南、西、北四家公茂纱号，经营棉花、棉纱、棉布和美孚石油。在同行中有一定声望，被推为上海纱业公会会长。

时值第一次世界大战爆发，棉布、棉纱为军用品，价格暴涨，金锡之就此发迹，其家财号称百万。经商暴富后，金锡之曾与席云生（东山翁巷村）等人，共同捐款在上海宝山县大场修建宝华古刹及惠生慈善社，开设养老院收容孤寡老人。在东山投资开挖鱼池近百只，意在家乡兴起内塘养殖业。1921年，金锡之在东山施巷河头老宅亲德堂首创时疫医院，免费为乡人就诊给药。

1922年，金锡之遵母亲之命，将上海江西路"汉茂顿"一幢三层楼住宅，以17万银圆（是年黄金价每两49.5元，折算黄金3471两）售出，在施巷河老宅旁建春在楼。该宅工程浩大，250名工匠昼夜施工，历3年而建成。因其门、窗、梁、枋，处处雕刻精细，俗称"雕花大楼"。金锡之还在大楼中添置各类家具与摆设，以及花木泉石，在沪售宅资金全部耗尽。

1925年，春在楼建成后，金锡之与母亲和妻室儿女在楼内居住数年。母亲因中风病故于春在楼，时乡间社会治安较乱，金锡之便携妻儿迁居上海。此处作为时疫医院，免费为山人应诊给药。1937年，东山保安医院创立，金锡之将时疫医院所有医疗器械34种106件，全部捐赠给保安医院，被推选为该院总董。

1941年，东山习艺所（地方上无业游民集中习艺自立之所），因冬季无棉衣御寒，地方发起募捐，金锡之一人在沪捐款达总数一半。上海沦陷后，金锡之沪地纱厂大部被日机投弹炸毁，遭受重创。抗战胜利后，家业一度交由第八子金徵霖掌管。1948年，金锡之在当局"打老虎"时破产。1960年病故于苏州养育巷。

春在楼（2018）

春在楼是一座具有我国南方风格，集雕刻艺术大成的建筑，占地 5 500 平方米。有房屋百间，主建筑有砖雕门楼、前楼、后楼和小花园等。2006 年，春在楼被列为全国重点文物保护单位。

《洞庭东山志》卷十

九、眠旗杆

潦里上横村平桥塥，立着一根长约 10 米的旗杆，顶尖悬挂一面小旗，随风飘拂。每年春节，村里人都要把旗杆眠（放倒）下来，争抢顶尖的小旗，据说这一风俗与养鱼有关。潦里人终年在水上劳作，生产和生活离不开船与帆，过去没有天气预报，摇船出门靠看旗杆顶上的小旗辨别风向，预测当日风云变幻，以早作准备。如今入太湖劳作有天气预报，不必再靠旗杆上的小旗来预测气象，但此风俗仍代代相传，且演化成一项体育赛事。

2020 年正月初一日下午，潦里上横村敲锣打鼓，人山人海，观看"眠旗杆"赛事。2 名壮汉先用粗麻绳系住旗杆中部，船上几十支竹篙顶住保持平衡，然后慢慢眠下旗杆。当旗杆倒地的一瞬间，各村派出的选手数十人一拥而上在船头抢旗。抢夺到小旗的冠军，受到全村人的赞扬。旗杆眠下后，换上新旗，对旗杆修理、油漆一番，在鼓乐和鞭炮声中再次竖起。

许阿四（中横村村民）供稿

十、古法捕鱼

潦里一带最古老的捕鱼方法有撑绳环、掷罩笼等,据说是先祖刚迁东山太湖边的谋生之技。

先用稻草搓根长约40米的粗草绳,绳的两端系在2只长脚盆上,用竹篙撑着拉开距离,在浅水沼泽中前行。因水草、芦青、杂物的阻挡,长绳形成半圆形绳环慢慢向前移动,称撑绳环。正在浅水中觅食的鱼儿,被拖动的草绳惊动,钻入水底淤泥,会在水面上冒起一串串水泡。随着绳环划着小船前行的数名罩笼手,迅速朝冒起水泡处飞掷罩笼,然后撑前摸鱼。罩笼为竹编,圆筒形,圆径80厘米,高1米,下编细铁环,无底。捕鱼手俯卧在船头,左手按牢罩笼口,右手伸入罩笼中,沿着罩笼边摸鱼。

还有一种更简易的捕鱼方法,数条小船排成40—50米宽的横队,在太湖畔水深约1米的浅水区前行,不断用长竹篙拍打水面,发出清脆的响声。游鱼受到突如其来的惊吓,慌忙钻入水底,冒起串串水泡,也可飞出罩笼把鱼罩住捕获。罩笼捕到的大多是鲫鱼和鲤鱼,有时也能捕到黑鱼、鳜鱼等。一般每只罩笼每次能摸到10—15千克鱼。

"罩笼最怕鬼头风(4级以上风力),空船回转吃老本",若水面上起风,罩笼飞掷下后,受惊鱼冒起的水泡被风吹散,就看不清目标,只能空手而归。

许阿四(中横村村民)供稿

十一、长脚盆

长脚盆是潦里一带独特的生活、生产工具。据说长脚盆由草原上的皮筏子演化而来,潦里先人从大草原迁徙到太湖地区生活后,带来的皮筏子已不适应生活与生产所需,于是改制成了在水网地区适用的长脚盆。长脚盆为椭圆形,用杉木打造,长1.5米,中间宽85—90厘米,深40厘米。一只长脚盆可载重100多千克,村中每家都有数只长脚盆。长脚盆轻巧灵活,用途广泛,可用来掐莼菜、采荷叶、摘菱、挖藕、打莲蓬、收鸡头米、摸鱼、捞虾、捕甲鱼、挖蚌、蹄螺蛳、张笼子、撑绳环、喂鱼食、牵捕、收芦苇、割茭草、垦芋头、磨藕粉,要是翻过来盆底朝上还可杀猪宰羊。

长脚盆(2020)

许阿四(中横村村民)供稿

十二、百岁老人

高仁余，生于 1906 年 1 月 11 日，卒于 2010 年 11 月 3 日，去世时 104 岁。他是后门头村民，是潦里村首位年龄超过 100 岁的老人。高仁余祖辈都以养鱼为生，父母亲均长寿，80 多岁才去世。高仁余 58 岁丧妻，一人独居。他性格开朗，为人随和，饮食简单。他体格健壮，一生从未进过医院。70 多岁时还同小伙子一起下湖捞草，下鱼塘牵鱼。爱听评弹、唱京剧，喜喝酒，也吸烟。他 80 岁时还能一次喝 1 斤高度白酒，百岁时仍每天喝白酒 8 两。思维清晰，能每天独自上街喝茶。

张才生（后门头村民）供稿

十三、关爷酒

每年农历九月十三，潦里村民间有喝"关爷酒"的风俗。据说这一天是东汉刘、关、张桃园结义之日。关爷，即关羽，民间称关公。关羽忠勇仗义，受到后世崇拜。潦里村位于湖滨港畔，旧时常遭湖匪劫掠，于是村中青少年有结义的风俗，一家有难，众兄弟相助，打败强盗后喝酒庆贺，称喝"关爷酒"。结义兄弟一般以自然村为单位，不论贫富，不分强弱，少则 5 人，多则 20 来人，平时若谁家有红白大事，均由小弟兄相助完成。过去村中青年人结义，有拜关公，喝鸡血酒的传统，现在公推一位召集人，有事互帮互助。2020 年 9 月，施巷港老兄弟 11 人喝一年一度的"关爷酒"，年龄最大的 84 岁，最小的 78 岁。他们已喝了整整 65 年"关爷酒"。

许阿四（中横村村民）供稿

十四、兄弟参军

韩才兴和许阿武是一对亲兄弟，兄弟俩一起参军、立功、转干。哥哥韩才兴原姓许，生于 1946 年。弟弟许阿武，生于 1948 年。1968 年 3 月，兄弟俩一起参军入伍，至济南军区某团服役，韩才兴为团直某连战士，许阿武为某营战士。后来，韩才兴与许阿武在部队先后转干。1990 年，韩才兴副团长转业至吴县水利局工作，任副局长。许阿武转业至东山人民医院工作，为副主任医师，任院长助理。

许起（中横村村民）供稿

十五、金锡之遗嘱（节选）

吾家为菱田村人，祖上在东菱田建有住宅，俗称金家大门堂。大门堂为明代建筑，有房屋 3 进，实为村中金、徐、孙 3 家合建。金家原只有后进，吾金家经商后，买下前进和中进，村人称金家大门堂。此外，东高田筑有金家祠堂，亦为金家祖上所建。新宅位于施巷港西岸，名仰邃精舍（即春在楼），前楼楼厅一座，楼左右 2 厢房，左名迎香仙馆，又左为颐养居；右为三知轩，又右为业勤室。楼下则为仰邃精舍正厅，上下设置各种台椅吊屏与古玩。新宅左边连小圃，筑有慈云佛阁，下层为萱寿居，为吾母吴氏诵经之处。慈云佛阁左侧筑慕云小榭，取吾金之道号"仰慕云门"之意。

阁之右侧有"仰云"六角二层亭楼。园中假山石笋及树木花草等,为吾与父亲金声和手植。金家东高田地产,金、徐、孙三家合有房产3亩,金家占1/3。鱼池3只,8亩。农田208亩;草荡500亩,开挖鱼池76只;芦荡100亩。施巷港畔新老2宅面积4.4亩,系金家向朱、叶、施3家购买。

吾今年年过花甲,身体精力健强如昔,实乃万幸。余今年为未雨绸缪之计,央凭亲友将平生血汗所蓄全部资产预立遗嘱,分别授予汝等,承受执管,免得将来汝百年后家庭纷争,兄弟阋墙。尔等继承之后,当知先人创业之维艰,守业亦不易。尤应克勤克俭,奋发有为,循规蹈矩,毋荒毋懈,以振家声。至其待人接物,更须宅心仁厚,和蔼可亲。处友首重忠实,狂妄倨傲是为大忌。对于兄弟须知骨肉情长,互相敬爱。妯娌之间,尤当彼此谦让,切勿锱铢必较,致起家庭纷扰,汝等今受分之产虽属无多,但已足敷一生享受焉。唯愿各子持所分之产后,永远共同安居乐业,意图瓜分变卖得财化用,是为大逆不肖之子孙!尔等应世处人一切之言行,若能秉承余之前训,非特受外人钦仰,抑且与自己之前途幸福无量矣,切切毋违此嘱。

民国三十六年(1947)十二月。

金徵嵘藏,有删改

第二节 民间轶闻

一、太湖莼菜的来历

潦里村太湖边的浅水中,有许多莼菜塘,长着不少太湖莼菜。这莼菜名气很响,为洞庭东山湖味之一。莼菜原是长在水里的一种草,因形状有点像菜叶,当地称太湖水菜,从来没有人尝过。清朝康熙年间,靠近潦里村的太湖边住着邹姓母子,终年风里来雨里去,靠捕鱼捉虾过日子。邹母积劳成疾得了痨病,吐血不止。儿子二星为照看母亲的痨病,没有时间去太湖里捉鱼摸虾卖钱,日子过得更加困苦。二星天天采了湖里的莼菜给母亲当菜吃,过了半年光景,邹母的痨病竟奇迹般好了起来,全家都很高兴。

有一年清明时节,康熙皇帝巡幸太湖到了苏州,听说东山风光好,特产有名气,下旨至东山一游。皇帝一到,马上闹得东山地方上鸡飞狗跳,地方官要紧拍马屁,传令到各个村子,要每个村备一样贡品,共七七四十九样好货,每天进贡给皇帝尝鲜。官令传到太湖边,老百姓都急得六神无主,常年连粥饭也吃不饱,哪来有啥好东西给皇帝吃呢?邹母给儿子出了个主意,说:"儿啊,这太湖水菜不是很好的宝贝么,你采一桶去交交差,也好救了乡亲们的急。"二星听了母亲的话,马上撑起菱桶,采了一大桶莼菜送到康熙行宫。

地方官一看有人送了一桶水草叶子来，脸一板发火说："这种水草也能吃？要是吃坏了万岁爷龙体，灭你九族。"二星马上回答说："好吃、好吃，我娘的老毛病就是这种水菜吃好的。"地方官半信半疑，心想听说这几天万岁爷龙体欠佳，有点咳嗽，要是这水菜真的吃好了皇帝的毛病，说不定自己护驾有功，能连升三级呢。于是叫人把二星进贡的水菜送到御厨房去。康熙是个吃客，每天的菜和汤都要翻花头，这一天正愁汤里没啥放，厨师就抓了一勺莼菜放到汤里。满锅顿时碧绿，屋里全是一股清香，康熙一吃真是味道好极了。

皇帝一开心，马上开金口："传供菜的人进来。"二星吓势势地走进来，跪在地上头也不敢抬。康熙问："这叫啥菜？"二星实话实说："叫水菜。"康熙听后摇摇头，名字太土气，并自言自语地说："吃起来倒很顺喉咙。"皇帝出了题目，随行的一班大臣动起脑筋来。一个大臣跪下说："叫顺菜。"另一个大臣称："润菜。"康熙听后还是摇头。一个书生模样的大臣眼珠一转，拍马屁的本事来了，跪下说："万岁爷吃过的菜，顶顶干净，干脆叫纯菜吧。"康熙很开心，因为此菜是草本植物，就在纯字上面加了一个草字头，称叫"莼菜"。

这个送莼菜的邹二星，因贡莼菜有功，康熙还封了一个知县官给他做，人称"莼菜官"。

高田村叶福林口述
杨维忠记录（1990年）

二、滨里横刀的传说

横刀是滨里人渔业生产的主要工具。一根长约5米的竹竿，顶端装上2把锋利的刀片，可扩可收，收缩后就像牛头，又称牛头横刀。这种横刀极为锋利，伸入太湖3—5米深的湖底割水草势如破竹，待割断的水草浮上水面，用网兜捞入船中，摇回家喂鱼。据说，这种横刀还与元末的姑苏王张士诚有关。

张士诚在苏州称姑苏王时，采取了不少安民措施，苏州一带的老百姓都说他好。东山离苏州只有几十里，不少有学问的人去投奔姑苏王。有个名叶德新的东山屯湾人，还当上了张士诚的大臣。不久，朱元璋打败了北方大大小小的草头王，统一了中原。接着，又派大将常遇春率20万大军进攻江南。眼看明军就要打到苏州城下，张士诚着急起来，忙招帐下文臣武将商量对策。大臣叶德新奏本说："臣家乡东山是个藏龙卧虎之地，人才辈出的地方，给臣半年时间，让臣回东山召募乡勇，训练一支人马，定能打败明军，解苏城之围。"张士诚大喜，当即令从银库里取出一大笔钱财，催叶德新速速回山练兵。

叶德新回到东山，先出高价请名匠打造了3 000把长枪、3 000把大刀、3 000把尖刀，然后以大周朝的名义贴出告示，招募保家卫国的忠勇之士。叶德新站在港西村头一呼，3 000人的长枪队很快组建起来。接着，叶德新又到禾家湾招募了

3 000盾牌兵，秦家涧上招募了3 000大刀手。3支队伍一齐全，他从城里请来了禁军教头，日夜操练新兵。正当叶德新带领东山9 000子弟兵，准备上前线作战时，传来明军攻破苏州城，张士诚兵败被俘的消息。

朱元璋到苏州后，听说张士诚一个大臣在东山训练了一支新军，准备抵抗明军，马上火冒三丈，命军师刘伯温带兵到东山查个水落石出。刘伯温很快带着大军乘船到了东山。踏上湖岛一看，只见太湖边，手持长竿横刀的渔民在湖中割草；山涧旁，手持竹刀的涧沿上人正在劈篾编篮；大街上，一手拿着雪亮小刀，一手挥着干荷叶的禾家湾人，正在叫卖白切羊肉。哪里来的什么长枪队、大刀队和盾牌兵，回城复命说，东山屯兵纯属谣传。

原来，叶德新得到姑苏王兵败被杀，大周朝灭亡的消息后，心想投降的大臣中一定有人告密，说出他在东山招兵练兵之事，东山人可凶多吉少。叶德新与东山一些有识之士商量后，终于想出一个瞒天过海的消灾办法。马上把长枪队的枪尖截掉，安装上牛头横刀，把大刀队的刀头在石上磨平，成了一把有刃有背而无头的劈篾刀，作战武器变成了生产工具。至于盾牌兵么，又把木制盾牌朝头上一戴，手握小刀卖起白切羊肉来。就这样，东山人逃过了一劫，这3把刀传到了今天。

漾里村张本大口述
杨维忠记录（1991年）

三、雕花楼的花园为啥这样小？

金锡之建造雕花大楼，花了三四千两黄金，也很气派，光大楼就有前后两进，还配有门楼、陪弄、灶间、花厅等，加起来有几十间房屋，可一座花园太小了，与大楼的气派、规模不成正比。金锡之造的花园为啥这样小？这里还有一段故事。

民国初年，金锡之在上海做棉纱生意发了财，准备从东高田金家大门堂老宅搬到镇上去住，他委托弟弟金植之到施巷港畔建造春在楼。大楼造好后，要造花园，东山一般大户人家造的花园，最少是住宅面积的三分之一。金家设计时花园面积也较大，但宅旁这块桑地是曹坞里沈永堂的。金植之也不打招呼，就把这块地计算划入了图纸。即将开工时，金家才委人前去同沈家办买卖手续。开始金植之心想，有钱能使鬼推磨，只要出足地价，不怕你沈家不动心，谁知沈家就是不卖。金家先是委人前去说情，后来金植之自己亲自上门也碰了壁。沈永堂说："金家银子多，我沈家不贪。土地是庄稼人的命根子，地上就是铺满金元宝我也弗卖。"

金植之碰了个软钉子，只得跑到上海向哥哥金锡之汇报。金锡之虽有财，在东山却没有势力，再说人家不肯卖，若为了造园强占别人土地，名声也不大好，主体大楼已造好，不必为了造座小花园把事情弄僵。金锡之是个聪明人，苏州的园林大多是"螺蛳壳里做稻场"，小巧玲珑，小中见大，何不学学这个办法呢？于是金锡之从上海请来了设计师，他把自己造园的想法一谈，设计师秉承东家思路，挖空心思动了一番脑筋。他在小花园中设计了半座沧浪亭、半座拙政园、半座狮子林与半座动物园，还在园中以虚实相间的手法布置了春夏秋冬四季景色：以真竹假笋寓意春色，小桥荷花象征夏景，紫薇、金桂代表秋日，蜡梅、天竹标志冬天。最有趣的是半座狮子林，也称动物园，用太湖石堆叠的假山，有的像老虎、骆驼、狗熊等兽类，有的像公鸡、玉兔、青蛙等小动物，且越看越像。

王家泾村叶兴生口述

杨维忠记录（1991 年）

四、菱塘港的传说

潦里村北原有条菱塘港，东起东高田，西至前门头，港道长 100 多米，原为茭田村至东山镇区的主要水道，流传着一个有趣的故事。

明朝时，茭田上丰乐桥畔有个没落财主叫许兴发，一直想发笔大财，重振家业。有一次，他听说后山有个风水先生很有本事，就派人把他请到家中，求他选个好风水。这个风水先生果然名不虚传，马上替许家寻找到了一处活蛟穴，许兴发把祖宗遗骨安葬进活蛟穴后，不久真的发了大财，成了茭田上赫赫有名的大财主，人称"许百万"，与翁巷上的"翁百万"齐名。而那个风水先生因替许家看了好墓地，竟双目失明，靠讨饭过日子。

时隔不久，瞎先生乞讨来到丰乐桥，许兴发连忙把老人请到家中，假心假意盛了一碗鸡汤给瞎老人吃，又悦色地说："老先生，上次承蒙你帮忙，我发了家，可财是有了，美中不足的是子孙没有人当官，请你给我再寻个更好的穴地，让子孙当上大官。"瞎老人嘴中"嗯嗯"地应着，吃着吃着感到嘴里有股难咽的酸味。许家的一个快嘴丫头趁主人许兴发走开时，悄悄告诉瞎先生，这是东家吃剩后准备喂猪的馊鸡汤。老人心想，好个许兴发，你发财，我瞎眼，有钱人都是黑良心，要是你的子孙当了大官，还不知要干多少坏事呢。

饭后许兴发把瞎先生恭恭敬敬请到大堂，陪着老人边喝茶边聊天，请教高升之法。瞎先生不动声色地说："办法倒是有，只要你肯花钱财。"许兴发连忙说："肯花，肯花，只要后代能做官，花费多少钱也舍得。"接着，瞎先生凑近他的耳朵告诉他，只要在许家墓地前开一条大港，让坟穴里的活蛟入太湖，许家后代就能出大官。许兴发满心欢喜，第二天就请了 300 多个民工开起港道来。可谁知这条港白天开，夜里涨，天亮一看，昨日挖好的港道又恢复了原貌。许兴发又去请教风水先生，瞎先生捋了下花白胡子说："不急，不急，要开 49 天，港道自然就成了。"49 天过去了，民工们赚了不少钱，可这条港还是日里挖，夜时平，一事无成。许兴发急红了眼，威胁瞎先生说要报官府，治他的诈骗罪。老人不紧不慢地说："若要港道夜里不涨土，这容易，明天你再添 300 个民工，每人带 2 样工具，收工时把铁耙、铁锹都插在港底不要拿走。"许兴发依计而行，照瞎老人说的下了命令。

半夜，港底发出"哗哗哗"的响声，到天亮村里人开门一看，出现了一港血水。蛟穴破了，血水越漫越大，把许兴发家的墓地、田地淹了个精光，许家也很快败落了，后来这条港因种菱得名菱塘港。

高田村叶福林口述
杨维忠记录（1990年）

五、藕丝饼的传说

藕丝饼是东山的特产，用藕丝和米粉做成，吃起来又糯又香，是夏季的美食，已有150多年历史。清同治年间，藕丝饼就产于漎里一带，据说还与太平军有关。

清同治二年（1863），太平军在洞庭东山建立东珊县不久，清廷认贼作父，借了外国侵略者的洋枪队围攻天京。驻扎苏州城里的忠王李秀成带领大部队救援天京去了。东山的太平军孤立无援，被清军包围。东山是太湖里的一座岛屿，吃粮主要靠外地运来。清兵截断了运往东山的粮道，妄想把太平军和东山老百姓困死饿死，情况十分危急。

军队和百姓都没有饭吃，人心自然慌乱，为了安定民心，太平军只得省下口中的军粮，分点给当地百姓吃。可人多粮少，仍是杯水难救车薪。俗话说，人是铁，饭是钢，一顿不吃饿得慌。因吃不饱饭，当兵的拿不动刀枪，老百姓走不动路。太平军中负责筹粮的粮官，召集东山的父老乡亲开会商量，要大家想办法，出点子，看山上湖里有没有可以当饭吃的东西。当时正是谷雨时节，东山漎里一带历来有挖藕磨粉的习俗。一位老者提出可挖藕来作食材解决军队的军粮时，粮官极为高兴。东山沿湖有千亩荷塘，不正是天然的粮仓？粮官发动大批兵丁到荷花塘里挖了一船船的藕，洗尽后煮熟一尝，又香又糯，十分好吃。

可藕这东西是水生植物，全是水做气，虽然好吃，但含水分太多，人吃多了肚子胀得难受，少吃则过后就肚子饿。一天，粮官路过漎里绿野桥，见一个村妇在磨藕粉，剩下的藕丝堆了一脚盆。那村妇把磨好的像萝卜丝一样的藕丝，放在板凳上用木板狠劲一压，洁白的藕汁流到凳下一只木盆里，又把一大把榨干的藕丝放到篮子里。粮官见后好奇地问："这藕汁藕丝能派什么用场？"村妇抬头看了看粮官说："军爷，看来你是不懂我伲东山藕的用处。"村妇抓起一把藕丝说："这藕丝做饼很好吃，至于那藕汁，一晒干就是上好的藕粉呀。"粮官听村妇一说，心里忽地有了主意。回到军中，粮官让士兵们学村妇的方法，先把生藕磨成丝，再榨去汁水，然后拌入少许米粉，做成香喷喷的藕丝饼。军士们一尝，好吃得真是打耳光不松手。

藕丝饼缓解了太平军的军粮危机，让军队渡过了缺粮的难关。半月后，忠王李秀成解了天京之围，又回到苏州忠王府。忠王派慕王谭绍光率兵救援东山，一举打败了清兵，解了东山之围。后来太平军内部因发生天京内讧，自相残杀而失败。但东山的藕丝饼经太平军将士们一吃，在江浙沪一带出了名，直到现在，东山藕丝饼仍是苏州独一无二的风味小吃。

王家泾村叶兴生口述
杨维忠记录（1991）

六、地名来历

绿野桥 清早期，潦里村一带还有大片沼泽，到处长满芦苇、茭草、藤蔓，四野全是绿色，这里是东山的南大门。吴县知县奏请朝廷，在马家港南扎了一队兵士，防备太湖中的强盗到镇上去劫掠。开始兵士们都住在马家港东，这些兵丁大多是北方人，后来他们的家人也都来到东山，照顾丈夫的生活，住在马家港西。隔了一条港，靠船摆渡来往，很不方便。北方人不熟水性，有时还掉到水里被淹死。带队的俞统领向上反映，要求在港上筑一座石桥，保障官兵和他们家人的安全。知县批准吴县从库银中拿出一笔银子，到木渎购置了一批石料，请工匠及时建造了一座气势不凡的石拱桥，因桥四野里全是一片绿草，取名绿野桥。

居仁里 明代董其昌当过南京礼部尚书，还是个书画家，在苏州历史上有很大影响。据说董其昌发迹前，曾在茭田许家当过私塾先生。一次，许家小孩顽皮，被先生打了手心罚立壁角。孩子添油加醋哭诉爹娘，董其昌被东家辞去饭碗，只得在街上流浪，饿昏在街头，被漾桥刘家一个买菜的丫头救起，两人结为夫妻，相依为命。后来董其昌金榜题名当了官，临行替刘家写了"居仁里"三个大字。过了些年，董其昌的官越做越大，当了南京礼部尚书，他的字也一字千金，刘家居仁里也出了名。现居仁里是东山镇东街一处古地名。

凤湾 潦里与俞家库交界的地方，原来有个小村子叫凤湾。明朝中期，潦里地区还是一片沼泽，除了野草就是水潭。因潦里地势低，经常被水淹，稻田颗粒无收，鱼池全部泡汤，日子过得很苦。后来，人们用加高池埂的方法挡水。但如池浅堤高，又带来了裂堤的危险。传说清初时，村里有一对聪明勤劳的夫妻，男的名凤林，女的叫凤仙，他们从螃蟹在池畔挖洞受到启发，冬天鱼塘干池后，把池底的淤泥全部挖起来垒到池埂上，既挖深了鱼池，又加高了池埂，一举两得增强了鱼池抗洪能力。后来，凤林夫妇发明的挖池底泥的方法一代代传了下来。潦里村鱼塘干池后都要深挖一次池底，不过现在变成泼池泥了。为了纪念凤林夫妻，人们把这个村子起名凤湾。

俞家库 旧时，潦里的范围较大，原来的红星、胜利、建国、东方、中心等大队都叫潦里，称新潦片，俗称大潦里。相传清朝嘉庆年间，有一户姓俞的人家从北方迁到东山，在潦里西面的剪刀湾定居后，开了几只鱼池，以养鱼为生。俞氏夫妻养鱼技术好，每年冬天干池，鱼产量总要比别的人家高出一倍以上。附近养鱼人家都要去请教，俞氏都热心传授经验。原来，青、草、鲢、鲤、鳊、鲫等鱼类，因习性不同，饵料各异，可以放在一起混养，而且还能互补短长，利于鱼类生长。当时东山潦里一带养鱼，大多一池只养一种鱼，鱼产量较低。后来大家根据俞氏的养鱼经验，尝到了甜头，都很感激俞氏夫妇，因他们是从北方迁来的，北方人习惯用库来名村，故取名俞家库。

《东山民间故事集》，海南出版社1997年版

编纂始末

《潦里村志》的编纂工作于2020年1月开始收集整理资料。2021年1月，成立班子，开始动笔编写。12月完成初稿，又几经修改，于2022年12月交付出版。

2021年元旦过后，在中共东山镇潦里村总支委员会、村民委员会领导下，成立了《潦里村志》编纂委员会和办公室，组建了由杨维忠、李文华、陈伯林、严家伟、张才生、许阿四、朱尧祺、朱春燕等工作人员组成的编写组，杨维忠任主编，李文华任副主编，着手进行编纂工作。《潦里村志》的编纂工作能在2年多的时间内完成并出版，主要是因为潦里村领导对这项工作的重视，在各方面给予编纂组大力支持，同时也得益于杨维忠、李文华同志多年的资料积累。

潦里村历史悠久，全村11个自然村大多始于明清时期，其中前门头、后门头、东高田、上横等村始于明代。2015年起，随着潦里村美丽乡村建设和文化普查工作的展开，编纂一部全面反映潦里村历史文化、政治经济、新农村建设及人民生活的《潦里村志》很有必要。经过多次磋商，村里建立《潦里村志》编纂办公室，并聘请东山历史文化研究会的原副会长杨维忠同志负责编纂工作，张才生、许阿四为专职资料员，李文华、陈伯林、严家伟、朱尧祺、朱春燕等同志协助开展工作。村志办工作人员不辞辛苦，多次赴苏沪图书馆、档案馆查阅抄录资料，采访乡村"三老"，绘制自然村草图，在掌握了丰富的第一手资料后，展开《潦里村志》的编纂工作。村志编纂得到了吴中区方志办的领导与专家的大力支持，获得了很多帮助。经过工作人员1年多的努力，2021年12月，《潦里村志》完成了近30万字的初稿。在吴中区档案馆方志办的指导下，又对初稿认真去粗取精，去伪存真，去繁从简，按志书的要求不厌其烦地进行修改、增补，数易其稿，形成了约40万字的《潦里村志》。该村志共分13章，前设大事记，计52节，240多张照片。2022年5月24日，经区档案馆方志办终审验收通过。

值得一提的是《潦里村志》的编纂工作，能在较短时间内完成，是在东山历史文化研究会长期收集整理、积累了大量第一手历史资料的基础上，又考查了许多史料后的成果。涉及明王鏊《震泽编》、清翁澍《具区志》、吴庄《七十二峰足徵集》、金友理《太湖备考》及新编《吴县志》《吴中区志》《东山镇志》《吴县年鉴》《吴中统计年鉴》等文献，编者取其精华，为本志所用。本志能顺利出版，得到了吴中区档案馆方志办的大力支持，得到了东山镇党委办公室及宣传办的大力支持，也得到了东山镇各有关单位的大力支持，同时还得到了许多在外地工作的潦里村贤提供的帮助，吴中区档案馆副馆长翁建明、科长陈萍和科员吴晴艳为此辛勤审稿。在此，我们谨向为本志做出贡献的各级领导、各界人士，以及一切关心支持《潦里村志》编纂工作的人士表示衷心感谢。

  编志工作是一门科学，永无止境。对我们编纂人员来说是一次良好的学习机会，但由于我们水平有限，学识浅陋，虽极尽良苦用心，仍不免有谬误疏漏之处，恳请大家不吝指教。

《潦里村志》编纂委员会办公室

2022 年 12 月

提供资料单位

吴中区统计局　　　　　　吴中区档案馆

东山镇党委宣传办　　　　东山镇档案室

东山镇统计办　　　　　　东山镇民政办

东山镇计生服务所　　　　东山镇村镇办

东山镇派出所　　　　　　潦里村档案室

提供资料人员

（以姓氏笔画排序）

万本茂	计龙根	朱洪兴	朱根林	朱晓华	朱富荣	许申元
许利元	宋根官	张伟兴	张伟宏	张伟荣	张雪刚	金玉平
金惠华	郑如珍	郑建凤	郑建花	郑根大	郑雪珍	施洪根
姜利荣	顾玉根	顾阿五	高补根	唐伟明	唐胜根